楚系家族墓葬研究

田成方 著

本书系国家社科基金重大招标项目「周代汉淮地区列国青铜器和历史、地理综合整理与研究」（批准号：15ZDB032）阶段性成果，并得到武汉大学人文社科青年学者学术团队「新资料与先秦秦汉荆楚地区的空间整合」资助。

国家出版基金项目
NATIONAL PUBLICATION FOUNDATION

湖北省学术著作出版专项资金

“十三五”国家重点图书

楚地出土文献：文本、地方社会与思想文化研究

丛书主编　晏昌贵

WUHAN UNIVERSITY PRESS
武汉大学出版社

图书在版编目(CIP)数据

楚系家族墓葬研究/田成方著.—武汉：武汉大学出版社,2021.11
楚地出土文献：文本、地方社会与思想文化研究/晏昌贵主编
“十三五”国家重点图书　国家出版基金项目　湖北省学术著作出版专项资金资助项目
ISBN 978-7-307-22212-0

Ⅰ.楚…　Ⅱ.田…　Ⅲ.家族—墓葬(考古)—研究—中国—楚国(？-前223)　Ⅳ.K878.85

中国版本图书馆 CIP 数据核字(2021)第 062133 号

责任编辑:李　程　　　责任校对:李孟潇　　　版式设计:马　佳

出版发行：**武汉大学出版社**　(430072　武昌　珞珈山)
(电子邮箱：cbs22@ whu.edu.cn　网址：www.wdp. com.cn)
印刷:武汉精一佳印刷有限公司
开本:720×1000　1/16　印张:17.5　字数:259 千字　插页:4
版次:2021 年 11 月第 1 版　　2021 年 11 月第 1 次印刷
ISBN 978-7-307-22212-0　　定价:92.00 元

总　　序

公元前221年的某一天，破灭六国、一统天下的秦王嬴政，志得意满，在秦都咸阳召开御前会议，其中一项主要议题便是“议帝号”。当时的丞相王绾、御史大夫冯劫、廷尉李斯等高官皆以为秦王政“兴义兵，诛残贼，平定天下，海内为郡县，法令由一统，自上古以来未尝有，五帝所不及”，古有“天皇”“地皇”“泰皇”，泰皇最贵，建议秦王尊号曰“泰皇”，并议王命曰“制”、令曰“诏”、天子自称曰“朕”。秦王嬴政欣然采纳，但去“泰”著“皇”，采上古“帝”号，号曰“皇帝”。又废除谥法，自号“始皇帝”，后世以计数，二世三世至于万世，传之无穷。① 由此开启了中国历史上长达两千多年的帝制时代，对中国历史产生了重大影响，具有十分重要的历史意义。

1975年11月初，湖北省云梦县城关公社肖李大队某社员发现古墓，立即上报。1975年12月1日正式发掘，1976年1月9日止，共历时40余天。其中一座编号M11的古墓出土大批竹简，考古工作者整理后得知，竹简主要是法律文书和反映民间信仰的《日书》，有一篇被整理者命名为“编年记”（后或改称“叶书”）的竹书，分栏记叙自秦昭王元年（前306年）至秦始皇三十年（前217年）的军国大事，兼及墓主人喜的个人履历及家族成员，但在秦始皇廿六年（前221年）一栏，有关秦统一的重大事件，却缺而不载，留下空白。②

---

① 参看《史记·秦始皇本纪》，中华书局1959年版，第235~239页。

② 《云梦睡虎地秦墓》编写组：《云梦睡虎地秦墓》，文物出版社1981年版，第1页；参看陈伟主编，晏昌贵撰著：《秦简牍合集：释文注释修订本（壹）·叶书》，武汉大学出版社2016年版，第7、12页。

从里耶秦简《更名方》看，秦统一伊始，即将相关的政策和制度下行到地方基层社会，① 作为秦南郡安陆县的小吏喜应该明晓其事，但我们不知道他为什么没有在《编年记》中将秦灭六国统一天下这样的重大事件记上一笔。我们或许应该理解，历史事件的意义往往是由后人往前追溯而凸显出来的，当时人未必能洞悉其中的历史含义；而历史发展的阶段性划分，也是后来的研究者人为设定的结果。历史的发展犹如长江大河，不容从中一分为二，截为两节。

如今考古发现和科研机构收藏的简牍已逾30万枚，不仅有像《编年记》这样对"重大"历史事件缺而不载的例子，还有更多像《日书》一类不见传世文献的简牍帛书。1925年，王国维针对以顾颉刚为首的"古史辨学派"疑古过甚的倾向，提出著名的"二重证据法"，不仅可以据出土的新材料"以补正纸上之材料，亦得证明古书之某部分全为实录，即百家不雅驯之言亦不无表示一面之事实"②。王国维所称的"地下之新材料"，主要是指古文字资料，论述的重点还是以传世文献为主，以地下出土文献主要是甲骨文印证古书记载，以证明古书记载的历史真实可靠。"二重证据"之不足，更发展为三重或多重证据法，举凡一切地下出土物包括古代遗址、墓葬，以及现当代的民族学调查资料和民间传说，皆可入史，从而极大地丰富了史料的来源和古史研究的范围。

出土简牍文献方面，也已从王国维时代的"二重证据法"转向简牍自身的研究，尤其是对那些不见于传世文献的简牍文书，日本学者从古文书学的角度，以文书集成的方式，复原简册的原始形态，构拟政令实施的过程，并进而发展到据简牍文书的抄写形式，从抄本文化的角度，探寻文本的内在逻辑，重建历史文本及其形成过程。以陈梦家为代表的中国学者，突破"二重证据"的限度，在文字资料之外，更注意结合考古学，以历史学的视野，从

① 湖南省文物考古研究所编：《里耶秦简(壹)》，文物出版社2012年版，图版第68页，释文第32~33页。

② 王国维：《古史新证——王国维最后的讲义》，清华大学出版社1994年版，第2~3页。

最基本问题入手，循序渐进，重构历史现场，取得丰硕成果。①

呈现在读者面前的这套小丛书共五册，就是我们利用出土文献和文物资料，并结合传世文献重构历史事实的初步尝试。其中既有利用文献学方法从抄本的形成与流传的角度，对楚地出土简帛日书文本的分类整理和日书所见古代社会生活的研究，又有利用民族人类学以及古代神话研究的方法对清华简《楚居》所涉及楚族源、楚先公先王以及早期楚国、楚文化的探讨；既有利用考古学方法对楚墓资料的整理以分析楚系家族形态，也有利用出土古文字资料从社会政治学的角度比较东周诸侯国的基层组织与社会。我们关注的对象往往是区域性的，关注的时段集中在先秦秦汉时期，时空范围多在早期中国的楚国故地，目光也不在庙堂之上，但目的只有一个，即探求历史的真相。

这套丛书的作者，多为朝气蓬勃的青年才俊，博士毕业之后多在大学或社科院工作。丛书的构想和实施，多有赖于武汉大学出版社的李程女史的多方组织协调。我作为主编还是第一次，在能力和经验方面都存在诸多不足，我所供职的武汉大学历史学院和兼职的中国传统文化研究中心给予诸多支持和便利，在此一并深致谢忱，也请读者对本丛书多加批评指正。

晏昌贵

2020 年 12 月 25 日于珞珈山

① 参看侯旭东：《序》，郭伟涛：《肩水金关汉简研究》，上海古籍出版社 2019 年版，“序”1～3 页。又见侯旭东：《二重证据法再思考——在出土文书类简牍中发现历史》，“清华大学公开课”讲座，https://www.bilibili.com/video/BV1Rs411h7 yG?from=search&seid=16894219982693746730。

序

田成方博士在博后出站报告的基础上，经过补充、修订而成的《楚系家族墓葬研究》一书，即将付梓出版。作为他的合作导师，他送我审读作序，除了谈一点体会，也想把这部书推介给躬耕于这一学术领域的同仁。

树有本末，人有死生。我们的先人一直把死亡和死后的安排，看成与生前一样重要的事情，即所谓的“事死如事生，事亡如事存”。如何“事死”？古人的处理方式主要包括丧、葬、祭几个环节。《礼记·檀弓上》说：“葬也者，藏也；藏也者，欲人之弗得见也。”葬，简单地说，就是将逝去的人埋藏起来。无论他(她)生前富有，还是贫穷，死后都要与现实世界分离，埋葬到某一特定的地理单元(墓地)。于是，血缘上亲近的同一家族或家庭成员，“生相近、死相迫”，活着共同居住，死后聚族而葬，也就产生了宗族和家族性质的墓地。这些墓地有事先统一的空间规划，表现出一定的边界和范围。进入商周时期，家族墓葬既有墓葬的一般要素，又具备了“族”的血缘属性和空间排列的特殊性，朱凤瀚先生《商周家族形态研究》(增订版，天津古籍出版社 2004 年版)利用殷墟商墓、洛阳北窑西周墓、沣西张家坡西周墓等研究商周家族的形态结构、墓地空间布局等，颇有见地，有引领作用。

然而，囿于考古资料的匮乏和不系统，专门针对两周时期某个国别、某一时段、某个区域的家族墓葬进行的系统研究还比较少。成方博士的《楚系家族墓葬研究》之所以能够成文，完全得益于楚文化考古数几十年来持续的考古发掘和资料积累，也得益于楚文化研究尤其是楚墓研究已有的丰硕成果。因此，该书就是在已有资料和研究成果全面搜集、整理的基础上，提出了三大方面探索意见。

一是将楚系家族墓地分作楚国的族墓地和楚附庸国的族墓地两大类，论述的范围基本覆盖了东周时期楚国的主要地域范围。如对养国、申国等楚附庸国墓地作了重点考析，指出春秋中期以后楚附庸国的族墓地呈现三个特点：第一，部分国家的族墓地出现收缩态势，由分散多处到集中一地；第二，在楚人置县的地方，附庸国墓地继续沿用，而进入该地区的楚人则另外开辟墓地；第三，遭楚人不断迁徙的国族，墓地难以形成规模，且较为分散(见结语)。这些方面表明，楚附庸国墓地与楚国内部的族墓地显然存在不同。

二是将楚国族墓地分成三大类：楚国王陵、世族墓地、核心家庭墓地。该书全面搜集了目前所知的楚国王陵资料，就其结构、布局、年代及墓主等，作了系统清理。世族墓地和核心家庭墓地方面，书中侧重于总结、梳理已有资料和研究成果，按其规模、等级和存在形态进行了分类。由此提出，传统、战争及社会革新等会对族墓地的空间选择和埋葬形式产生影响，而族属差异、血缘亲疏、官爵高低、福寿长短等具体因素，则会在细节上塑造着墓地的具体表现形态，是很有道理的。

三是注重吸纳最新资料和最新研究成果。比如书中第四章根据乔保同先生提供的等高线地图及徐家岭 M12、M13 资料，对淅川徐家岭墓地的年代、布局等进行了重新探讨。第五章从《吉金墨影》(河南美术出版社 2016 年版)中辑录散见铜器，又结合已刊的发掘简报，详细分析、讨论了南阳西关彭氏墓地的年代、分期及随葬铜礼器的演变过程、文化内涵。

此外，针对不少具体问题，经过细致考证、分析，书中提出了一些新认识。如第一章第三节认为“长丰杨公墓地应当不是一个纯粹的族墓地，很可能由多个核心家庭墓地构成”；“望山桥 M1 墓主是悼王之孙，比望山 M1 墓主悼固年长一辈……望山桥墓葬和望山墓葬无疑应属于同一个墓地，墓地北边早、南边晚”。第二章第二节分析指出，“(南阳)万家园 M181 墓主或是来自淮河中游地区的楚系贵族”。这些观点是作者剖析材料、深入思考的结果，是否符合事实，仍需进一步检验和讨论。

从行文可以看出，成方博士的出身是考古，有物质资料为核心的考古学素养熏陶，又受到历史地理学和出土文献方面的系统训练，自然明白“二重证据法”的含义以及多学科结合的研究意义，这也是该书的一大长处。当然，学无止境，如何利用考古学理论和方法深入研究楚系家族墓地的发展规律，还有不少需要加强和提升之处，如辩证分析楚国家族墓葬在时间演进中的埋葬变化特征，楚系家族墓地不同区域是否存在规制性埋葬特征，能不能上升到楚制（或礼俗）、周制等层面进行对应分析，都需要更深入的探索。

这部书应当是作者的初步尝试，希望随着考古新材料的增多和研究的深入，成方博士能够持续“盯紧”这一领域，撰写出更多更有创新意义的学术成果。

韩国河

2021 年 8 月

凡　例

1. 称引青铜器或金文著录书籍时，正文中均使用它们的简称。简称对照如下：

《青全》——中国青铜器全集编辑委员会编《中国青铜器全集》(文物出版社 1993—1998 年版)；

《近出》——刘雨、卢岩编著《近出殷周金文集录》(中华书局 2002 年版)；

《群雄逐鹿》——河南博物院编著《群雄逐鹿：两周中原列国文物瑰宝》(大象出版社 2003 年版)；

《新收》——钟柏生、陈昭容等编《新收殷周青铜器铭文暨器影汇编》(艺文印书馆 2006 年版)；

《集成》——中国社科院考古研究所编《殷周金文集成》(修订增补本，中华书局 2007 年版)；

《铭图》——吴镇烽主编《商周青铜器铭文暨图像集成》(上海古籍出版社 2012 年版)；

《吉金墨影》——南阳市文物考古研究所等编著《吉金墨影·南阳出土青铜器全形拓》(河南美术出版社 2016 年版)。

2. 如非讨论需要，文中引用出土文献时，文字隶定皆从宽式，并以通行标点进行句读。铭文残泐模糊者，能确定字数则以□代替，字数不定则以▨代替。

3. 文中所用地图、位置图、器物照片、线图或铭文拓片，均根据版面需要进行等比例盈缩，不再一一标注比例尺。

目　录

图表目录

导　论

墓葬又称墓、墓冢或坟墓，是指安葬故人的场所。不过，在古人的观念中，坟与墓并非等同的概念，二者是有区别的。《礼记·檀弓上》："吾闻之，古也墓而不坟。"扬雄《方言》十三："凡葬而无坟谓之墓，所以墓谓之墲。"可知古人将不施封土（即坟或冢）者称作"墓"。由于地面隆起封土成为一种普遍现象，所以"墓"成为墓地的统称，不仅包括墓穴，也包括封土。《周礼·春官·序官》："墓大夫。"郑玄注："墓，冢茔之地。"《太平御览》卷557引《说文》："墓，兆域也。"由此，"墓"既可以指单座墓葬，同时也可以涵盖整个墓地。在当代考古学话语体系中，通常以"墓葬"指代坟墓，当然它所涵盖的考古学要素，已经远远超过传统上对坟墓的定义，同时又常见"墓地"一词，认为"是墓群集中分布的区域，是人们有意识埋葬死者的固定场所"①。

墓葬是古人留下的重要文化遗产，也是考古学与历史学研究的重要对象。李伯谦先生说："墓葬是社会生活的遗留，是社会意识形态的产物。要了解一个社会，墓葬制度的研究是不可或缺的一个方面。"②诚如是也。从空间上来说，墓葬由墓穴（包括墓室、墓道、壁龛、腰坑等）、封土、附属建筑、随葬坑等几部分构成。从物质遗存来说，墓葬包括墓门、墓碑、葬具、随葬品等。等级越高的墓葬，其构成要素也就越复杂；级别越低的墓葬，其构成要素也就越简朴。所以，并非所有墓葬都能囊括上述空间或物质要素。

---

① 金则恭：《仰韶文化的埋葬制度》，《考古学集刊》第4集，中国社会科学出版社1984年版，第229页。

② 李伯谦：《从晋侯墓地看西周公墓墓地制度的几个问题》，《考古》1997年第11期。

除了可见的空间存在及物质遗存，墓葬本身还是思想观念和文化礼俗的集合体，其涉及空间选择和布局、葬制葬俗、葬仪等，因而被视为与“文字文本”“口传文本”同等重要的“文化文本”①。过去对于墓葬材料，往往将其作为孤立的物质遗存加以考古学视野内的观察。随着边缘学科的发展和多学科交叉研究的兴起，包含丰富物质及文化内涵的古代墓葬，也成为历史学、民族学、文化人类学、社会学、艺术学等众多学科所关注的对象。

对于过去的人类历史，传世文献的记录往往是只言片语。《论语·八佾》载孔子曾感叹道：“夏礼，吾能言之，杞不足征也。殷礼，吾能言之，宋不足征也。文献不足故也。足，则吾能征之矣。”因此，新出资料也就备受重视。越来越多的学者将考古材料纳入史料范畴，甚至奉之为“地下二十四史”。20世纪末叶以降，饶宗颐、杨向奎、汪宁生等先生不满足于王国维先生“二重证据法”偏重于甲骨文、金文等出土文字材料，相继倡议三重证据法或四重证据法，并予以理论构建与研究实践。② 诸家对多重证据法的阐释尽管存在不同，但都将关注视角扩展到文献和文字材料之外，重视非文字材料，即考古材料本身，却是较为一致的。李学勤先生说：“如果说一般的考古资料和古文字资料可以分开，这第三重证据就是考古发现的古文字资料，像楚简就是第三类。考古学的发现基本上可以分为两种，一种是有字的，一种是没字的。有字的这一类，它所负载的信息当然就更丰富。有字的东西和挖出来的一般东西不大相同，当然也可以作为另外的一类。没有字的东西，在我看来，对于精神文化的某些方面，甚至于对古书的研究也很有用。”③墓葬材料既包括有字的材料，还包括更多没字的材料，都是我们需要认真分析和研究的对象。

---

① 杨骊：《反思二重证据法的局限——兼论多重证据法的演变之必然》，《西南民族大学学报》(人文社会科学版)2014年第4期。

② 叶舒宪：《国学考据学的证据法研究及展望——从一重证据法到四重证据法》，《证据科学》2009年第4期。杨骊：《反思二重证据法的局限——兼论多重证据法的演变之必然》，《西南民族大学学报》(人文社会科学版)2014年第4期。

③ 李学勤、郭志坤：《中国古史寻证》，上海科技教育出版社2002年版，第56页。

我国境内的古代墓葬众多，不仅是十分丰富的考古遗存，也是一笔认知过去、弥补史籍记载不足的有字或无字的资料。自从20世纪30年代科学考古工作在我国正式开展以来，数以万计的古代墓葬被陆续揭示、发掘和整理。面对考古所得的浩瀚墓葬材料，我们不可能、亦没能力逐一进行探讨和研究。但是，结合自身研究背景和学术专长，研究者选取某方面的资料深入分析和探究，以加深或拓展对某个领域的认识，还是非常有必要的。

一、研究的源起和背景

2008年至2011年，笔者在武汉大学历史学院跟随徐少华教授攻读博士学位时，徐师命我研究的题目是"东周时期楚国家族研究"。在做开题报告时，我曾打算将楚国家族墓葬作为论文的一部分，放入楚国家族研究的整体框架之内。后来在博士学位论文的写作过程中，由于偏重于出土文字材料和传世文献的搜集和论证，较少涉及墓葬材料本身的分析、探讨，况且当论文主体完成时，规模已有二十余万字，加之临近毕业、时间紧迫，遂将家族墓葬的部分搁置起来，没有展开论述。然而，要形成对楚国宗族的全面认识，进而了解楚国乃至东周宗法社会的真实状况，有必要对全部的家族墓葬资料进行梳理、整理和分析。所以，为了弥补之前的研究缺憾，笔者在进入郑州大学历史学院工作后，遂进入学院博士后流动站开展研究工作，以韩国河教授作为合作导师。经与韩老师商讨，便拟定以"楚国家族墓葬"作为研究题目，此书实为博士学位论文研究之后续工作。当然，我们现在呈奉的文稿，是在博士后出站报告的基础上，将研究范畴从"楚国家族墓葬"扩展至"楚系家族墓葬"，主要补充了楚王陵、养国墓地和申国墓地的部分。

其次，近几十年来周代南土考古工作蓬勃开展，积累了大量的墓葬资料，为探讨楚系家族墓葬的相关问题打下了坚实基础。围绕众多的楚系墓葬资料，学界在早期做了很多基础性的研究工作，主要涉及墓葬及随葬品的年代(分期)、墓主的身份等级(墓葬分类)、葬制葬俗、随葬品研究等。除却众多的个案研究外，出现了郭德维先生《楚系墓葬研究》(湖北教育出版社1995年版)这样的集大成之作。郭著初版付梓已有二十多年，二十多年间南方地区周代考古的重大发现接连不断，而相关的研究和认识也有了非常大的进步，主要体现出以下几个方面的特点：

一是楚墓分区研究的深入。对于湖北、河南、湖南、安徽等已发掘楚墓数量较多的地区，目前均有相关的研究论著。关于湖北地区的楚墓，丁兰先生《湖北地区楚墓分区研究》(民族出版社2006年版)在全面分类、分期的基础上，对其进行了分区研究，探讨了各区域之间的文化交流与融合。关于河南地区，马世之先生《中原楚文化研究》(湖北教育出版社1995年版)第五章“东周时期楚的国势与文化”、第六章“楚国东徙及其文化的衰颓”的撰写，主要运用了南阳、信阳及淮阳等地的楚墓资料。此后，张鸿亮先生《豫南地区楚系墓葬初步研究》(郑州大学硕士学位论文，2007年，导师：韩国河教授)将豫南地区的楚系墓葬分成三区六期，并分析了它们各自的文化渊源。关于湖南地区，高至喜先生《楚文化的南渐》(湖北教育出版社1996年版)复原楚人南进“江南”地区的历程时，大量列举了“江南”地区的楚墓及随葬品资料。之后，高氏又撰成《湖南楚墓与楚文化》(岳麓书社2012年版)一书，系统总结了湖南楚墓的发现与研究概况，并就湖南楚墓的等级与礼俗、区域特点作了深入分析，阐述了楚人开发湖南的历史成绩。袁德良先生《湖南地区东周楚墓分区研究》(北京大学硕士学位论文，2006年，指导教师：高崇文教授)在对湖南地区楚墓进行分区、分期时，特别注重历史背景、文化传统及地理环境的影响。关于安徽地区，杨彭先生《安徽地区楚墓研究》(安徽大学硕士学位论文，2014年，指导老师：宫希成研究员)在形制、随葬品研究基础上对安徽地区楚墓作了进一步分区，总结出了各区域的特点。上述研究多拘泥于当前行政区划和省域疆界，可能与历史的实际情况不相吻合。近些年从自然地理或文化地理角度进行分区探讨的趋势在增加，这些研究都在有意识地突破行政区划的藩篱，试图复原当时文化区系的本来面貌，如王乐文先生《江北地区楚墓研究》(吉林大学博士学位论文，2010年，指导老师：王立新教授)、付琳先生《江南地区两周时期墓葬研究》(吉林大学博士学位论文，2014年，指导老师：王立新教授)，都是以长江作为当时文化分区的界线。

二是楚墓之葬制的深入探讨。王崇礼先生《楚国土木工程研究》(湖北科学技术出版社1995年版)专辟一章“楚国墓葬建筑”，讨论了楚墓地的规划、墓穴形制及棺椁结构等，后扩充为《楚墓建筑研究》(署名王从礼，湖北人民出版社2006年版)一书，主要从楚墓的发现与分布谈起，就楚墓地的选择、墓室布局、墓圹建制、棺椁形制及用材进行了更全面的探讨，最后总结了楚墓建筑在历史上的地位和影响。张莉清先生《东周楚国高级贵族墓地制度探研》(武汉大学硕士学位论文，2003年，指导老师：王然教授)、王希伟先生《战国楚墓葬制研究》(西北大学硕士学位论文，2012年，指导老师：田旭东教授)则分别聚焦于楚王、封君、卿大夫等高等级贵族的墓地制度和战国楚墓的葬制特点。

三是以专题形式研究楚墓随葬品。这方面的论著较多，比如张正明先生主编的“楚学文库”中，刘彬徽先生《楚系青铜器研究》(湖北教育出版社1995年版)、彭浩先生《楚人的纺织与服饰》(湖北教育出版社1996年版)、后德俊先生《楚国的矿冶髹漆和玻璃制造》(湖北教育出版社1995年版)、刘玉堂先生《楚国经济史》(湖北教育出版社1995年版)、赵德馨先生《楚国的货币》(湖北教育出版社1996年版)等，无不是以楚墓随葬品来展开专题研究的。最近这方面的研究力作，当属张闻捷先生撰写的《楚国青铜礼器制度研究》(厦门大学出版社2015年版)。该书主要以墓葬发掘铜器资料为基础，结合其他文字材料和传世文献，梳理出楚国青铜礼制的演变脉络，分析了其中礼制的变革及区域性特点。

四是以墓葬为中心来研究当时的社会历史与文化。刘和惠先生《楚文化的东渐》(湖北教育出版社1995年版)结合安徽及吴越地区楚墓资料和传世文献记载，较早探讨了楚文化东移过程及其在考古学遗存上的反映。此后，朱继平先生《鄂东楚文化的历史进程与特征》(武汉大学硕士学位论文，2005年，指导老师：徐少华教授)、宋怀祥先生《东周时期鄂东地区文化融合与变迁——以墓葬为中心》(中南民族大学硕士学位论文，2012年，指导老师：丁兰教授)都将关注点放在周代鄂东地区的文化变迁，前者聚焦于楚人在鄂东的开发进程，后者侧重对鄂东考古遗存的文化因素分析。朱萍先生《楚文化的西渐——楚国经营西部的考古学观察》(巴蜀书社2010年版)利用三峡、成都的墓葬等出土资料，探讨了相关考古学遗存的分期及年代，分析了其中包含的文化因素，进而讨论了楚文化向西传播的过程、模式等。此外，利用墓葬出土材料研究楚国、楚地形而上的思想文化与艺术，也颇有成果推出。皮道坚先生《楚艺术史》(湖北教育出版社1995年版)就楚墓中青铜器、漆器、纺织品、绘画等的艺术特色与成就作了具体分析。杨华等先生《楚国礼仪制度研究》(湖北教育出版社2012年版)主要利用楚墓资料及楚地秦汉时期的部分资料，对楚国礼仪制度进行了系统复原，在“丧礼”“祭礼”部分用力尤深。

经过诸多学者的共同努力，关于楚墓的分期、分区、等级等方面，基本形成了较为成熟的认识框架。目前，学者们更注重从多个方面推进楚墓研究的纵深开展，主要表现为：研究对象扩充到区域内的所有墓葬，不再局限于楚系墓葬；研究视角扩展到更广阔的历史视野之下，不再拘泥于楚文化；研究区域扩大到更宏观的地理舞台，不再受限于楚地。比如近年的几篇博士学位论文：魏凯先生《周代前期南土文化格局的考古学观察》(吉林大学博士学位论文，2018年，指导教师：井中伟教授)、尚如春先生《东周时期楚国社会变迁研究——以江汉淮地区墓葬为中心》(吉林大学博士学位论文，2019年，指导老师：滕铭予教授)、张继华先生《南襄盆地及邻近地区周代贵族墓葬与政治变迁》(郑州大学博士学位论文，2019年，指导老师：韩国河教授)，都不约而同地将楚系墓葬资料纳入更广阔的地理背景或文化视野下进行观察，力求通过墓葬资料的全方位剖析，实现对周代社会政治、文化等领域的更多解读或揭示。其中魏凯《周代前期南土文化格局的考古学观察》将周代南土分成三个区块：南阳盆地—襄宜平原地区、涢水流域—大别山地区、淮河上游平原地区，建立各区域遗存的独立年代框架，分析了各阶段的文化格局及族属性质，试图重构周代前期南土的历史发展进程，并就变迁原因作了探究。尚如春《东周时期楚国社会变迁研究——以江汉淮地区墓葬为中心》在对东周时期楚墓分区、分期、分等级的基础上，就其所反映的文化结构、阶层结构、组织形态、礼制规范等作了细致剖析，主要从考古学角度归纳了东周楚国社会变迁的一些特点。张继华《南襄盆地及邻近地区周代贵族墓葬与政治变迁》主要围绕南襄盆地及邻近地区的周代贵族墓葬展开讨论，划分为周文化体系与楚文化体系，就周文化体系下墓葬礼制规范、封国墓地的选址与布局、楚系铜器的来源与形成作了重点论述，提出"墓葬等级表征"的概念并透析了其中的政治及文化内涵。不难看出，这些研究在重视楚系墓葬资料整理的同时，也密切关注与楚系墓葬相关的其他遗存资料，注重相关考古材料之间的横向联系与比较，强调追溯文化因素的源流脉络，以求钩稽、还原墓葬资料背后的历史场景与政治表达，推动了我们对周代社会的进一步认识。当然，也必须看到，从周代宗法社会的角度对楚系墓地进行的专题研究还较为薄弱，利用楚系墓葬来研究诸侯国公族、楚系家族的成果依然不够丰富，这也是我们可以进一步做些工作的地方。

再者，通过族墓地资料来研究楚系宗族的条件业已具备。纵观周代各个区域的田野工作，楚系墓葬的发掘数量无疑是最多的。据 20 世纪 80 年代的统计，当时已发掘的东周墓葬中，其中 70% 以上是楚墓，总计超过 5000 座。① 时至今日，已发掘的楚墓当以数十万计。这些墓既有规模宏大、随葬品丰富的楚王墓、令尹墓和封君墓，也有普通贵族墓及平民墓，甚至一贫如洗的奴隶墓葬。当然如果再将附属于楚的小国墓葬归入广义的楚墓范畴(即楚系墓葬)，则"楚墓"之数量、类别、内涵会更加丰富。由于楚墓分布地区广阔，类别多样，导致不同墓地在空间形态上也有很大差别。有地位的贵族生前聚族而居，死后也葬入同一墓地，《周礼》称之为"公墓"，如河南淅川下寺、和尚岭和徐家岭楚薳氏家族墓，河南南阳西关彭氏家族墓，湖北荆门

---

① 张正明：《楚墓与楚文化》，《中原文物》1989 年第 2 期；中国社会科学院考古研究所编著：《新中国的考古发现与研究》，文物出版社 1984 年版，第 304 页；郭德维：《楚系墓葬研究》，湖北教育出版社 1995 年版，第 5 页。

包山昭氏家族墓等，都是公认的楚国家族墓地。楚系国家中，曾国墓葬材料最为丰富，几处大型公墓被陆续发掘，如随州文峰塔、枣树林曾侯及公室贵族墓地，京山苏家垄和枣阳郭家庙曾国公族墓地等。而下士和贫民的墓葬，一般没有单独的区域，只能集中在公共墓地里面。但即使是公共墓地里面的平民墓，也不是杂乱无序的，往往有一定的界线和规划，《周礼》称其为“邦墓”，如湖北江陵雨台山墓地。还有一类是附庸于楚的小国墓地，难以辨析其性质属于“公墓”还是“邦墓”，其存在形态可能较为特殊，如河南桐柏月河养国墓地、信阳地区发现的黄国墓地等。不过，无论是公墓还是邦墓，或者是性质难以确定的小国墓地，过去从宗族形态视角的探讨较少，特别在楚文化考古领域，尤其不够重视。

以考古所见墓葬材料研究宗族(或家族)的形态，或者说以宗族视角审视考古发掘的墓葬资料，可以发现比较有趣的现象。关于殷墟商代墓地，杨锡璋先生认为殷墟西区“是一块宗族墓地，每一墓区代表一个族，各族有自己的族徽，墓区中的小区是家族墓地”①。韩建业先生也认为殷墟西区存在“族葬”制度，依据空间集结和葬俗异同，判断这个墓区是由 24 个族“聚族而葬”形成。② 杨宝成先生从社会政治地位、经济状况等方面对殷墟“族墓地”作了分析。③ 朱凤瀚先生对殷墟商墓、洛阳北窑西周墓、沣西张家坡西周墓等墓群所涉家族加以分析，认为北窑西周墓地中的东列墓群应是宗族宗子所在家族，西、中列墓群当是小宗家族。④ 李伯谦先生通过分析天马—曲村晋侯墓地，并结合其他诸侯国公墓地，指出《周礼》所云“公墓” 布局反映的并非春秋以前的情况，西周时期存在墓祭，但没有墓上建筑。⑤ 印群先生《黄河中

① 杨锡璋：《商代的墓地制度》，《考古》1983 年第 10 期。

② 韩建业：《殷墟西区墓地分析》，《考古》1997 年第 1 期。

③ 杨宝成：《殷墟文化研究》，武汉大学出版社 2002 年版，第 74~77 页。

④ 朱凤瀚：《商周家族形态研究》(增订本)续编第二章“新刊考古与古文字资料研究”，天津古籍出版社 2004 年版，第 583~658 页。

⑤ 李伯谦：《从晋侯墓地看西周公墓墓地制度的几个问题》，《考古》1997 年第 11 期。

下游地区的东周墓葬制度》系统梳理了商周时期公墓、邦墓由源起、形成、成熟到瓦解的过程。① 上述研究将墓地资料与公族、宗族、家族的探讨相结合，不仅有助于加深对墓地制度本身的认识和理解，而且对认识周代宗法社会的本质与内涵大有裨益。

因此，本书研究的目的，一方面是楚系家族墓葬材料的整理与分析，藉此来搜集和分析传世文献所未记载的楚系家族的信息，从而丰富我们对楚系宗族形态的认识；另一方面以宗族（或家族）为视角，来讨论具体墓地中的墓主身份、墓主之间的关系、族墓地的排列、亲属组织结构等，结合史籍所载的宗族资料，加深对于考古所掘墓葬资料的认识和理解。

郭德维先生曾说："楚文化的研究是以楚墓研究为基础的。对楚墓中一些基础性问题不解决好，楚文化的研究也就难以前进。"②因此，本书研究开展的前提是尽可能搜集楚系墓葬资料，力图将过去习以为见的楚系墓葬资料，不再限于墓葬分区、分期、分类等传统的考古学内容之研究，而是将其纳入周代历史文化研究的范畴。也就是说，本书的研究不只在于墓葬材料本身，而是透视其背后所反映的楚国人物及其家族，甚至楚系国家的宗族形态、宗族组织及结构、宗族文化等。这种介乎考古与历史之间的"两插"研究，因墓葬资料的局限和个人能力及视野所限，恐怕不能就楚系宗族的所有方面进行探讨，只能见一份材料说一分话，围绕某些墓地或一些家族（或公族）作专题性的研讨。一叶障目之虑，恐怕也是难以避免的。

二、相关概念的界定和说明

（一）楚国和楚系

楚国、楚系都是楚文化研究中经常使用的词语，两者并非等同，但又有

① 印群：《黄河中下游地区的东周墓葬制度》第二章"墓地制度"，社会科学文献出版社 2001 年版，第 24～58 页。

② 郭德维：《楚系墓葬研究》，湖北教育出版社 1995 年版，作者自"序"第 4 页。

重合。楚系是一个宽泛且界限有点模糊的概念。郭德维先生将广义的楚文化、墓葬，称为楚系文化或楚系墓葬。那么什么是广义的楚文化呢？他从空间和时间上进行了界定，认为："就广义而言，凡受楚文化强烈影响，具有楚文化的某些基本特征的文化都应划入楚文化的范畴。从空间上说，楚周围的小国、小族，他们受着楚的强烈影响(或受楚控制)，其文化因素及其墓葬(如曾侯乙墓)，自然应列入楚文化范畴；从时间上说，公元前223年楚灭亡之后，南方一些地方仍保留着浓烈的楚文化因素，一直到西汉前期在一些墓葬中仍有反映，这也应属楚文化范畴。"①刘彬徽先生在研究楚国及其周边的青铜器时，也使用了"楚系"的概念，他说："研究楚青铜器必不可免地要将一些不属于楚国而却具有楚文化特征的别的小国或地区出土的青铜器也包括在内，这类铜器以使用'楚系'的概念较为妥当。"②由此来看，"楚系"是以楚国为核心，括及周边受楚国影响且楚文化特征明显的国族。可见，"楚系"一词既是文化概念，更是政治范畴。所谓的楚文化，主要是就楚国、楚人的考古学遗存之文化面貌特征而言。由于楚国兴起于西周晚期，其物质文化上自身特点的形成在春秋中期，而这一时期也是楚国对外扩张最为活跃的阶段，周边小国陆续降为楚国附庸，其公族或贵族也被迫仕楚为臣，为楚所用。在这样的历史背景下，才出现了我们所谓的楚系国家或楚系墓葬。由此而言，"楚系"一词又是阶段性的概念，且所指对象也相对宽泛和笼统，并非只局限于具有典型楚文化特征的考古遗存。诚如杨宝成先生所说："楚文化在其发展过程中不断地吸收不同地区的土著文化来丰富其文化内涵，从而导致不同时期不同地区的楚文化内涵发生变异。此外，还应该指出，楚文化在其数百年的发展历史过程中不断与周边地区的中原文化以及其他国族文化相互交流、渗透、融合，从而使不同时期、不同地区的楚文化融合了许多非楚文化的因素。"③

① 郭德维：《楚系墓葬研究》，湖北教育出版社1995年版，作者自"序"第1页。
② 刘彬徽：《楚系青铜器研究》，湖北教育出版社1995年版，第5页。
③ 丁兰：《湖北地区楚墓分区研究》，民族出版社2006年版，"序"第2页。

当然，“楚系”一词也带有区域性的味道，尽管它所反映的地理区域和空间界限并非一成不变，但这个区域相对于晋系、秦系、齐系等东周区系文化而言，显然具备自身的典型文化特征或代表性器物、风俗习惯等，其所涵盖的主要地域范围是比较稳定的。

谈到楚系家族墓葬时，必然会涉及仕楚为臣的外来宗族。这些宗族原来属于楚国周边的小国，由于政治形势的变化，进入楚国并逐渐被同化，成为名副其实的楚系宗族。所以，本书研究楚系家族墓葬时，必然会考虑到楚国公族和外来宗族的区别。对于这些外来宗族，无论其考古学面貌如何，我们有时也径直称其为楚国家族，原因有两点：

一是从文献记载来看，附庸楚国的小国贵族，很多能快速融入楚国社会体系，并被委以重任，其子孙也在楚国繁衍发展。《左传》哀公十七年(前478年)记载春秋早期楚国史事：“观丁父，鄀俘也，武王以为军率，是以克州、蓼，服随、唐，大启群蛮。彭仲爽，申俘也，文王以为令尹，实县申、息，朝陈、蔡，封畛于汝。”观丁父是楚人擒自鄀国的俘虏，入楚后担任楚武王的军率(即军帅)，他的子孙也一直在楚任官，如观起(《左传》襄公二十二年)、观从(《左传》昭公十三年)、观射父(《国语·楚语》“昭王问于观射父”章)、观瞻(《左传》哀公十八年)等，颇有名气。彭仲爽是出自申国的俘虏，一度担任楚文王时期的令尹，彭氏家族自此成为楚国望族，其子孙彭宇、彭子寿等都担任过“申公”。类似于观氏、彭氏这样的外来宗族，身份已经明显发生了转变，称为楚国宗族是顺理成章的。

二是从考古学面貌上看，外来宗族的墓葬形态与楚国芈姓贵族存在一致的方面，受到楚文化的影响，时代越晚这种影响越为浓重。比如南阳彭氏家族墓地，已发掘的墓葬时代从春秋中期持续到春秋晚期偏晚，不同时期的墓葬在考古学特征上存在明显差异，这与楚文化形成后的强势扩展有关。而到了战国中期的荆州天星观邸阳君潘胜夫妇墓，除了个别因素以外，从墓葬形制到随葬品类别、典型器物及主要文化特征等，都与楚国芈姓贵族墓葬近乎一致，基本上是完全楚化了。当然，有些楚系附庸的国人在被楚人降服之后，较长时间保留了自身的物质文化特色和风俗习惯，这在中下阶层墓葬中体现得尤为明显，如2017年南阳市文物考古研究所在南阳市白河以东发掘的李八庙申国遗民墓地，其陶器组合和文化风格就与楚人的颇有不同，但是很难说这些申国遗民不属于楚系宗族的范畴。所以，仅仅将考古学文化特征作为判断楚系墓葬的唯一标准，似乎也存在问题。实际上，附庸于楚的小国墓地，往往在埋葬上是连续的、不间断的，楚国势力的进入并没有将这些小国固有的传统一下子完全打破，楚文化的影响具有时间性和阶层性。

因此，本书所用“楚系墓葬”是比较广义的概念，它的范畴既包括楚人墓葬及墓地，也包括春秋以后楚附庸国的墓葬及墓地。

（二）宗族和家族（家庭）

宗族、家族（家庭）是人文学科研究中经常涉及的概念，中外很多学者都对它们下过定义。朱凤瀚先生在研究商周时期家族形态时，曾就前人关于家族（家庭）、宗族等概念的阐释作过系统梳理，对于研究先秦时期的家庭、宗族及社会结构有很大帮助。① “宗族”一词，在《左传》《论语》等早期典籍中就有出现。《左传》僖公二十四年：“召穆公思周德之不类，故纠合宗族于成周而作诗。”言周厉王时不“亲亲相及”，周德衰微，王朝卿士召穆公虎在东都洛邑召集宗族，以加讽喻谏言。这里的“宗族”，杨伯峻、徐提两先生解为“同宗同族者”②。《论语·子路》：“子贡问曰：‘何如斯可谓之士矣？’子曰：‘行己有耻，使于四方，不辱君命，可谓士矣。’曰：‘敢问其次。’曰：‘宗族称孝焉，乡党称弟焉。’”邢昺疏云：“宗族，同宗族属也。”③不难发现，早期典籍所说的“宗族”，其内涵是较为一致的，本义是“指有共同祖庙的亲族，亦即是有明确父系祖先的家族”，“其下辖有若干‘族’，即若干个

① 朱凤瀚：《商周家族形态研究》（增订本），天津古籍出版社2004年版，第7~12页。

② 杨伯峻、徐提编：《春秋左传词典》，中华书局1985年版，第386页。

③ 何晏集解，邢昺疏：《论语注疏》卷13，《十三经注疏（附校勘记）》（影印阮元校刻缩印本），中华书局1980年版，第2508页。

较小的家族”。① 由此可知，“宗族”概念特别强调宗法性，即“尊尊、亲亲”所反映的大宗与小宗、主体家族与分支家族之间的血缘联系，以及由此衍生的祭祀、世系、分封等方面的宗法制度。传统社会中，同宗之人生前聚族而居，死后又合族而葬，因此宗族的某些文化特性，能够在同一宗族的家族墓葬中得以体现，构成墓地制度的重要组成部分。

相比较而言，“家族”的概念更为复杂。家族与家庭在英文中都作 family，通常而言，历史学者更喜欢使用“家族”一词，也许是因为“在中国古代典籍中讲到亲属组织时，往往习惯以‘族’为称”②。本书所讲的家族，主要包括“五世王父以逾至亲父”（语出湖北江陵秦家嘴 M1 简 2）③在内的亲属团体。家族的规模一般在五代到七代世系之间，因为古人认为五世而亲绝，已经不再论及亲属关系了。所以在战国简牍中，五世以下的祭祀是特别受到重视的，比如新蔡简、包山简中昭氏贵族对于祖先的祭祷。④ 在目前已发掘的楚系家族墓地中，所葬代系的规模，通常也在上述概念范围之内。

（三）族墓地、墓群和墓组

族墓地即家族墓地，又称族葬墓地，是同一家族成员聚族埋葬的场所。族墓地诞生于氏族墓地之后，商周时期逐渐发展、完善，之后在我国古代社会长期存在。较之于氏族墓地，家族墓葬更强调近亲血缘关系。一般认为，

① 朱凤瀚：《商周家族形态研究》（增订本），天津古籍出版社 2004 年版，第 10~11 页。

② 朱凤瀚：《商周家族形态研究》（增订本），天津古籍出版社 2004 年版，第 7 页。

③ 秦家嘴 M13 简 1 有“赛祷五世以至新父母”、简 5 有“祷特牛于五世王父王[母]”，秦家嘴 M99 简 10 有“祷之于五世王父王母训至新父母”、简 11 有“赛祷于五世王父王母”等，均为祭祷五世之例，一并参晏昌贵：《秦家嘴“卜筮祭祷”简释文辑校》，《湖北大学学报》2005 年第 1 期，收入氏著《简帛数术与历史地理论集》，商务印书馆 2010 年版，第 156~165 页。

④ 田成方：《从出土资料看楚昭氏的族源、早期世系及命氏范围》，《简帛文献与古代史——第二届出土文献青年学者国际论坛论文集》，中西书局 2015 年版，第 106~112 页。

“具有一个特定范围的墓地，保持着特定的生活习俗和埋葬习俗的各个葬区的死者，生前应属不同集团的成员，这个不同集团的组织形式可暂称为‘族’”①。因此，族墓地是血缘关系在死者葬所空间上的具体呈现形式。

根据《周礼》记载，至少在有周一代，当时的族墓地有“公墓”和“邦墓”两类，分别由冢人和墓大夫掌管。《周礼·春官·冢人》说：“冢人掌公墓之地，辨其兆域而为之图。先王之葬居中，以昭穆为左右，凡诸侯居左右以前，卿大夫士居后，各以其族。凡死于兵者，不入兆域。凡有功者居前。以爵等为丘封之度，与其树数。”同卷又载：“墓大夫掌凡邦墓之地域，为之图。令国民族葬，而掌其禁令，正其位，掌其度数，使皆有私地域。凡争墓地者，听其狱讼，帅其属而巡墓厉(郑玄注：厉，茔)，居其中之室以守之。”关于“公墓”的性质，郑玄注：“公，君也”，孔颖达疏：“言公则诸侯之通称，言君则上通天子，此既王之墓域，故训为君也”，都认为“公墓”是王之墓域。② 实际上，诸侯国的国君不可能葬在周王的茔域，所以考古学者一般将“公墓”视为诸侯国君之墓地，当然也包括周王之墓。《周礼》言“邦墓”是“国民族葬”之地，故郑玄注说“凡邦中之墓地，万民所葬地”③，“国民”应是指诸侯国的普通贵族(“士”)及庶民，释为万民是合理的。不过，考古学界对于《周礼》所载的这两类墓葬形式何时出现、是否与实际埋葬相一致，目前还存在不少争议。但不可否认的是，周文化体系下的埋葬方式无疑是以“族”为单元的，且约定俗成，如《周礼·地官·大司徒》记载大司徒的职责有“以本俗六安万民……二曰族坟墓”，“四闾为族，使之相葬”。④ 可见，周代统治

① 中国社会科学院考古研究所安阳工作队：《1969—1977 年殷墟西区墓葬发掘报告》，《考古学报》1979 年第 1 期。

② 郑玄注，贾公彦疏：《周礼注疏》卷 22，《十三经注疏(附校勘记)》(影印阮元校刻缩印本)，中华书局 1980 年版，第 786 页；孙诒让：《周礼正义》(六)，中华书局 1987 年版，第 1694 页。

③ 郑玄注，贾公彦疏：《周礼注疏》卷 22，《十三经注疏(附校勘记)》(影印阮元校刻缩印本)，中华书局 1980 年版，第 786 页。

④ 郑玄注，贾公彦疏：《周礼注疏》卷 10，《十三经注疏(附校勘记)》(影印阮元校刻缩印本)，中华书局 1980 年版，第 706~707 页。

者将"族墓地"的管理纳入了国家的日常统治体系。在当时，不同政治地位的族众在埋葬形式、管理方式上显然也存在差别。

商周时期的家族墓地，与之前的氏族墓地存在根本区别。霍巍先生在比较二者的不同时说：

> 氏族墓地只埋葬本氏族的所有正式成员，入葬者皆有血缘关系，不葬入婚姻配偶，也不殉葬外族奴隶和俘虏，有些地区未成年的儿童也不得入葬；家族墓地一般只埋葬本家族的男性成员及其配偶，不埋葬本家族的外嫁女性；未成年子女可葬入公共墓地；氏族及其墓地多以图腾为识记，家族及其墓地早期多以族徽、中期以后多以姓氏为记；氏族墓地主要按辈分、年龄排列墓次，家族墓地则是按男性计算世系、排列墓次。①

根据霍先生的意见，族墓地的成立必须满足如下三个条件：

(1)空间上的集聚。血缘相近的同族之人，除非特殊原因(如死于兵、凶、外等)，死后必葬于一地，这是社会血缘关系在墓葬形态上的直接反映。一般而言，族墓地之内不大可能葬入没有任何关系的其他姓氏的外族人员。但是，由于殉葬制度的存在，家族墓葬也不排除葬入异族成员的可能。

(2)按照家族男性的直系亲属关系排列墓次。同辈兄弟和嫁入的外族女性的墓葬，则根据他们与宗子关系的亲疏排列位次。

(3)墓地应有一定的规模，族墓地包含的世次应该在两代以上。然而，由于发掘条件的限制，考古工作往往只能揭露家族墓地的局部，甚至只是其中的一座或两座墓葬。这些材料虽非完整(也不可能实现真正的完整)，无法揭示家族墓地的全部状况。但是这些零星的墓葬材料，亦保存了家族墓葬的部分信息，并非没有分析的价值。因此，本书在家族墓地材料的选择上，以较为完整、有一定规模的族墓地为主，同时也会利用到零星的、有代表性的

① 霍巍：《大礼安魂——中国古代墓葬制度》，四川教育出版社 2008 年版，第 14 页。

贵族墓葬材料。

就规模而言，族墓地或大或小，少则数十座，多则成百上千座。在规模较大的族墓地内部，往往又可以细分为不同的墓群。这些墓群在空间上是集聚的，反映的是墓主在血缘上的亲近关系。墓群与墓群之间，还应该存在一定的边界，可能代表着宗族“私地域”的不同(如殷墟西区墓地)，也可能反映了同一宗族内部的不同宗支(如沣西张家坡西周墓地)。而同一墓群内部有的亦可划分出不同的单元，我们称之为“墓组”。同一墓组的墓葬之间，其墓主一般存在两种关系：一是密切的社会关系，如夫妻(包括妾)、私属等；二是亲密的血缘关系，如兄弟、子嗣等。因此，本书所言的墓地、墓群、墓组代表着由大至小的空间单位，且相互之间存在包含关系。

(四)春秋时期的分期说明

本书研究的时间范围主要集中在东周时期。东周开始于周平王东迁的前770年，止于前221年秦统一六国，分为春秋和战国两个阶段。考古学所讲的春秋时代，通常以前770年为开始，是因为这一年天下大势发生了重大变化。《史记·周本纪》载：“平王立，东迁于雒邑，辟戎寇。平王之时，周室衰微，诸侯强并弱，齐、楚、秦、晋始大，政由方伯。”平王东迁洛邑，王室衰微，诸侯大国崛起，拉开了一个新时代的序幕。众所周知，“春秋”一词来自我国最早的编年体史书《春秋》，该书记载史事始于鲁隐公元年(前722年)，这也是史学界通常将前722年作为春秋之始的根据。但是，若将前722年作为春秋时期的开端，则前770年至前722年之间的近五十年，将会成为考古学分期上不好命名的“飞地”。所以，我们赞同将前770年作为春秋时代的开端，这也是目前考古学界约定俗成的做法。而春秋时代的下限，也即春秋和战国的分界，在史学界有很大争论，考古界往往也选择不同的标准。①

① 路国权：《考古学关于春秋史的分期和断代研究——考古学和文献史学“二重证据”视角下的春秋史分期断代研究(二)》，《西部考古》第16辑，科学出版社2019年版，第159~185页。

春秋和战国的分界标准主要有前476年、前453年、前403年。① 前476年乃《史记·六国年表》所载的周元王元年；前453年韩、赵、魏灭掉智氏，呈三家分晋之势，战国七雄的格局已露端倪；前403年韩、赵、魏立为诸侯，《资治通鉴》即以此年作为全书之始。我们倾向于以前476年作为春秋和战国的分野，理由是既有《六国年表》作为文献依据，同时也便利于考古学分期。春秋时代从前770年至前476年共约三百年，刚好可以分为早、中、晚三期，每期约100年。战国时代从前475年到前221年，分为早、中、晚三期，每期约85年。若此，则东周时期可以分为六期：

春秋早期：公元前770—前670年

春秋中期：公元前669—前570年

春秋晚期：公元前569—前476年

战国早期：公元前475—前390年

战国中期：公元前389—前305年

战国晚期：公元前304—前221年

此外，书中在各分期的基础上有时需要细分出早段、晚段，大致采用每期积年均分的办法，不再赘述。

三、楚系家族墓葬的研究内容和视角

(一)楚系家族墓葬的研究内容

楚系的家族墓葬，包括存在于地面尚未发掘者和已经发掘的墓地。根据学者们的勘察，如今在江汉地区，分布着很多家族墓葬群。郭德维先生曾经说：“(湖北江陵地区)大中型冢子，有的三五成群，有的与小型冢子结合，数个或数十个密密麻麻埋在一起，一个紧挨一个，实在蔚为壮观。这些多半

① 顾德融、朱顺龙：《春秋史》，上海人民出版社2001年版，第1~3页。

是楚国贵族的家族墓地。”①荆门纪山尖山墓地的近百座楚冢(参见图 0-1)，可以分成七八个墓群，墓群之间有一定空隙和距离，郭先生认为这一群一群很可能表示一代一代或一个个家族。这样的墓地还分布于湖北的其他地方，河南的南阳、信阳、驻马店，湖南和安徽的一些地方。但如湖北江汉地区这么稠密者，还不多见，这大概与战国时期楚国以江陵为郢都有关。尽管这些墓群大多尚未发掘，但它给考古工作一个提示，即楚国贵族有很强的族的观念，在发掘这些墓地的时候，需要特别注意家族的归属、代系的分布及代系的规模，这对于理解楚国的宗族结构和社会构成很有帮助。

图 0-1　纪山楚墓群

(采自湖北荆门纪山镇政府网站)

当然，进行楚系家族墓地的研究，还必须以已经发掘且公布资料的墓地

① 郭德维:《楚系墓葬研究》，湖北教育出版社 1995 年版，第 6 页。

为对象。上文在对族墓地的概念进行分析时，总结了判断家族墓葬的三个条件。据此，在已发掘的成千上万座的楚系墓葬中，完全符合条件的只有四五处墓地：河南淅川下寺楚墓，淅川和尚岭和徐家岭楚墓，南阳西郊彭氏家族墓，以及湖北荆门包山昭氏墓地等。除淅川下寺楚墓和荆门包山楚墓以外，其他三处墓地都是经过两次或多次发掘完成的。个别墓地还只有一些报道和简报，比如彭氏家族墓，资料极其不完整。尽管如此，现已公布的资料依然非常丰富，有许多需要探讨和分析的地方。因此，本书将以淅川下寺、徐家岭及和尚岭，南阳西关彭氏墓地，包山楚墓为典型单位，对每一处家族墓地的族属、诸墓墓主身份及其亲属关系、墓葬空间分布等进行分析，进而期望能够总结出楚系家族墓葬的某些规律性特点。同时，通过分析不同来源的家族在葬制、葬俗、随葬品上的异同，探讨楚国民族融合的方式、过程等。

从春秋初年至战国末年，随着政治和军事地位的变化，楚系家族墓地的形态也在发生着改变。这一历时性的改变体现在墓葬形制、棺椁制度、头向、随葬物品的组合和放置、殉葬制度等方面，同时也反映在封邑与族墓地的地理关系上。就同一处墓地而言，墓葬等级的不同，也直接影响到了它在族墓地的空间安排，墓葬的规模和形制，以及随葬品的组合和等级。

（二）楚系家族墓葬的研究视角

楚系家族墓葬的研究，尽管是以家族为单位，但归根结底，是研究墓葬中的人和物。所以，首先要对墓葬的墓主及其年代有一个比较准确的判断。过去由于认识的局限，对于某些关键性墓葬的墓主的认识有一些分歧，比如淅川下寺最为重要的二号墓的墓主，学界有很多说法。说法的不同，直接影响了对整座墓地族属的判定。所以，墓地年代和墓主的判定，各墓之间的亲属关系，是我们进行家族墓地研究的首要视角。通过确定族墓地中年代最早者和年代最晚者，推测墓地的持续时间、代系的范围及整个家族的规模。

墓主身份和年代的确立，对于分析墓葬的空间布局有直接影响。族墓地的空间布局，往往受制于某些精神层面的观念。过去有的学者在研究包山墓地的时候，认为其中的墓葬安排，体现了先秦时期的昭穆制度。① 这样的昭穆制度在楚系其他族墓地中是否同样适用，还需要结合具体材料进行判断。

上述几处楚系家族墓葬，都出土了大量的文字材料，有些是能够说明器主身份和族属的青铜器铭文，有些是记载了家族族系的祭悼简文(包山楚简)。这些文字材料，对于我们判定墓主的身份和墓葬之间的联系，复原诸家族的历史景况，起着非常重要的作用。所以，本书会特别侧重于这些文字材料的解读，以期对文字材料背后反映的家族信息进行提取，以加深对于诸家族的认识。

当然，墓葬出土的随葬品，如器物类别，对于判断墓主的性别特别重要。棺椁结构、随葬礼器及其他物品的精美程度，能够反映墓主的等级地位和所处时代。而封土、墓道、头向、棺椁、腰坑等，或与族属有关，或与墓葬等级有关，或与墓主所处时代的风俗习惯有联系，或是区域性的存在。这些内容，也是家族墓地研究中的观察视角。

此外，我们也会特别关注楚系家族墓地在“制度”层面的特征。家族的社会等级不一样，显然会影响到墓地的诸多设置。当然，制度也不可能是一成不变的。在不同的时代，家族墓地的某些方面也会呈现出新的特点。因此，只有从时代背景、社会等级、血缘关系等多重角度去审视家族墓地资料，才有可能发现其墓地制度是否存在，如果存在，其特征又是什么，经历了哪些发展变化，等等。

① 湖北省荆沙铁路考古队编：《包山楚墓》，文物出版社 1991 年版，第 338～340 页；王红星：《包山楚墓墓地试析》，《文物》1988 年第 5 期。

第一章　楚国家族墓葬的类型

已发掘的楚系墓葬以万为单位计，研究者由于学科背景或兴趣点的差异，可以选择从不同的视角进行资料处理。若从宗法社会下的血缘视角出发，就可以把这一座座孤立的墓葬，归入墓主所在的社会关系网络，这一社会关系网络以血缘单位为基础，在空间表现形式上即家族墓地。从已有资料来看，楚系家族墓地的分布是较为广泛的，除了在楚国核心地区有大量存在以外，在楚人控制的区域内，如鄂东地区、河南南部、安徽、湖南等非核心区，也有一些家族墓地的发现。

从时间来看，目前发现的楚系墓地，集中在东周时期，有两方面的原因：一是西周时期楚国还是活跃于江汉地区的蕞尔小邦，尚且在“筚路蓝缕”的创业阶段，留存下来的楚墓规模可能不会太庞大，目前也只有零星的发现；二是春秋时期附属于楚的小国，在西周时期或臣服于周廷的统治，或保持较强的独立性，尚不能称为“楚系”国家，所以西周时期的诸侯国墓地，不纳入我们的研究范畴。从来源上说，楚系家族墓葬大致可以分为两类，一是楚国王族的墓地，包括楚王、王室及众多王族后裔的墓葬，这个群体代表了楚人的正脉，是楚国的建立者和统治阶层，也是创造灿烂楚文化的核心力量；二是楚国周边小国的墓葬，这些小国族姓各异，文化不同，在春秋初期被楚人逐一降服后，逐渐融入广义的楚文化体系，也是楚文化的主要创造者。因此，我们对楚系家族墓葬的梳理，大致从以上两个大的方面来展开。

周代是以血缘为纽带的宗法社会，占据统治阶层的是大大小小的贵族，这些贵族在家族上的重要标志是“氏”。“氏”以名贵贱，贵者有氏称，庶民依附于贵族，既无宗族组织及宗族活动，也没有代表身份的“氏”，所谓“礼不下庶人”是也。在庶民集中埋葬的墓地当中，常见夫妇异穴合葬及墓葬分区或分组的现象，① 一般认为这是基层民众血缘意识的体现。到了春秋晚期以后，“宗族”组织、仪式活动等开始出现了下沉的趋势，但是属于基层民众的独立家族墓地直到战国晚期也没有出现。

这里要讲的楚国家族墓葬是指楚国贵族的族墓地。根据墓葬等级的不同，它们大致可以分为楚国王陵、世族墓地、下层贵族的族墓地等。到了战国时期，又出现了规模较小的核心家庭墓地。

第一节　楚国王陵

从20世纪30年代安徽寿县朱家集李三孤堆（楚幽王墓）被盗掘开始，楚王陵的神秘面纱已然被揭开。但随后很长的一段时间，考古学家和历史学家主要关注点在探讨楚王墓葬出土的随葬器物、文字材料及墓主的身份上。20世纪80年代以后，楚墓重大发现接连不断，楚文化研究成为国际显学，学者们开始重视楚幽王墓的形制、棺椁等问题。② 1981年，安徽省文物工作队对李三孤堆楚幽王墓进行了重新钻探和调查。③ 近些年，又有学者开始关注楚幽王墓的礼制问题。④ 与此同时，寻找纪南城周边楚王陵的工作也在拉开序幕。⑤ 后来，郭德维先生在对楚都纪南城进行复原研究时，探讨了纪南城附近会不会有楚王陵的问题，并就当地规模极大楚冢的埋葬方式进行了推测。⑥ 根据

① 尚如春：《东周时期楚国社会变迁研究——以江汉淮地区墓葬为中心》，吉林大学博士学位论文，2019年，第173~200页。

② 郭德维：《关于寿县楚王墓椁室形制复原问题》，《江汉考古》1982年第1期；胡顺利、郭德维：《寿县楚王墓椁室形制复原问题讨论》，《江汉考古》1983年第3期；李德文：《朱家集楚王墓的形制与棺椁制度》，《楚文化研究论集》第1集，荆楚书社1987年版，第240~245页。

③ 李德文：《李三孤堆楚王墓钻探简况》，《安徽省考古学会会刊》第六辑，1982年，第39页。

④ 张闻捷：《寿县楚王墓的礼器组合研究》，《江汉考古》2014年第1期。

⑤ 杨明洪：《湖北江陵楚冢调查》，《考古学集刊》第4集，中国社会科学出版社1984年版，第196~207页；陈跃钧：《荆州地区楚文化调查与探索》，《楚文化研究论集》第1集，荆楚书社1987年版，第48~59页；湖北省宜昌地区博物馆：《枝江县青山古墓群调查简报》，《江汉考古》1987年第2期；荆门市博物馆：《纪山楚冢调查》，《江汉考古》1992年第1期。

⑥ 郭德维：《楚都纪南城复原研究》，文物出版社1999年版，第263~268页。

近些年楚国大墓的调查、勘探及发掘资料，先后有学者对楚王陵的选址、规模、结构、墓主等进行了一些探讨。①

由于楚幽王墓及其附近早年被盗严重，已经无法还原当时的面貌，所以其陵墓整体情况如何，已难以得知。不过，河南淮阳马鞍冢楚墓的发掘，以及考古工作者近几十年对荆州纪南城、当阳季家湖遗址附近大型墓冢的调查、勘探及发掘，基本确认了荆州熊家冢墓地、冯家冢墓地，枝江谢家冢墓地，荆门大薛家洼墓地等为东周时期的楚王陵墓（参见图 1-1），成为近年楚

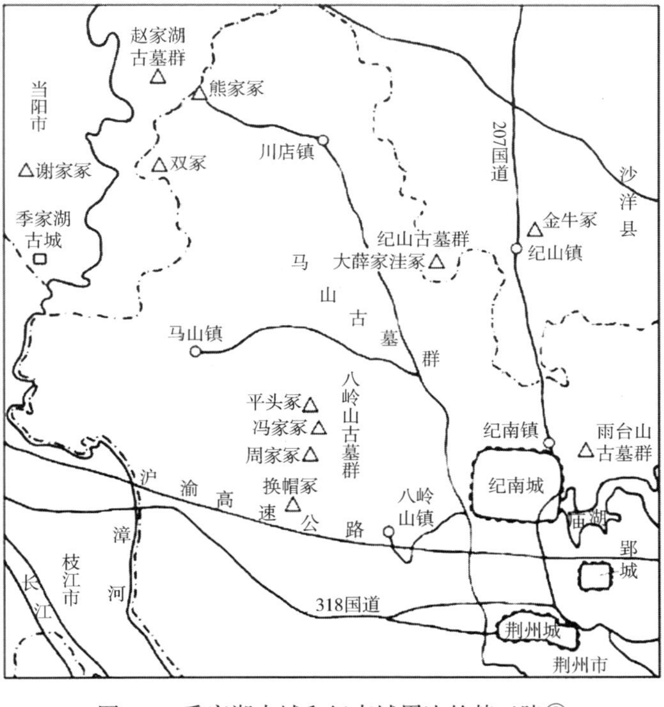

图 1-1　季家湖古城和纪南城周边的楚王陵②

① 郭德维：《楚王陵初论》，《荆楚文物》第 2 辑，科学出版社 2015 年版，第 3~15 页；赵晓斌：《从考古新发现看荆州战国楚王陵与楚都纪南城的时空关系》，《楚文化与长江中游早期开发国际学术研讨会论文集》，武汉大学出版社 2021 年版，第 194~200 页。

② 改绘自荆州博物馆：《湖北荆州八岭山冯家冢楚墓 2011—2012 年发掘简报》，《文物》2015 年第 2 期。

文化考古的一抹亮色。

从位置来看，目前发现的楚王陵级别墓地，集中分布在四个区域：湖北当阳季家湖古城、荆州纪南城、河南淮阳(陈郢)、安徽寿春(寿郢)。

一、季家湖区：熊家冢、谢家冢

(一) 熊家冢

熊家冢墓地位于湖北省荆州市川店镇张场村、宗北村与当阳市河溶镇星火村交界的西山岗上，东南距战国中晚期的郢都——纪南城约26千米，西南距季家湖古城约11千米，西北距沮漳河及赵家湖古墓群约4.5千米。根据位置关系及城址年代，尹弘兵先生推测“与熊家冢相联系的楚遗址并不是纪南城遗址，而应是季家湖楚城遗址……就目前资料来看，熊家冢与季家湖楚城的关系显然较纪南城更为密切”①，长期在荆州一线考古的赵晓斌先生也持这种观点②。

经过前期大量勘探及2006—2007年、2008年两次对熊家冢墓地的考古发掘，考古学界对熊家冢墓地的认识已经大为推进。2006—2007年，考古机构调查、勘探了约10万平方米，清理殉葬墓36座、车马坑2座、祭祀坑5座。③ 2008年，又发掘了6座马坑、3座小车马坑和1座大车马坑的北段。④考古工作探明，熊家冢墓地位于一条南北向山岗上，南北长550米，东西宽

① 尹弘兵：《鄂西地区的楚文化考古与楚都探索》，《荆楚文物》第3辑，科学出版社2018年版，第17页。

② 赵晓斌：《从考古新发现看荆州战国楚王陵与楚都纪南城的时空关系》，《楚文化与长江中游早期开发国际学术研讨会论文集》，武汉大学出版社2021年版，第194页。

③ 荆州博物馆：《湖北荆州熊家冢墓地考古发掘简讯》，《江汉考古》2008年第2期；荆州博物馆：《湖北荆州熊家冢墓地2006—2007年发掘简报》，《文物》2009年第4期；陈跃均、张世松：《熊家冢墓地调查收获》，《楚文化研究论集》第8集，大象出版社2009年版，第332~342页。

④ 荆州博物馆：《湖北荆州熊家冢墓地2008年发掘简报》，《文物》2011年第2期。

200米，总面积约11万平方米。整座墓地由主冢、副(又作“祔”①)冢、殉葬墓、祭祀坑、车马坑、墓上建筑等组成，经过了精心规划。墓地由五大部分构成：

(1)主冢和副冢：主次分明、格局有序。主冢(M1)和副冢(M2)东西向并列，相距约14米，其中主冢位于墓地中部偏北，占据墓地的核心位置，祔葬墓位于北部右侧。主、副冢的西边为车马坑。主冢南边、副冢北边都有殉葬墓。祭祀坑则散布于车马坑附近和主冢的南北两侧。

(2)殉葬墓：分为南、北两区，可能对应于主冢、副冢。南区殉葬墓探明24排92座，北区35座。这些殉葬墓排列规矩，大小、方向基本一致(墓口15平方米左右，均东西向)。已发掘的36座殉葬墓均在南区，其中35座殉人，1座殉狗。墓葬多数为单棺，个别为一棺一椁。第16排以南殉葬墓多出铜剑，以北主要随葬玉器，随葬品的差异可能与殉人的性别有关。南区54号陪葬墓(PM54)出土2件陶埙，器物表面有磨光，其中一件底部刻划四出叶脉纹，显然是实用器，暗示墓主身份或可能是乐人。发掘者推断：“殉葬墓可能经过统一规划，在一定时间内集中下葬，葬者的身份、地位虽有较明显的高低差别，但应与主墓的墓主人有紧密的关系。”②《南方霸主——庄蹻故国楚文物大展》公布了北殉区M1出土的2件飤鼎和1对嵌错云纹铜壶(参见图1-2)，蒋鲁敬先生认为该墓墓主生前可能执掌王家膳食。③

(3)车马坑(含马坑)：错落有致地分布在主冢、副冢西侧。在已探明的40座车马坑中，一号坑南北长132.6米、东西宽11~12米，由隔墙分出三个独立单元，葬有二驾车、四驾车和六驾车，颇为宏大壮观。发掘者指出：“大车马坑的保存情况较好，车辆分两排放置，排列有序，同类型的车放在

① 祔即合，祔葬即合葬。《礼记·檀弓上》：“周公盖祔。”郑玄注：“祔，谓合葬。”

② 荆州博物馆：《湖北荆州熊家冢墓地2006—2007年发掘简报》，《文物》2009年第4期。

③ 云南省博物馆、荆州博物馆编著：《南方霸主——庄蹻故国楚文物大展》，云南美术出版社2016年版，第147~152页；蒋鲁敬：《熊家冢楚王陵北殉M1出土的铜礼器》，《楚文化研究论集》第13集，上海古籍出版社2018年版，第127~137页。

图 1-2 熊家冢北殉区 M1 出土铜器

一起……有一般的战车、配件修理车，也有运送物资的车……另外还有出行带伞的礼仪车。”①研究者认为这是一个“横式排列的车阵”②。一号车马坑以西分布着两列十排共 38 座小车马坑，以东至主墓间仅见一座车马坑。小型车马坑随葬一辆车或数匹马不等(葬马一般为偶数)。

① 荆州博物馆：《湖北荆州熊家冢墓地 2008 年发掘简报》，《文物》2011 年第 2 期。

② 武家璧、贾汉清、丁家元：《横式车阵——熊家冢车马坑研究之一》，《荆楚文物》第 2 辑，科学出版社 2015 年版，第 66~75 页。

(4)祭祀坑：发现了100多座，主要分布在四个区域——主墓南边、主墓与副墓之间、主墓与车马坑之间、车马坑北边。不难看出，这些祭祀坑主要分布在主墓的三面，相应的祭祀活动应该绝大多数是围绕主墓展开的。祭祀坑的形状主要为圆形，少数为方形或刀把形，发掘出土的祭器有玉器、木器等。此外，在一些祭祀坑上或周围有柱洞遗存，发掘者怀疑是"附属建筑"。

(5)柱洞：分布在主冢南北侧(西部遭破坏)。南侧60多个，北侧10多个，均南北向两两对应排列。柱洞多呈圆形，大坑(柱坑)套小坑(柱洞)，大坑填土经夯筑。有学者推测这些柱洞是"回廊建筑遗迹"①，也有学者认为是环绕墓室的"茔城"类建筑遗迹②。

综上来看，熊家冢墓地是一处规模巨大、结构严整、精心设计的高等级陵园。关于它的性质，简报定义为"东周楚国高等级大型墓地"，发掘者后来又确定为楚王陵。③ 应该说，熊家冢是一处东周楚王陵园，当无异议。④ 关于熊家冢的年代，发掘者在2006—2007年发掘报告中说殉葬者墓出土玉器有战国早、中期的特点，此后2008年发掘简报又据车马器将车马坑年代定为战国中期。至于墓主身份，徐文武先生通过文献排比，认为最可能是楚昭王⑤，也有学者认为是楚惠王⑥，年代上均与出土器物特征明显不符。考古学者中，张绪球先生根据殉葬墓出土玉器特征，推测主墓的墓主是简王或悼王⑦；赵

---

① 陈跃均、张世松：《熊家冢墓地调查收获》，《楚文化研究论集》第8集，大象出版社2009年版，第332~342页。

② 王从礼、郑梅：《荆州望山桥一号墓的有关问题探讨》，《楚文化研究论集》第13集，上海古籍出版社2018年版，第35~40页。

③ 荆州博物馆：《湖北荆州熊家冢墓地2006—2007年发掘简报》，《文物》2009年第4期；《楚国王陵——熊家冢》，荆州博物馆资料。

④ 陈跃均、张世松：《熊家冢墓地调查收获》，《楚文化研究论集》第8集，大象出版社2009年版，第333页。

⑤ 徐文武：《熊家冢楚墓墓主身份蠡测》，《江汉论坛》2010年第3期。

⑥ 邹时雨：《熊家冢楚墓墓主新探——与徐文武教授商榷》，《宜宾学院学报》2011年第4期。

⑦ 张绪球：《熊家冢出土浅浮雕玉器的特征与年代——兼论熊家冢主墓的年代》，《荆楚文物》第2辑，科学出版社2015年版，第48~65页。

晓斌先生据熊家冢玉器多见半成品，推测墓主可能是声王或悼王①。由于没有出现年代标尺确切的随葬器物或文字资料，所以熊家冢主墓的绝对年代及对应于哪位楚王，尚难遽定。

(二)谢家冢

谢家冢位于湖北枝江市问安镇昙华寺村四组，东南距季家湖楚城遗址6.8千米，东北距熊家冢墓地约14千米。根据2013年勘探，谢家冢墓地分布在一条南北向岗地，由主墓、殉葬墓、车马坑、祭祀坑组成。② 与熊家冢一样，谢家冢主墓南北两侧发现成排成列的殉葬墓，北部63座，南部29座。但与熊家冢墓地不同的是：一是主墓北侧似乎无副冢；二是主墓西边只发现一座车马坑；三是有一座殉葬墓在车马坑西部；四是两座祭祀坑东西并列，均在主墓北边。勘探报告将其年代定为战国中晚期，不过似乎还不能排除更早的可能。

谢家冢墓地属于枝江县青山墓群。该墓群面积达10余平方千米，共有27座大型墓地，分为四大墓区。除第二墓区中心谢家冢外，其他三个墓区中心袁码头冢、大高庙冢、大鲤鱼冢的墓地布局状况尚不明朗，不知能否达到楚王陵级别。

二、纪南城区：冯家冢、平头冢、大薛家洼

随着考古资料的积累，纪南城只是战国中晚期楚国都城的看法，逐渐成为较多学者的共识。③ 自2011年开始，当地文博部门对纪南城周边较大墓冢

---

① 赵晓斌：《从考古新发现看荆州战国楚王陵与楚都纪南城的时空关系》，《楚文化与长江中游早期开发国际学术研讨会论文集》，武汉大学出版社2021年版，第197页。

② 湖北省文物考古研究所：《2013年湖北省文物考古研究所考古工作主要收获》，《江汉考古》2014年第1期。

③ 尹弘兵：《楚国都城与核心区探索》，湖北人民出版社2009年版，第251～262页。

进行了全面而详细的调查、勘探，基本摸清了纪南城周边大型墓葬的情况。纪南城周边楚王陵分布在两个区域，一是城西 5~8 千米的八岭山墓区，一是纪南城以北 11 千米的纪山墓区。而过去被怀疑是楚王冢的纪山金牛冢和川店双冢，基本被排除了是楚王陵墓的可能。①

（一）冯家冢

冯家冢是继熊家冢之后，又一处经过全面考古钻探和局部发掘的楚王陵级别的墓地。因“楚纪南城（含八岭山、熊家冢）考古遗址公园”建设需要，2011 年当地考古部门对冯家冢墓地进行了全面考古勘探和年度发掘，2013 年又作了局部复探。冯家冢墓地位于湖北荆州八岭山一条南北向岗地上，岗地南北最长约 1100 米、东西最宽约 350 米，“可能以岗间低洼的冲沟为其兆域边界”②。勘探表明，冯家冢墓地由两座大冢（主墓和副墓）、殉葬墓和车马坑等组成，基本布局与熊家冢相类，但也有一些特别之处：

（1）两座车马坑一大一小，分别在主冢、副冢的西侧，很可能存在对应关系。

（2）北区殉葬墓以北，还有 70 座排列整齐的殉葬墓，俗称“七行冢”，呈东西向 10 行、南北向 7 列分布，区别于北区殉葬墓的 4 行 6 列。但如果查看该墓地的遗迹分布图（参见图 1-3），可以发现，北区殉葬墓的 6 列与“七行冢”东边 6 列是完全平行的，而且其间也没有明显的界限，所以“七行冢”很可能只是北殉葬区的一部分。只不过由于二号车马坑挤占了北殉葬区前 4 行西边的部分空间，导致这一区域只埋葬了 6 列。勘探报告之所以将北殉葬区与“七行冢”分开，或许考虑到南殉葬区亦有 4 行 6 列，且“七行冢”存在封土。因此，“七行冢”与北殉葬区的关系，确实还有进一步探讨的空间。

---

① 赵晓斌：《从考古新发现看荆州战国楚王陵与楚都纪南城的时空关系》，《楚文化与长江中游早期开发国际学术研讨会论文集》，武汉大学出版社 2021 年版，第 196 页。

② 荆州博物馆：《湖北荆州八岭山冯家冢墓地考古勘探简报》，《文物》2015 年第 2 期。

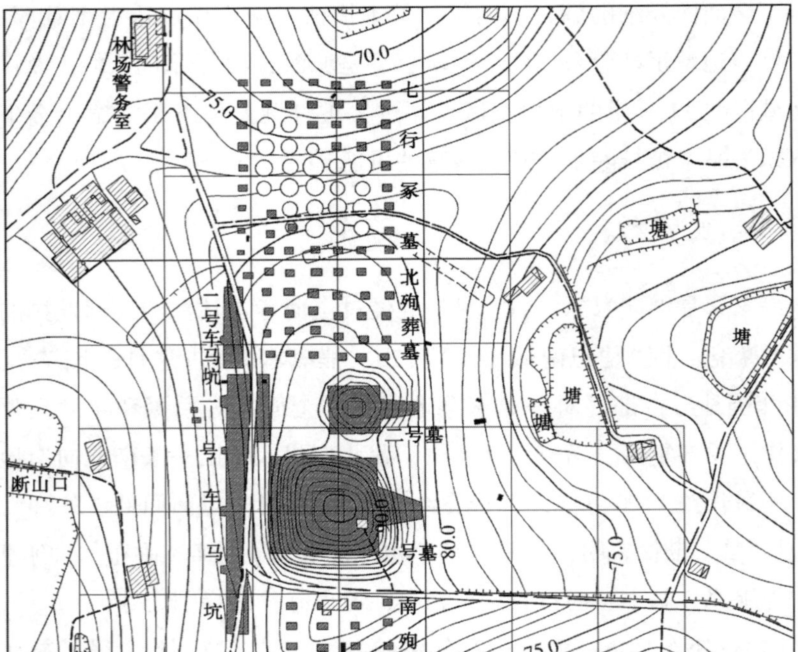

图 1-3　冯家冢遗迹分布图①

① 采自荆州博物馆：《湖北荆州八岭山冯家冢墓地考古勘探简报》，《文物》2015 年第 2 期。

(3)据已发掘七座殉葬坑残存人骨来看，人殉很可能是青少年女性。①

(4)祭祀坑集中在副冢与一号车马坑之间，不如熊家冢分布广泛。

此外，在2011—2012年发掘的7座殉葬墓中，除了普遍发现玉石器外，还在北殉葬墓M13壁龛内发现了一套仿铜陶礼器，计鼎、敦、缶、盘、匜各1件(参见图1-4)；七行冢M1填土发现陶豆1件；七行冢M8填土发现陶盆

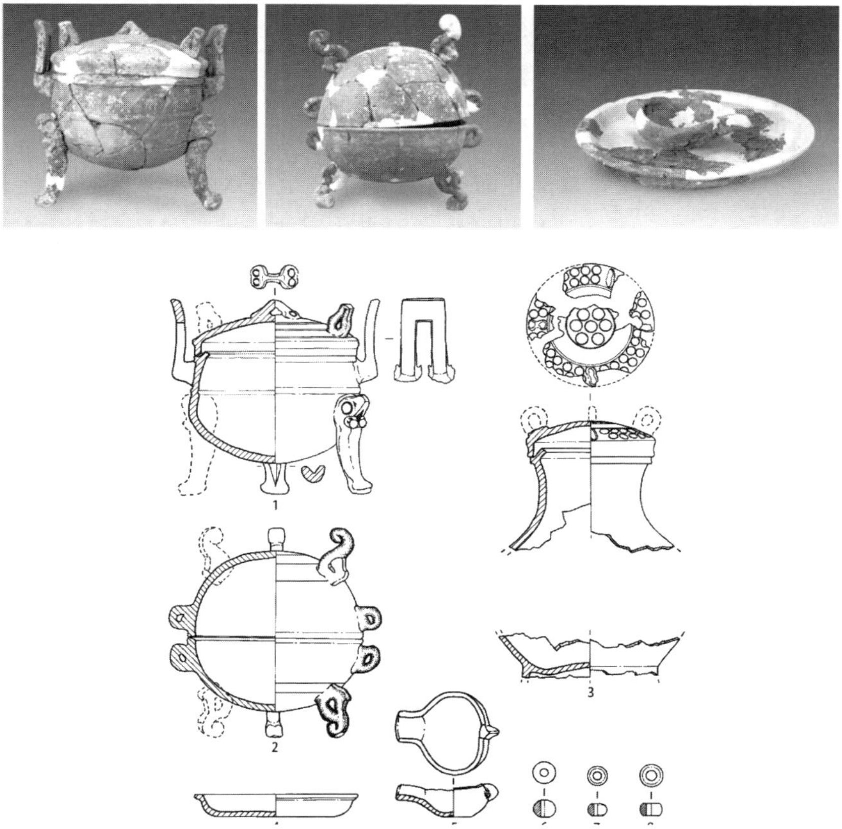

图1-4　冯家冢北区13号殉葬墓(BXM13)仿铜陶礼器②

① 荆州博物馆：《湖北荆州八岭山冯家冢楚墓2011—2012年发掘简报》，《文物》2015年第2期。

② 荆州博物馆：《湖北荆州八岭山冯家冢楚墓2011—2012年发掘简报》，《文物》2015年第2期。

残片；七行冢 M15 填土发现陶罐 1 件、陶盆口沿残片 1 件。发掘者将仿铜陶礼器与雨台山、九店墓地的同类器比较，认为其年代在战国早期晚段至中期早段之间。① 殉葬墓与主墓理应同时下葬，故冯家冢主墓的年代，亦当在战国早中期之际。符合这个时间段的楚王有楚悼王（前 401—前 381 年在位）、楚肃王（前 380—前 370 年在位）、楚宣王（前 369—前 340 年在位）。不过宣王卒年已到战国中期偏晚，可以排除。一般认为，冯家冢主墓很可能为楚肃王墓。②

（二）平头冢

平头冢位于冯家冢墓地北面约 1.4 千米，也属八岭山墓区，因封土顶部较平坦而得名。2011 年，荆州博物馆对平头冢墓地进行了考古勘探，基本摸清了它的布局。③ 该墓地由主冢、副冢、2 座车马坑、50 余个祭祀坑、陵园建筑及环壕组成，但没有发现殉葬墓的存在迹象。该墓地主冢、副冢的墓口尺寸及祔葬的巨大车马坑（参见表 1-1），体量与熊家冢较为接近，应当也是一处楚王陵园。

需要指出的是，同属于八岭山墓区的周家冢和换帽冢，甚至李家冢、系马冢，有些学者认为也可能是楚王陵。④ 周家冢和换帽冢尽管在墓园结构上与熊家冢、冯家冢等相似，但主冢及附属车马坑规模与包山二号墓，九连墩一号、二号墓，望山桥一号墓等比较接近（参见表 1-1），却远不及楚王陵级别的

---

① 荆州博物馆：《湖北荆州八岭山冯家冢楚墓 2011—2012 年发掘简报》，《文物》2015 年第 2 期。

② 张绪球：《熊家冢出土浅浮雕玉器的特征与年代——兼论熊家冢主墓的年代》，《荆楚文物》第 2 辑，科学出版社 2015 年版，第 48～65 页；尹弘兵：《鄂西地区的楚文化考古与楚都探索》，《荆楚文物》第 3 辑，科学出版社 2018 年版，第 17 页。

③ 刘德银、杨开勇：《荆州八岭山平头冢东周墓地》，《中国考古学年鉴（2012）》，文物出版社 2013 年版，第 320 页。

④ 赵晓斌：《从考古新发现看荆州战国楚王陵与楚都纪南城的时空关系》，《楚文化与长江中游早期开发国际学术研讨会论文集》，武汉大学出版社 2021 年版，第 195～196 页；肖玉军、张万高、胡俊玲：《论纪南城的始建年代》，《楚文化与长江中游早期开发国际学术研讨会论文集》，武汉大学出版社 2021 年版，第 206～207 页。

大冢，且它们的周边均未勘探出殉葬墓，表明这些大冢可能不是楚王陵园。

（三）大薛家洼

大薛家洼位于荆门市沙洋县纪山镇纪山国营林场，南距纪南城遗址约13千米。该墓地属于纪山楚墓群，早年当地考古部门曾作过勘探和测量。①2013年考古部门又作了更详细的勘探，基本摸清了该墓地的布局。该墓地坐落在一条南北向岗地上，面积约10万平方米，由主冢、副冢、殉葬墓和车马坑组成。主、副墓及两座车马坑的排列，与冯家冢相类。不过也有其自身特点：

（1）主冢（M1）及其车马坑（CH1）在尺寸、规模上远逊于副冢（M2）及其车马坑（CH2），这与熊家冢、周家冢和冯家冢都不相同。勘探者认为原因可能有二："其一，M1为主墓，M2为陪葬墓，但M2的墓主人生前身份地位要高很多，所以死后下葬的规格高于M1墓主人；其二，M2为主墓，M1为陪葬墓，而死后未按惯例将M1葬于M2以北。"②这两种可能性目前都不能排除，不过我们更倾向于后者，即M2为主墓（楚王墓），M1为副冢（王后墓）。也就是说大薛家洼墓地可能没有遵循男左女右的埋葬习惯，这不禁使人想起山西曲沃天马—曲村晋侯墓地中仅M9、M13为女左男右。

（2）40座殉葬墓只在M2以北有发现，这也不同于以上楚王陵中殉葬墓葬于南北两侧的情况。殉葬墓的区位似乎也暗示M2可能是主冢。

大薛家洼墓地的年代，勘探者定为战国中晚期，还难以推测其墓主是哪位楚王。

三、陈郢区：马鞍冢

马鞍冢墓地位于河南淮阳县城东南5千米，以西500米即平粮台龙山时

---

① 荆门市博物馆：《纪山楚冢调查》，《江汉考古》1992年第1期。

② 湖北省文物考古研究所：《2013年湖北省文物考古研究所考古工作主要收获》，《江汉考古》2014年第1期。

期古城。1981—1983 年，考古部门对该墓地的南冢、北冢及西边的两座车马坑进行了全面发掘，冢内随葬品几乎被盗殆尽，车马坑保存较好。① 这座楚王陵在布局、葬制上既遵循了楚王陵的故有传统，另外也有一些时代的烙印：

(1)南冢和北冢均头向东、南北并列。北冢墓口东西长 16.6、南北宽 15.3 米，有七级台阶，而南冢墓口东西长 14.5、南北宽 13.48 米，有五级台阶。从规模上看，似乎北冢为主墓。不过据两墓祔葬车马坑规模，发掘者推测呈“中”字形的南冢为主冢，“甲”字形的北冢为副冢，因为前者随葬有 23 辆车，后者只随葬 8 辆车。主冢规模小于副冢的情形，与大薛家洼墓地情况相似。

(2)一号车马坑、二号车马坑分别对应北冢、南冢。一号车马坑西北角随葬成套仿铜陶礼器(明器)，包括鼎、敦、壶、钫、盒、簠、簋、豆等，南部随葬肩舆和泥塑马。肩舆等物品暗示着北冢墓主可能为女性。南冢随葬 6 面旌旗，可能为战车之用，说明南冢墓主可能为男性，发掘者推定为楚王是可信的。

(3)二号车马坑以 20 多匹泥马随葬，马身涂有白色或黑色，反映了既力求维持礼制尊严，却又无能为力的矛盾心态，这是当时楚国朝不保夕、岌岌可危之局势的直观反映。

至于主冢南北是否存在殉葬墓，是否有祭祀坑，由于缺乏相关的勘探，难以知晓。据文献明确记载，楚顷襄王于前 278 年徙都陈郢，卒于前 263 年，其子考烈王于前 241 年改迁寿春。由于卒于陈郢的楚王只有顷襄王一人，所以一般认为马鞍冢南冢即楚顷襄王墓，北冢墓主则是他的夫人。②

---

① 河南省文物研究所、周口地区文化局文物科：《河南淮阳马鞍冢楚墓发掘简报》，《文物》1984 年第 10 期。

② 马全：《马鞍冢楚墓墓主考》，《楚文化研究论集》第 1 集，荆楚书社 1987 年版，第 235～239 页；马世之：《中原楚文化研究》，湖北教育出版社 1995 年版，第 231～233 页。

四、寿郢区：李三孤堆、三里冢（杨公 M11）、武王墩

（一）李三孤堆

李三孤堆原属安徽寿县朱家集，今划归淮南市谢家集区朱集乡朱集村，西距楚寿郢故都约 25 千米。1933 年、1935 年、1938 年，这座战国晚期的楚王陵先后遭受三次大的盗掘洗劫，流散文物达四千余件，震惊世界。其中出土的楚王器有楚王熊忎鼎（《集成》02794、02795）、盘（《集成》10158），熊肻鼎（《集成》02623）、簠（《集成》04549～04551）、匜鼎（《集成》02479）、盘（《集成》10100）等。① 尽管个别字的隶定尚存争议，不过学界一般认为铜器中的熊忎即楚幽王熊悍，熊肻为楚考烈王熊元，李三孤堆的墓主即楚幽王熊悍。②

民国时期的大规模盗掘，导致楚幽王陵墓遭到严重破坏。1934 年史语所李景聃先生到现场作了考察，并写下详细的调查报告，以后邓峙一先生又对该墓被盗情形作了记述。③ 1981 年李德文先生又对该墓作了详细钻探调查，理清了一些问题：

（1）李三孤堆周围 200 米内没有发现副冢、车马坑或殉葬墓。

（2）弄清了墓口的尺寸及台阶数。

（3）确定只有一条东向墓道。④

---

① 中国社会科学院考古研究所编：《殷周金文集成》（修订增补本），中华书局 2007 年版。

② 王冠涛：《铜器铭文所见楚君名号疏证》，郑州大学硕士学位论文，2018 年，第 67～92 页。

③ 李景聃：《寿县楚墓调查报告》，《田野考古报告》第一册，商务印书馆 1936 年版，第 213～279 页；邓峙一：《李品仙盗掘楚王墓亲历记》，《安徽文史资料选辑》第 1 辑，安徽人民出版社 1964 年版，第 121～124 页。

④ 李德文：《朱家集楚王墓的形制与棺椁制度》，《楚文化研究论集》第 1 集，荆楚书社 1987 年版，第 240～245 页。

如果上述勘探可信的话，则楚幽王陵与其他楚王陵的差异是显然的，这应当与楚幽王埋葬的历史背景有关。根据《史记·楚世家》记载，楚考烈王迁都寿春后三年便亡故。幽王即位后，内有李园之乱，外则逼于秦兵，统治只有十年。楚幽王卒后五年(前223年)，秦将王翦、蒙武俘虏楚王负刍，亡灭楚国。在楚国政权风雨飘摇的背景之下，车马等战争物资无疑是匮乏的，楚幽王墓没有祔葬大型车马坑不难理解。之所以没有副冢，可能是楚幽王死的时候他的夫人尚在人世，遂后秦兵到来，王后或为俘虏，或是亡匿，已没有陪葬幽王的可能了。

(二)三里冢(杨公M11)

三里冢又称商鞅冢。1981年安徽省文物考古研究所发掘了该墓与杨公M10。① 这座墓北边两千米为杨公M7、M8、M9、M10，以南两千米为李三孤堆，残留封土高2.5米，封土底径东西长29、南北宽27.8米。墓坑呈“中”字形，方向80°，东西各有一个墓道。墓口长15.9、宽13.75米，有五级台阶，一椁重棺。该墓墓坑内几乎被盗掘一空，仅存陶片、器座、陶杯等，棺内四角有4件石圭。在墓道中发现了10套铜戈、镦，显示墓主很可能为男性。尽管该墓规模上较之于其他楚王陵要小，但是中字形墓坑和五级台阶都与马鞍冢主冢楚顷襄王墓规制相同。此外，在三里冢墓坑西南外围，有一条长19、宽20~25米的长沟，发掘者推测“可能是象征性的水沟”，我们认为不排除它是一处未及完成的车马坑的可能。另外在墓坑西南2米处发现一个圆坑，坑内填有黑灰土及木炭颗粒，坑底有2厘米厚的黑烧土层，发掘者推测这个坑“是作为祭祀用的”，非常正确。这个祭祀坑位于墓葬与车马坑之间，与熊家冢的情况很类似。不过，三里冢与李三孤堆一样，未发现副冢和殉葬墓。尽管如此，从中字形墓坑、五级台阶、车马坑及祭祀坑等组成要素来看，三里冢应该是一处修建仓促、未及全面完工的楚王陵。

发掘者认为三里冢、李三孤堆与长丰M1~M10属于同一墓地，张莉清

① 安徽省文物考古研究所：《安徽长丰战国晚期楚墓》，《考古》1994年第2期。

先生赞同这个看法，进一步申说这是一处包括了从楚王到士的中高级贵族墓地。① 尚如春先生对此提出了不同意见，指出："然而此两座墓(按：李三孤堆、三里冢)无论是在分布位置远近还是墓葬等级方面均与杨公 M1~M10 存在明显的差别，二者很可能归属于两个墓地，其中杨公墓地当属战国晚期以两组夫妇合葬墓为主体的某一家族墓地，而朱家集墓地或为以幽王为中心的楚王级别的墓地。"②尚氏的说法颇有道理。三里冢距杨公 M1~M10 两千米以上，李三孤堆距离则更远，显然不可能是同一墓地。当然，将三里冢、李三孤堆看作同一墓地也是不妥的，它们应是各自独立的楚王陵。这是因为在已发现的楚王陵园中，主冢、副冢不可能遥隔两千米，何况这两座墓的墓主都是男性。

据《史记》等文献记载，楚考烈王于前 241 年迁都寿春，至前 223 年楚灭国，在寿春的楚王只有楚考烈王(前 262—前 238 年在位)、楚幽王(前 237—前 228 年在位)、楚哀王(前 228 年在位)和负刍(前 227—前 223 年在位)。《史记·楚世家》记载："五年，秦将王翦、蒙武遂破楚国，虏楚王负刍，灭楚，名为郡云。"末代楚王负刍最终沦为秦人的阶下囚，死后连谥号都没有，更无可能再修建王陵。又因李三孤堆是楚幽王之墓，则三里冢(杨公 M11)作为楚王陵，其墓主只有两种可能，即迁都寿春的楚考烈王和短暂在位的楚哀王。三里冢不仅规模较小，甚至只有车马坑之形而无车马随葬，且无夫人墓(副冢)相陪，墓主显然不太可能是执政长达二十五年的楚考烈王。《史记·楚世家》载："十年，幽王卒，同母弟犹代立，是为哀王。哀王立二月余，哀王庶兄负刍之徒袭杀哀王而立负刍为王。"《列女传》卷七《孽嬖传·楚考李后》亦云：

① 张莉清：《东周楚国高级贵族墓地制度探研》，武汉大学硕士学位论文，2003 年，第 13~15 页。

② 尚如春：《东周时期楚国社会变迁研究——以江汉淮地区墓葬为中心》，吉林大学博士学位论文，2019 年，第 173 页。

> 楚考李后者，赵人李园之女弟，楚考烈王之后也……遂生子悼，立为太子……及考烈王死，园乃杀春申君，灭其家。悼立，是为幽王。后有考烈王遗腹子犹立，是为哀王。考烈王弟公子负刍之徒闻知幽王非考烈王子，疑哀王，乃袭杀哀王及太后，尽灭李园之家，而立负刍为王。①

结合《史记·楚世家》，可证楚哀王确是楚考烈王之子，在位不久便被负刍袭杀。从当时楚国内部形势来看，负刍为了夺权上位，杀掉哀王，清除李园势力，当是必然之举。楚哀王立二月余便遭袭杀，这一背景与三里冢修建仓促、未能完工的状况颇为吻合。故三里冢(杨公 M11)的墓主，疑即短暂在位的楚哀王。

(三)武王墩

武王墩又称“五王墩”，在李三孤堆以北 15 千米、安徽淮南市三和乡徐洼村武王墩自然村东南。1984 年在墓旁发现车马坑，出土了零星车马器。②由于近年遭遇盗掘威胁，考古部门自 2019 年开始对该墓进行勘探，并在近期开始了北侧封土的清理和发掘。根据见诸报道的勘探资料，武王墩主墓坑呈甲字形，东侧有斜坡墓道，上存约 15 米高的封土，开口大致为正方形，边长约 47 米。墓葬以西有大型车马坑，南北长 149 米，东西宽约 12.5 米。此外，在墓四周发现有正方形围沟，南北排列的陪葬墓，以及 20 多个长方形祭祀坑。③ 由墓葬规模及陵园格局来看，武王墩无疑达到了楚王陵级别。被追缴回的青铜虎座上有“阜平君”铭文，阜平君与墓主是什么关系，尚待讨论。不过，结合上文对李三孤堆、三里冢的分析，武王墩若是楚王陵园，其墓主似乎只可能是楚考烈王。上引《列女传·楚考李后》记载，负刍“袭杀哀

① 张涛：《列女传译注》，山东大学出版社 1990 年版，第 293 页。

② 国家文物局主编：《中国文物地图集·安徽分册(下)》，中国地图出版社 2014 年版，第 138 页。

③ 王素英：《武王墩墓大猜想》，《安徽商报》，2020 年 12 月 15 日，第 11 版。

王及太后，尽灭李园之家”。被负刍杀掉的太后①，即李园的妹妹、楚考烈王的王后，她当然不可能再葬入考烈王的陵园。武王墩只有单冢，未见夫人墓，或源于此。

上述几处楚王陵级别的墓地中，除马鞍冢、李三孤堆的墓主身份基本清楚外，其余几座王陵到底对应于哪位楚王，还需要更多考古工作才能最终揭示。通过梳理不难看出，楚国王陵在形制、布局、规模方面尽管存在差异，但都遵循一些共同的基本特征(参见表 1-1)：

其一，墓园通常选择在一条自然岗地上，以沟壑为天然边界，构成单一的陵园主体，面积一般大于 10 万平方米。楚王墓占据核心位置，王后墓为副冢。主墓、副墓均头向朝东，南北并列，男左女右，异穴合葬。主墓规模(墓口、台阶、棺椁)则因时不同，因人而异。

其二，随葬车马坑位于主墓、副墓的西边，呈南北狭条状，一般以整车随葬，马头均朝西。车马坑的规模亦因时而异。

其三，殉葬墓排列整齐，分布在主墓的南北或西边，一般亦为东西向。

这些特征表明，至迟在战国早期，楚王陵已经形成一套成熟的埋葬制度。这套埋葬制度起源于何时，如何发展而成的，目前还难以找到完整的线索。这套成熟的埋葬制度，具有鲜明的“楚人”传统，在楚王族的贵族墓地中也广为流行，比如下文要谈及的九连墩墓地、望山墓地、包山墓地、望山桥墓地等。当前正在发掘的南阳夏庄墓地(俗称“不见冢”)，主冢为东向甲字形大墓，没有副冢，南北两侧有排列整齐的殉葬墓(均东西向，部分有墓道和车马坑)，西侧为大型车马坑，主冢周边有祭祀坑遗迹，最值得注意的是主冢周围存一圈柱础遗迹，可能与墓上建筑有关。② 这些情况说明，楚国王族中的上层贵族在陵墓建设中，形成了一套独具规范的文化制度，这一传统特色鲜明、影响巨大，无疑是楚国墓葬史的核心内容。

---

① 据《史记》之《楚世家》《六国年表》，哀王、负刍均是楚幽王的弟弟。

② 南阳市文物考古研究所王凤剑先生提供了上述勘探资料，特此感谢。

表 1-1　楚国王陵及相关墓冢基本情况统计表（前标※者疑非王陵）

	熊家冢	谢家冢	冯家冢	平头冢	※周家冢	※脱帽冢	大薛家洼	马鞍冢	李三孤堆	长丰 M11	武王墩
墓地面积	15 万平方米	不详	大于 14.25 万平方米	不详	不详	不详	约 10 万平方米	不详	不详	不详	不详
主冢	方向：96° 墓口：东西 67、南北 70 米 椁室：400 平方米		封土：高 13.4 米 方向：91° 墓口：东西 62、南北 58 米	封土：高约 13 米 方向：东偏南 墓口：东西 68、南北 64 米	封土：高约 10 米 方向：东 墓口：东西 41.5、南北 40 米	封土：高约 10 米 方向：东 墓口：东西 38、南北 30 米	方向：100° 墓口：东西 14.4、南北 13.6 米	封土：残高 2 米 方向：100° 墓口：东西 14.5、南北 13.48 米 台阶：5	封土：残高 1.2 米 方向：90° 墓口：东西 41.2、南北 40.2 米 台阶：9	封土：残高 2.5 米 方向：80° 墓口：东西 15.9、南北 13.75 米 台阶：5	封土：高约 15 米 方向：东 墓口：东西约 47、南北 47 米 台阶：11
副冢	封土：残 1 米 方向：96° 墓口：东西 36、南北 30 米		封土：高 6 米 方向：70° 墓口：东西 29、南北 28 米	封土：高约 9 米 方向：东偏南 墓口：东西 34、南北 32 米	方向：东 北冢墓口：东西 20.5、南北 18 米 南冢：东西 18、南北 12 米	封土：残高 1 米，其他未详	封土：残高 8 米 方向：98° 墓口：东西 34.3、南北 26.5 米	封土：高 4 米 方向：104° 墓口：东西 16.6、南北 15.3 米 台阶：7	未知	未知	无
殉葬墓	南 92 个、北 35 个	南29个、北63个、西 1 个	南 24 个、北 24 个、七行冢 70 个	未发现	未发现	未发现	北 40 个	不详	未知	未知	有

续表

	熊家冢	谢家冢	冯家冢	平头冢	※周家冢	※脱帽冢	大薛家洼	马鞍冢	李三孤堆	长丰 M11	武王墩
车马坑	CH1：南北132.4、东西11.4~12米 CH2~CH40：小型坑	CHi	CH1：南北156、东西24~12米 CH2：南北48、东西10.5~11米	两座大车马坑，其一：南北138、东西10.5~14米	南北71、东西10米	东西约10米，南北长度不详	CH1：南北8.1、东西3.6米 CH2：南北27.4、东西3.8米	CH1：南北35、东西4.72米，车8、马24、狗2 CH2：南北40、东西3.7米，车23、泥马20多、旗6	未知	墓坑西南角，南北19、东西20~25米	南北149、东西12.5米
祭祀坑	100余座，主墓南边、主墓与副墓之间、主墓与车马坑之间、车马坑北边	主墓以北2个	M2与CH1之间，数量未详				不详	不详	未知	1个，墓坑西南2米	方坑20多处
建筑遗存	主冢周边有柱洞			有陵园建筑遗迹							墓四周有围沟

第二节　楚国世族墓地

楚国贵族墓地在埋葬形态上可以分成两大类：一类是世族墓地，即世家大族的专有墓地，这样的墓地一般持续时间较长，且有一定规模。世族墓地亦可分为高等级贵族墓地和低等级贵族墓地。二是由核心家庭构成的贵族墓地（或称贵族家庭墓地），主要在战国以后出现，规模较小。无论哪类形态的贵族墓地，都应该具备以下三个条件：

一是墓地应该有独立的区域、范围及边界，是专门为某一宗族（或家庭）而设。

二是葬入墓地者应当是贵族的成员，世系上至少在两代及以上。

三是世族的主要成员（宗子等）应当具备大夫及以上的等级地位。

需要说明的是，在埋葬下层贵族和庶民的公共墓地中，也存在聚族而葬的情况。学者对当阳赵家湖、江陵九店、襄阳余岗、赤壁土城城外等墓地的细致考察表明，这些墓地存在以族为单位的分区集群埋葬，同时可能囊括多个血缘性的家庭组织，不同埋葬区域之间缺乏明确的边界和独立范围。① 由此来看，尽管公共墓地存在一些下层贵族墓葬和可能的族墓区，但是与真正意义上的独立的家族墓地还是显然有别的。因此，本书并不将这类公共墓地作为宗族（或家族）墓地来看待。

从埋葬环境来看，为了追求理想的安眠之地，贵族们特别中意于距离城邑较远的自然山岭或低矮岗地，凭依山川之形胜，营造身后的另一个静谧空间。而葬入公共墓地者是生活在城内的社会下层民众，他们既无能力亦无财力去自由决定葬所，所以只能选择距离城邑近便的公共墓地。因此，就楚国墓地的空间分布而言，公共墓地一般距离相对应的城邑较近，而贵族墓地则

① 尚如春：《东周时期楚国社会变迁研究——以江汉淮地区墓葬为中心》，吉林大学博士学位论文，2019年，第173~200页。

会选择远离城邑的低矮丘陵或岗地上。① 从这个角度讲，我们在讨论宗族(家族)墓地时，还是有必要将贵族墓地与公共墓地作区别对待。

一、高等级贵族墓地

周代实行世官世禄制，与之相配合的社会基础即世族制度。何为世族？孙曜《春秋时代之世族》说："吾国春秋时代，各国大夫皆世袭守土，谓之世族，为当时各国实力之所寄，时代之重心也。"②世族政治始于西周初年，在西周时期和春秋时期最为盛行，至战国时代逐渐瓦解。这些世家大族的成员，生前以采邑为单位聚族而居，死后则在采邑附近合族而葬，从而诞生出世族的专属墓地。目前能确定为世族墓地者，在楚地仅能辨识出数例而已，分别将其情况概述如下。

(一)淅川下寺、和尚岭、徐家岭薳氏墓地

淅川下寺、和尚岭与徐家岭薳氏墓地是目前已知的绵延最久、序列最完整、保存亦较好的楚国世族墓地。薳氏墓地分布在三处——下寺、和尚岭和徐家岭，均位于河南淅川县丹江口水库西岸的龙山山脉之上。三处墓地相距较近，和尚岭在下寺以北仅 0.4 千米，徐家岭则在更北，距离和尚岭 3 千米。

最先发现和揭示的是下寺墓地，在 1978 年至 1979 年间共发掘大型墓 9 座、小型墓 15 座、车马坑 5 座。下寺所在的北岭地势北高南低，墓葬大致沿山势由南向北依次排列。整理者将下寺墓地分为甲、乙、丙三组。甲组墓在最南端，包括 M7、M8、M36 及 M8CH、M36CH，年代为春秋中期晚段。

① 郭德维：《楚系墓葬研究》，湖北教育出版社 1995 年版，第 109～136 页；《楚都纪南城复原研究》，文物出版社 1999 年版，第 248～297 页。曹桂岑：《淮阳楚墓论述》，《楚文化研究论集》第 1 集，荆楚书社 1987 年版，第 60～70 页。

② 孙曜：《春秋时代之世族》，中华书局 1936 年版，第 1 页。

乙组墓位于中部，包括 M1～M4，M2CH 以及 M2 周边的 15 座殉葬墓，年代为春秋晚期早段。丙组墓位于最北端，包括 M10、M11 以及 M10CH、M11CH，年代为春秋晚期晚段。① 其中乙组墓中的 M2(薳子冯墓)规模最大，等级最高，位于整座墓地的最核心位置。关于大墓之间、大墓与小墓之间的联系，发掘报告作了很好的分析，基本弄清了墓地的布局及墓葬之间的相互关系(参见表 1-2)。② 但是在墓主人具体身份的确定上，由于发掘者坚持将下寺 M2 墓主定为令尹子庚(王子午)，也就形成了一系列错误的意见。随后的和尚岭、徐家岭墓地的发掘，进一步证实下寺墓地就是楚薳氏的家族墓地，下寺 M2 的墓主是薳子冯(卒于前 548 年)。③ 墓地族属性质的确定，为我们理解该墓地的形成和布局无疑有着重要价值。从表 1-2 不难看出，下寺墓地中主墓和陪葬墓、殉葬墓、车马坑的方位、布局等，与上文所述战国楚王陵园的结构有着高度相似。也就是说，战国时期楚王陵园的建制方式，至迟在楚国王族小宗——薳氏家族春秋时期的下寺墓地，已经有了鲜明的体现。战国时期楚国高等级贵族墓地体现出来的种种规制，显然有着较早的渊源。

表 1-2 下寺墓地主要墓葬情况

项别 / 主墓	年代	陪葬墓	殉人或殉葬墓	车马坑	备注
M8(上鄀公以邓墓)	春秋中期晚段	M7(中己卫墓)	椁内有一殉葬棺	3 车 10 马	M8、M7 为夫妇异穴合葬
M36	春秋中晚之际	无	无	2 车 8 马	

① 河南省文物研究所等:《淅川下寺春秋楚墓》，文物出版社 1991 年版，第 314～319 页。

② 河南省文物研究所等:《淅川下寺春秋楚墓》，文物出版社 1991 年版，第 320～331 页。

③ 田成方:《东周时期楚国宗族研究》，科学出版社 2016 年版，第 13～37 页。

续表

项别 主墓	年代	陪葬墓	殉人或殉葬墓	车马坑	备注
M2(薳子冯墓)	春秋晚期早段	M1(孟縢姬墓)、M3(蔿中姬丹墓)、M4	M2及M3、M1椁内各一殉葬棺。北殉葬区6座，南殉葬区9座	残存7车19马	M2与M1、M3、M4为夫妇异穴并葬，M1墓主为长夫人，M3、M4次之
M10	春秋晚期晚段	无	椁内有一殉葬棺	2车4马	
M11	春秋晚期晚段	无	椁内有一殉葬棺	2车?马	

1990—1991年，考古部门又发掘了和尚岭墓地和徐家岭墓地。资料表明，这两处墓地都是薳氏小宗——倗氏的族墓地。① 和尚岭墓地发掘了两座春秋战国之际的大中型楚墓，它们均位于和尚岭的最高处，南北并列，墓向朝东，M1为主墓在南，M2为夫人墓在北，但M2的规模明显超过了M1。② 据说在这两座墓的东南部也曾冲刷出一座楚墓，部分随葬品存放在淅川博物馆，但具体情况不详。③ M1、M2位于和尚岭的最高处，在低矮处是否有更多墓葬也未可知。发掘报告根据M1出土的2件克黄升鼎(M1：2、3)，认为墓主是楚庄王时期的箴尹斗克黄(令尹子文之孙)，M2是克黄夫人墓。④ 和尚岭发掘者关于两座墓葬墓主和年代的判断，受到较多质疑。有学者认为和

① 田成方：《东周时期楚国宗族研究》，科学出版社2016年版，第27~34页。

② 河南省文物考古研究所等编著：《淅川和尚岭与徐家岭楚墓》，大象出版社2004年版，第5页。

③ 河南省文物考古研究所等编著：《淅川和尚岭与徐家岭楚墓》，大象出版社2004年版，第5页。

④ 河南省文物考古研究所等：《淅川县和尚岭春秋楚墓的发掘》，《华夏考古》1992年第3期；河南省文物考古研究所等编著：《淅川和尚岭与徐家岭楚墓》，大象出版社2004年版，第120~121页。

尚岭 M1 年代为春秋晚期偏晚，M2 为战国早期。① 也有学者认为两座墓葬皆属春秋晚期至战国早期，M1 墓主不可能是生活在春秋中期的斗克黄。② 后来正式出版的发掘报告也承认，和尚岭两座墓的随葬器物与下寺 M10、M11 接近，属于春秋晚期。③ 根据楚系墓葬年代序列来看，和尚岭 M1 年代为春秋晚期偏晚，M2 为战国早期偏早，应无异议。④ 活动于春秋中期的斗克黄，显然不会是和尚岭 M1 的墓主。除克黄升鼎外，和尚岭 M1 还出土一件曾太师奠鼎（M1：5），M2 出土一件仲姬敦（M2：28）、一套䣄子受编钟（M2：37～53）、一件曾仲䣄君腌方形器座（M2：66，原称"镇墓兽"）。曾仲䣄君腌方形器座、仲姬敦同出一墓，证明 M2 墓主当是嫁入䣄氏的姬姓曾国女子，M1 墓主则应是此曾国女子的夫君——䣄氏贵族。瑞士玫茵堂收录了一件流散海外的铜方豆（《铭图》06132），豆柄部一周铸 8 字铭文："楚叔之孙克黄之锜。"⑤结合当年和尚岭 M1 曾经被盗及方豆器主自称"楚叔之孙"来看，此器可能盗自和尚岭 M1。方豆器主自称"楚叔之孙"，这种自报家门式的称谓，与下寺墓地以邓、薳子冯等所铸铜器铭文相同，说明他们应出自共同的先祖，属于同一宗族。这件有铭铜豆的出现也就更加证明，和尚岭铜器铭文中的"克黄"是指薳氏之克黄，其活跃于春秋晚期，与《左传》记载的春秋中期人斗克黄同名异氏，并非一人，两人族属也不同。故和尚岭 M1、M2 应是䣄克黄夫妇墓（详见第四章第一节）。

徐家岭墓地位于龙山北部的余脉之上，东邻丹江，南距和尚岭 3 千米。当时发现和清理了十座楚墓（编号 M1～M10），其中 M2、M4、M5、M8 被盗严重，M7 几乎被盗一空。M10 以南，考古部门于 2006 年年底至 2007 年年

---

① 高成林：《淅川和尚岭楚墓的时代问题》，《中原文物》1996 年第 4 期。

② 求实：《河南淅川和尚岭楚墓年代刍议》，《中国文物报》，1992 年 10 月 18 日，第 3 版。

③ 河南省文物考古研究所等编著：《淅川和尚岭与徐家岭楚墓》，大象出版社 2004 年版，第 24、118～119 页。

④ 张昌平：《曾国青铜器研究》，文物出版社 2009 年版，第 101～102 页。

⑤ Wang Tao. *Chinese Bronzes from the Meiyintang Collection*. London：Paradou Writing, 2009, pp. 234-235, 313.

初又抢救性发掘了 3 座被盗的楚墓，其中 11 号墓位于 M10 南侧 6 米，两墓东西向南北并列，很可能是夫妇异穴合葬墓。① 这两座墓男右女左的排列方式，在芈姓贵族夫妇墓中较为少见。M12 位于 M9、M3 之间，只有中等偏下规模，残存随葬品有鼎、浴缶、盘、匜等铜礼器，年代应在战国早期偏早，大致介于 M9 和 M3 之间。M13 分布在墓区南部、M1 西南侧，是一座小墓，出土了鼎、壶、缶、盉、盘、匜等陶礼器，年代应在战国中期。

相比于下寺墓地，若要厘清徐家岭墓地的排列布局显非易事。这其中的困难主要包括两点：一是早年发掘徐家岭墓地时缺乏全面钻探，难以知悉整个墓地的埋葬情况；二是一些墓葬被盗严重，影响到对墓葬确切年代及墓主身份、墓与墓之间关系的考定。过去我们在讨论楚国蒍氏宗族历史时，曾对徐家岭墓地主要墓葬的年代及墓主身份、主要墓葬之间的关系等作过一些推测，认为：

> 从徐家岭墓地空间布局看，M9 位居高地中央，是地位最隆的主墓。大致以该墓为分水岭，其西北面是㣿氏宗子的墓葬区，东南面是㣿子孟的墓葬区。周边墓葬大致按照地势由高到低、墓葬年代愈晚的顺序排列。②

现在来看，这个墓地总体应分为西区和东区。西区地势较高，包括 M9 和 M10 两座主墓，墓主分别为㣿子受和㣿子昃。东区地势较低，主墓可能有 M3、M1、M5、M8。M3 年代为战国早期偏早，M8 为战国中期偏晚。东区总体上也是南边墓葬年代早，北边年代要晚(参见表 1-3)。M1 墓主很可能是㣿子孟青嬭，M3 墓主可能是㣿子孟升嬭，暗示徐家岭东区墓地可能属于㣿氏家族中庶长这一支。㣿子受、㣿子昃属于㣿氏宗子，地位显然高于作为庶长

① 河南省文物管理局南水北调文物保护办公室等：《河南淅川县徐家岭 11 号楚墓》，《考古》2008 年第 5 期；乔保同：《淅川徐家岭楚墓考古发掘纪实》，《大众考古》2019 年第 3 期。

② 田成方：《东周时期楚国宗族研究》，科学出版社 2016 年版，第 33 页。

的邶子孟青嬭、邶子孟升嬭，因而在墓葬规模、随葬品数量及等级、墓地位置选择方面，均有相应的体现(详参第四章第二节)。

表 1-3　徐家岭墓地情况

项别 主墓	年代	陪葬墓	殉人或殉葬墓	车马坑	备注
M9(邶子受墓)	战国早期中段	M12 疑是 M9 夫人墓	椁内有二殉葬棺	残存 5 车 18 马	
M10(邶子昃墓)	战国中期偏早	M11(邶夫人嬬墓)	M10、M11 椁内各有二殉葬棺		
M3(邶子孟升嬭墓)	战国早期偏早	M2(仲姬墓)疑是夫人墓	椁内有二殉葬棺		
M1(邶子孟青嬭墓)	战国中期偏早		椁内殉一儿童，M13 疑是殉葬墓		墓主骨架鉴定为男性
M5	战国中期早段		被破坏		棺底有腰坑
M8	战国中期偏晚		椁内残存殉人一		
M6	战国中期偏晚				

(二)南阳彭氏墓地

彭氏家族墓地位于南阳市八一路西段，是楚国外来宗族墓地的典型代表。墓地位于汉江支流白河的两条支流——三里河和梅溪河之间长约 350、宽约 150 米的高地上，地势西北高东南低。自 20 世纪 70 年代以来，考古工作者先后在这里进行过多次勘探和发掘。截至 2008 年，共发现春秋时期的墓葬 20 余座，① 其中包括彭氏家族墓 8 座(清理了 7 座)，由北至南共分为

① 乔保同：《南阳八一路楚申县贵族墓地埋葬制度初探》，《楚文化研究论集》第 9 集，上海古籍出版社 2011 年版，第 292 页。

五组：申公彭宇墓、彭无所墓、彭子射夫妇墓、申公彭子寿夫妇墓、彭启夫妇墓。2009年，在彭启墓以南又清理了物资城M3。① 这些墓葬由北到南按时间先后顺序排列，相互之间没有打破关系，这种有秩序的埋葬方式显然是经过精心规划的。发现最早、也是这个墓地目前所见年代最早者是申公彭宇墓，位于墓地的最北端，时代为春秋中期偏早。物资城M3占据墓地最南端，时代为战国早期早段。仅此而言，该墓地也至少延续了两百多年。至于战国早期以后的彭氏子孙是否依然聚葬在此，由于材料限制，我们目前还难以悉知。彭氏是载诸史册的楚国异姓望族，其墓地在墓葬特征、空间布局、葬制葬俗等方面与芈姓楚族的墓地存在明显不同的特点，详参第五章。

需要注意的是，在彭氏墓地以东100米，还发现春秋贵族墓30余座、车马坑10余座，当地考古工作者称之为“乙组”，以区别于“甲组”彭氏墓地，② 实际上这两处墓地应为同一大型墓地的西区和东区。与西区彭氏墓地葬制不同，东区墓葬头向全部为东向，自西向东成排分布，墓葬西侧有小型车马坑。与彭氏家族墓由北而南的埋葬次序不同，东区墓葬西边年代早，东边年代晚。尽管该墓地资料尚未全部刊布，但已知该墓地出土的有铭铜器就有楚子弃疾簠、养子曰鼎、许子□敦、屈喜戈、蔡侯班戈等，③ 这些铜器来源复杂、国属不一，显示了这个墓地的族属并非纯粹如一。从头向、车马坑、随葬器物等方面看，埋葬于此的中小贵族，可能是执政或参政申县、出自不同家族的芈姓楚人。发掘者根据“墓主能够确定性别的全部为男性”，推

① 李长周、乔保同：《南阳春秋楚彭氏家族墓地发现郑氏厨鼎》，《湘鄂豫皖楚文化研究会第十六次年会会议论文汇编》，2019年，第90~92页。

② 乔保同：《南阳八一路楚申县贵族墓地埋葬制度初探》，《楚文化研究论集》第9集，上海古籍出版社2011年版，第291~298页。

③ 徐俊英：《南阳征集一“楚子弃疾”铜簠》，《中国文物报》，1989年5月26日，第2版；尹俊敏、刘富亭：《南阳市博物馆藏两周铭文铜器介绍》，《中原文物》1992年第2期；张晓军、尹俊敏：《谈与“申”有关的几个问题》，《中原文物》1992年第2期；林丽霞、王凤剑：《南阳市近年出土的四件春秋有铭铜器》，《中原文物》2006年第5期。

测申县贵族墓地东区为一处春秋中晚期的楚申县阵亡将士墓地,① 还是有一定道理的。

(三)郧县乔家院唐氏墓地

乔家院墓地位于湖北郧县五峰乡肖家河村，东距县城40千米。该墓地所在的台地濒临汉江，江水自台地西侧由南向北流，随后南折，形成三面环水的半岛地形。1990年、2001年，肖家河村乔家院一带先后发现两座遭破坏的春秋时期墓葬,② 发掘者分别编号为XM和YXM1，两墓相距约1千米。2006年，为配合南水北调工程建设，考古部门在乔家院墓地又发掘了四座春秋殉人墓，发掘者编号为M3、M4、M5、M6。③ 这四座墓位于一座“T”形山梁的西端，西距XM约0.5千米。除M3遭盗扰严重外，其余五座墓都出土了一定数量的青铜器。比照邻近的淅川薳氏墓地出土材料，冯峰先生作了颇为细致的分期断代，认为：

M4，前580—前560年。
YXM1，前540—前520年。
XM，前520—前500年。
M5—M6，前490—前470年。④

位于乔家院墓地东北、最早被发现的XM，墓坑被挖毁，仅存东南一隅。该墓出土的申王之孙叔姜簠，器主为姜姓南申国的女子。尹俊敏先生认为叔

① 乔保同:《南阳八一路楚申县贵族墓地埋葬制度初探》,《楚文化研究论集》第9集，上海古籍出版社2011年版，第291~298页。

② 郧阳地区博物馆:《湖北郧县肖家河春秋楚墓》,《考古》1998年第4期；郧县博物馆:《湖北郧县肖家河出土春秋唐国铜器》,《江汉考古》2003年第1期。

③ 湖北省文物考古研究所、湖北省文物局南水北调办公室:《湖北郧县乔家院春秋殉人墓》,《考古》2008年第4期。

④ 冯峰:《郧县乔家院春秋墓初识》,《南方文物》2009年第4期。

姜并非该墓的墓主，可能是“叔姜的媵器随夫下葬”①。徐少华先生则认为这座墓葬很可能就是器主叔姜之墓，叔姜器物及墓葬出土于郧县，很可能与其夫君所在有关。② 2001 年发现的 YXM1，随葬的盘、匜、鈚等铜器上皆铸有铭文(其中鴋子仲濒鈚及其铭文，参见图 1-5)，器主均为鴋子仲濒儿，说明

图 1-5　鴋子仲濒鈚及其铭文

鴋子仲濒儿应是墓主。此外，乔家院 M4 还出土了鴋子斨戈(参见图 1-6)和□公戈，铭文资料与 YXM1 墓主建立起了联系。尽管还不能遽定鴋子斨就是乔家院 M4 的墓主，但是鴋氏铜器在乔家院墓地的再次出现，暗示该墓地很可能是鴋氏宗族的族墓地。M3、M4 为东西向南北并列，相距 7.9 米，M5、M6 亦为东西向南北并列(报告定为东西并列，有误)，相距 15 米，发掘者推测为两组夫妇异穴合葬墓。之所以将乔家院墓地认定为家族墓地，还由于这个墓地在葬制、葬俗上存在较为一致的文化特征，例如墓葬均东西向，头朝东③；棺内都有殉人，除 M4 外，殉人均横放在主棺外的脚部；随葬品具有

① 尹俊敏：《叔姜簠及其相关问题》，《江汉考古》1999 年第 3 期。

② 徐少华：《从叔姜簠析古申国历史与文化的有关问题》，《文物》2005 年第 3 期。

③ 调查人员根据 XM 残存的墓穴东南角及对民工的走访，认为 XM 为南北向，恐非可信。

图 1-6　鴋子斨戈及其铭文

浓郁的楚文化因素等。目前乔家院墓地发现的六座墓葬，年代从春秋中晚之际到春秋战国之交，持续了近百年的时间，结合上引冯峰先生的研究成果，我们推测这六座墓葬很可能属于四代人(参见表 1-4)。

表 1-4　乔家院墓地情况

项别 / 墓葬	年代	墓主	殉人或殉葬墓	备注
XM	前 520—前 500 年	叔姜(?)	不详	
YXM1	前 540—前 520 年	鴋子仲濒儿	无	
M3	当与 M4 相近	鴋子斨夫人	椁内有一殉人	
M4	前 580—前 560 年	鴋子斨	椁内有一殉葬棺	
M5	前 490—前 470 年		椁内有一殉人	
M6	前 490—前 470 年		椁内有一殉人	

关于鴋氏的族属，黄旭初、黄凤春两先生在讨论 YXM1 铜器铭文时，将表示国族之名的“鴋”读成“唐”，认为是随枣走廊的姬姓唐国铜器。① 其依据是，在《说文》《汗简》等字书中，“唐”字古文多从“昜”，“所从形符有从口、从矢和从土之别，但都读为‘唐’”。② 但冯峰先生则指出，“唐在春秋中、晚期之际到晚期偏早尚存在，其地望虽无定论，但其势力范围却不太可能到如此偏西的地方”，他认为“或许‘鴋’跟楚阳氏有一定关系”。③ 若验之文字材料，汉淮唐国之唐的古文写法，核心构件都是以“昜”为声符，形符或从阜、从土，并不固定，因此作为国族之称的“鴋”，读作“唐”是合适的。④ 也就是说，乔家院墓地很可能是附属于楚的唐国公族贵族墓地。

(四)枣阳九连墩墓地

九连墩墓地位于湖北省枣阳市吴店镇东赵湖村与兴隆镇乌金村之间。9个大中型封土堆呈南北向排列，依次分布在一条南北向低岗地的岗脊上。⑤ 已发掘的是最南部的一号墩，包含两座大型墓葬及各自的祔葬车马坑。⑥ 通过细致工作，考古人员在一号墓封土南北两侧、二号墓南侧发现墙体建筑，还发现了墓基、打破墓基的祭祀坑及小型殉葬墓。⑦ 这两座大墓都是朝东的

---

① 郧县博物馆：《湖北郧县肖家河出土春秋唐国铜器》，《江汉考古》2003 年第 1 期；黄旭初、黄凤春：《湖北郧县新出唐国铜器铭文考释》，《江汉考古》2003 年第 1 期。

② 黄旭初、黄凤春：《湖北郧县新出唐国铜器铭文考释》，《江汉考古》2003 年第 1 期。

③ 冯峰：《郧县乔家院春秋墓初识》，《南方文物》2009 年第 4 期。

④ 田成方：《汉淮地区唐国铜器及其历史地理考论——由清华简〈系年〉所载阳(唐)国谈起》，《出土文献的世界：第六届出土文献青年学者论坛论文集》，中西书局 2018 年版，第 13~29 页。

⑤ 湖北省文物考古研究所：《湖北枣阳市九连墩楚墓》，《考古》2003 年第 7 期；刘国胜：《湖北枣阳九连墩楚墓获重大发现》，《江汉考古》2003 年第 2 期。

⑥ 湖北省文物考古研究所等：《湖北枣阳九连墩 M2 发掘简报》，《江汉考古》2018 年第 6 期；《湖北枣阳九连墩 M1 发掘简报》，《江汉考古》2019 年第 3 期；《湖北枣阳九连墩 M2 乐器清理简报》，《中原文物》2018 年第 2 期；《湖北枣阳九连墩 M1 乐器清理简报》，《中原文物》2019 年第 2 期；《湖北枣阳九连墩 2 号车马坑发掘简报》，《江汉考古》2018 年第 6 期。

⑦ 承发掘者湖北省博物馆王先福先生面告，九连墩 M1 西南部发现有小型殉葬墓，未发掘清理。

甲字形大墓，南北并列，相距近17米，夫妇异穴合葬，其中位于南面的M1墓主为男性贵族(鉴定年龄50~60岁)，M2为其夫人(鉴定年龄45~55岁)。发掘简报已经指出，这两座墓葬年代为战国中晚期，大致与包山二号墓接近，或略晚。这两座封君级别的大墓随葬品丰富，仅M1就出土各种材质文物四千多件，较为遗憾的是有字材料不多。仅二号墓出土了一件铭文簠(M2：E88)，共2行6字："慎克自作荐簠。"慎克是器主的私名，是否为墓主，难以确定。这两座墓及祔属车马坑的布局(参见图1-7)与楚王陵园、望山

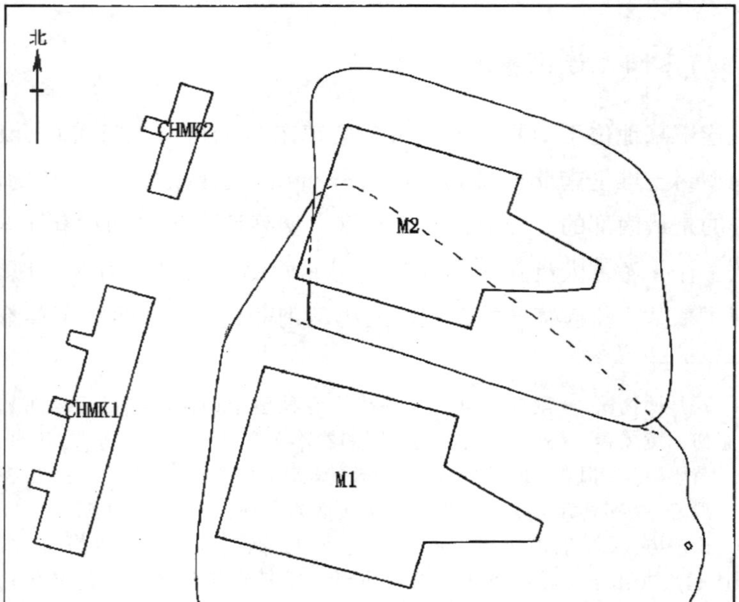

图1-7　九连墩M1、M2及祔葬车马坑平面分布图①

① 采自湖北省文物考古研究所等：《湖北枣阳九连墩M2发掘简报》，《江汉考古》2018年第6期。

悼氏墓地高度一致，说明墓主应该归属于楚国王族的某一支。由于最南端的两座墓的年代已经到了战国中晚期，那么北部带封土的8座未发掘大墓，年代不可能都比这两座墓晚，更有可能的是埋葬年代早于M1、M2。九连墩墓地的布局，大概与下文谈到的荆州望山悼氏家族墓地一样，是按照时间早晚由北到南排布的。

(五)临澧九里墓地

临澧九里墓地位于湖南常德市临澧县九里茶场，在方圆4平方千米范围内存有大小封土堆上百个，封土底部直径大于30米的有近二十个，分布在9处：大封包、水塔包、双封包、三封包(又称水池包)、杉树包、杨家山、黄家包、青禾包、乱封包。① 自1979年以来，考古部门在九里墓地先后进行了五次发掘：

(1)1979年在墓地西北的乱封包发掘了一座中型甲字形墓(编号为79九里M1)。② 该墓为东向，墓口长11.5、宽9.5米，有二级台阶，葬具为一椁重棺，椁分五室。在墓穴西侧13.5米有一小车马坑(J1)，葬车两辆，车辕朝西。该墓遭盗劫严重，随葬青铜器几乎无存，仅剩下漆木器及车马器残件。

(2)1980年发掘了黄家山大墓(即黄家包，编号为80九里M1)，③ 这是湖南地区目前发现的最大楚墓。该墓也呈甲字形朝东，墓上原有大型封土，残高5.2米，墓道在东，长达19米。墓口长34.5、宽32.8米，有11级台阶，葬具为两椁三棺，外椁分五室。该墓虽早年被盗严重，但仍出土了漆木器、玉器、竹简等300多件随葬品，其中彩绘木雕漆虎座鸟架鼓、彩绘漆镇

① 湖南省博物馆、常德地区文物工作队：《临澧九里楚墓发掘报告》，《湖南考古辑刊》第3集，岳麓书社1986年版，第87~111页。

② 湖南省博物馆、常德地区文物工作队：《临澧九里楚墓发掘报告》，《湖南考古辑刊》第3集，岳麓书社1986年版，第92页。

③ 熊传薪：《湖南临澧九里一号大型楚墓发掘简报》，《湖南省博物馆馆刊》第8辑，岳麓书社2011年版，第108~120页。

墓兽等造型别致、雕刻精细，显示了墓主尊贵的身份。发掘者认为该墓与天星观一号墓规格相似，墓主可能是战国中期偏早的楚国封君。①

(3)1981 年为配合湘潭大学考古干部训练班实习，在九里墓地发掘墓葬 20 座(编号为 81 九里 M1~M10、M13~M22)，车马坑 2 座(J1、J2)。其中 J1 为 79 九里 M1 的祔葬车马坑，J2 为中型墓 M13 的车马坑。81 九里 M1 紧贴大封包东边封土，南北长 7 米，东西宽 2.8 米，呈南北狭条状，坑内没有棺椁痕迹，有 20 件陶罐、34 件陶豆排成长方形，集中在北半部，发掘者怀疑这是大封包的墓外器物坑，② 当是。其余 19 座墓分布在水池包、大封包、水塔包及杉树包与大封包之间的谭家湾山埂上，分为带墓道的中型墓和小型土坑墓两类，很可能是对应大冢的陪葬墓和殉葬墓。

(4)1987 年发掘了九里双峰包(即双封包)南包大墓。双峰包位于九里墓地的东南，由两个南北向排列的大、小包组成，已发掘的是较大的南包。该墓封土保存较好，底径 40~43 米，高 7.2 米。墓葬呈甲字形东朝向，墓口长 31.2、宽 27 米。墓道亦在东，长 22.5 米。墓坑南北二壁有三级台阶，东西则为斜坡，东斜坡两侧有十余级小台阶，颇为罕见。由于遭遇盗劫和火烧，该墓葬具数不明，残存随葬品也仅有兵器、车马器、工具及玉器等二百多件。发掘者根据出土铜戈、铜镞及墓葬形制，推测该墓年代为战国中期，墓主为一代封君。③

(5)2015 年发掘了马鞍岭墓地。该墓地东距大封包 0.2 千米，南距 80 九里 M1 约 2 千米。此次共清理中小型墓葬 10 座，其中 1 座几乎被毁殆尽，实际赋予编号者 9 座。中型墓仅马鞍岭 M1，墓向和墓道均朝东，葬具为一椁两棺，其余为小型墓，墓向均朝东，其中 M9 有墓道，M3 有壁龛。这批墓葬

① 熊传薪：《湖南临澧九里一号大型楚墓发掘简报》，《湖南省博物馆馆刊》第 8 辑，岳麓书社 2011 年版，第 119 页。

② 湖南省博物馆、常德地区文物工作队：《临澧九里楚墓发掘报告》，《湖南考古辑刊》第 3 集，岳麓书社 1986 年版，第 95 页。

③ 湖南省文物考古研究所：《临澧九里双峰包南包大墓发掘简报》，《湖南考古辑刊》第 6 集，《求索》杂志社，1994 年，第 106 页。

的年代，发掘者定为战国早中期。①

以上五批资料表明，九里墓地是一处内涵丰富、年代清楚、排列有序的大型墓地，熊传薪先生认为可能与附近澧县南岳和临澧丘湖的楚城有关②。九里墓地由大、中、小三类墓葬构成，墓葬之间未见打破关系。大型墓有80九里M1、双峰包南包，均为封君级别。81九里M17出土带有“君”字的车軎（M17：1），也说明这一墓地很可能属于楚国某一封君家族。中型墓有79九里M1，81九里M3、M4，马鞍岭M1，其中后三者均位于大封包以北，当是大封包的陪葬墓，79九里M1当是乱封包的陪葬墓。小型墓葬主要分布在大包的北部，如81九里M23在水池包北部，81九里M2、M5在大封包北部。这些小型墓多不见棺椁和随葬品痕迹，应当是大型墓的殉葬墓。需要注意的是谭家湾墓区的小型墓M9、M18、M20、M21等，均带有墓道，方向均朝南，又分布在一独立山埂上，似乎不附属于周边的大墓。总的来看，从封君级别大墓的墓园结构、葬制葬俗等特点分析，这个封君家族应出自楚国王族。由于大多封包尚未发掘，且已发掘封包遭盗扰严重，这个封君家族墓地持续年代究竟有多久，目前难以论定。81九里M4：8子母口鼎的形制为环形附耳、盖立三环纽、小平底、棱形高蹄足，显示了较晚的风格，年代应在战国晚期偏晚。与81九里M4对应的大封包，年代可能也会较晚。由此来看，这个家族墓地应持续到了战国晚期偏晚。

（六）信阳城阳城墓地

城阳城墓地位于河南信阳市以北约25千米的城阳城遗址西南，分布在一条南北向岗地上。此地原归长台关乡，现隶属于信阳市平桥区，由2004年成立的城阳城址保护区（现更名为城阳城址国家遗址公园管理委员会）管

① 中国社会科学院研究生院等：《湖南临澧九里楚墓群马鞍岭墓地发掘简报》，《文物》2020年第5期。

② 熊传薪：《湖南临澧九里一号大型楚墓发掘简报》，《湖南省博物馆馆刊》第8辑，岳麓书社2011年版，第119页。

辖。城阳城遗址俗称楚王城，后经黄盛璋先生考订，这座古城应即《战国策·楚策四》所载“襄王流揜于城阳”的城阳，① 此后遂以“城阳城”名之。自20世纪50年代以来，考古部门在城阳城遗址西南的岗地上先后发掘东周墓葬6座，获取了丰富的文物资料，基本确定这是一处东周时期楚国贵族墓地。

城阳城M1、M2，原称信阳楚墓或长台关楚墓，是中华人民共和国成立初期发掘的规模最大、出土文物最为丰富的楚墓。这两座墓葬的考古发现轰动一时，楚文化的神秘面纱亦藉此逐步揭开。M1位于岗地中部，遭到一定破坏。该墓呈甲字形，方向朝东。墓口东西14.5、南北12.05~12.55米，墓底有腰坑，葬具为一椁重棺。该墓出土文物丰富，铜器有鼎、敦、壶、盘、盉、匜等，以及仿铜陶礼器、乐器、兵器、车马器、竹木器、玉石器等。关于墓葬年代，起初存在较大争议。② 之后随着楚墓材料的积累和楚系青铜器研究的深入，学界普遍认为其年代应属战国中期或中期偏早。③ 墓中随葬一套编钟共13件，其中个头最大的一件(M1：119)，发掘者指出它“与1-120两钟身高之差比较显著(3.2厘米)，其他各钟钟身之高大约每钟相差一厘米左右”，“各钟纹饰以标本1-119较为特殊”。④ 此外，唯独这件钟还铸有铭文：“唯荆历屈夕，晋人救戎于楚，競。”⑤铭文极其费解。直到1973年湖北当阳季家湖古城出土救秦戎钟，以及2007年崇源铜器完整“救秦戎”铭文的出现，证明这件编钟原属救秦戎编钟的第一件。救秦戎诸器的器主景

① 黄盛璋：《楚王城》，《历史研究》1960年第1期。

② 河南省文物研究所：《信阳楚墓》，文物出版社1986年版，第120~121页。

③ 郭德维、李零、刘彬徽等先生定为战国中期，陈振裕先生认为是战国中期偏早，参见郭德维：《江陵楚墓论述》，《考古学报》1982年第2期；李零：《论东周时期的楚国典型铜器群》，《古文字研究》第19辑，中华书局1992年版，第140页；刘彬徽：《楚系青铜器研究》，湖北教育出版社1995年版，第77页；陈振裕：《略论九座楚墓的年代》，《考古》1981年第4期。袁艳玲、张闻捷先生将该墓定在战国中期晚段，参见袁艳玲、张闻捷：《楚系青铜器的分期与年代》，《考古学报》2015年第4期。

④ 河南省文物研究所：《信阳楚墓》，文物出版社1986年版，第21、25页。

⑤ 铭文句读，参见李学勤：《论“景之定”及有关史事》，《文物》2008年第2期。

之定是春秋晚期担任过右司马和令尹的析君公孙宁，他是楚景平王的孙子，① 比 M1 墓主年代早得多。M1 还出土了著名的信阳简和一整套制简工具。简文内容包括竹书和遣策。可惜的是这些文字资料均未提到墓主身份。据墓中随葬成套使用的铜戈 4、镈 3，又葬入春秋晚期令尹公孙宁铸造的救秦戎钟，推测墓主是男性的可能性较大。M2 在 M1 正东方约 9 米处，形制、大小与 M1 基本相同。该墓墓口东西 14.5、南北 12.1 米，葬具为一椁重棺。该墓虽遭盗扰，仍出土了丰富的陶礼器和漆木器(包括木质编钟 13 件、木戈)。发掘报告认为该墓的年代晚于 M1，大概是可信的。不过发掘者依据骨架特征认为墓主是中年偏老的男性，② 则需要更订。因为据最新鉴定，墓主很可能是 40 岁左右的女性。③

在上述两座墓以南，1991 年、2002 年和 2015—2016 年，考古部门又相继发掘了 M4、M7、M8。M4 在 M1、M2 以南约 500 米，规模较小。④ 该墓亦为竖穴土坑木椁墓，未见墓道，墓口呈正方形，边长 6.8 米，方向朝东。值得注意的是，椁室西北有一南北向圆木，中间挖出凹槽，内殉 1 人，上覆草席。这种殉葬葬具较为少见。该墓遭到严重盗掘和破坏，出土物中能断代者甚少。发掘简报推测墓葬年代在春秋晚期至战国中期。

M7 是 M4 南边的一座大墓，因取土破坏，墓口残存东西 13.6、南北 12.35 米，葬具为一椁重棺。该墓残存铜器有鼎、盒、壶，仿铜陶礼器有 2 套(鼎、敦、壶和鼎、簠、壶)，以及木编钟、编磬和一组竹简。该墓规模及随葬品等级与城阳城 M1 相当，墓主都应属封君级别。随葬品中有木质盾牌、长矛和酒具套装，暗示墓主很可能是男性贵族。关于它的下葬年代，发掘者

① 田成方：《东周时期楚国宗族研究》，科学出版社 2016 年版，第 104~110 页。

② 河南省文物研究所：《信阳楚墓》，文物出版社 1986 年版，第 83 页。

③ 周立刚：《信阳城阳城等地东周贵族人骨稳定同位素分析》，《华夏考古》2020 年第 5 期。

④ 河南省文物考古研究所：《信阳长台关四号楚墓的发掘》，《华夏考古》1997 年第 3 期。

主张不早于战国中期，是可取的，但又认为与城阳城 M1 下葬年代相当，①则失之偏早。袁艳玲、张闻捷两先生考订该墓属于战国晚期，② 当是。我们认为，该墓年代应属战国晚期早段，早于楚顷襄王卒年(前 263 年)。丢掉郢都纪南城后，顷襄王北徙城阳城，仅作短暂停留、休整，迫于秦兵压力仓皇东迁，城阳城随后陷落于秦。因此城阳城楚墓的年代下限，应不会晚于顷襄王迁陈。

M8 位于 M7 以南 20 米，也是一座甲字形中型墓，墓口东西长 10.9、南北宽 9.6 米。该墓虽被盗，仍出土了仿铜陶礼器、车马器、兵器、起居器及饮食器等丰富随葬品。其中仿铜陶礼器组合三套：鼎、敦、壶；鼎、簠、壶；鬲、豆、壶。经鉴定，墓主为 45 岁左右的男性。③ 发掘简报认为该墓年代略早于望山 M1，大致为战国中期晚段，相当于楚威王(前 339—前 329 年在位)前期或稍早，④ 当是。

除以上几座墓葬外，2005 年考古部门在 M1、M2 北边还抢救发掘了 M9。《信阳博物馆藏青铜器》著录了该墓出土的镂空盆形器、鸳鸯钮盖罐、方形器座和鸟形柱首、钮钟 9 件、镈钟 9 件。⑤ 方形器座和鸟形柱首为同一器物的两端，通常见于女性贵族墓葬，⑥ 所以 M9 墓主可能为女性。M9 出土的钮钟和镈钟均通体金黄，枚数及枚的造型一致，篆间、正鼓部和舞部纹饰相同，应是同一批次铸造。这套钮钟与下寺 M10 钀钟(M10：66～72、83、84)形制、纹饰最为接近，年代亦应属春秋晚期晚段。由此推测，城阳城 M9 年代

① 河南省文物考古研究所、信阳市文物工作队：《河南信阳长台关七号楚墓发掘简报》，《文物》2004 年第 3 期。

② 袁艳玲、张闻捷：《楚系青铜器的分期与年代》，《考古学报》2015 年第 4 期。

③ 孙蕾：《信阳城阳城址八号墓颅骨形态学分析》，《华夏考古》2020 年第 5 期。

④ 河南省文物考古研究院：《河南信阳市城阳城址八号墓发掘简报》，《华夏考古》2020 年第 4 期。

⑤ 信阳博物馆编著：《信阳博物馆藏青铜器》，文物出版社 2018 年版，第 182～191 页。

⑥ 方辉：《东周时期的埶、硁与首饰挂架》，《东方考古》第 9 集，科学出版社 2012 年版，第 309～315 页。

或可能早至春秋晚期晚段。

上述六座墓葬，尽管时代有早晚，规模分大小，随葬品亦存富寡，但在葬制葬俗和随葬品方面有较强相似性。比如大中型墓均为甲字形，方向朝东，东边设斜坡墓道，墓口至墓底有多层台阶，椁分数室。椁室分区，随葬品摆放有序。随葬品的种类、造型、装饰、纹饰等，多数具备典型的楚文化特征。而且，这个墓地墓葬的排布也很有规律，整体上北边墓葬年代早，南边墓葬年代晚，墓葬之间没有打破关系。这些现象表明，城阳城墓地应是从岗地北部首先开辟的，之后按年代先后依次向南发展，这与南阳西郊彭氏墓地的埋葬次序颇为类似，因而很可能也是一处家族墓地。

此外，在城阳城东南、淮河西岸阶地上还有郭楼墓地。2016 年清理的三座战国中期墓葬均为中小型楚墓,① 说明这是一处平民墓区。由此来看，城阳城附近的公墓区和邦墓区也是严格分离的。

二、下层贵族的族墓地

(一)钟祥黄土坡墓地

黄土坡墓地位于汉江中游西岸一条南北向的小山岗——双堰岭及其东侧的低丘上，隶属于湖北钟祥市文集镇康集村。自 1988 年至 1996 年，当地考古部门共发掘东周与秦代墓葬 48 座，其中 46 座分布在双堰岭南部南北长约 240 米的区域。该墓地除 M36 打破 M35 以外，其他墓葬排列较为有序。发掘报告将整个墓地划分为南、中、北三个区域，认为墓地布局“基本上是顺着地形的走向呈南北向展开”②。报告还将这处墓地分为六期，其中能够区分出年代的墓葬，第一期春秋中期晚段 2 座，第二期春秋晚期早段 3 座，第三

① 武志江:《河南信阳城阳城址郭楼墓葬区发掘两座楚墓》,《中国文物报》, 2016 年 10 月 21 日，第 8 版。

② 荆州博物馆、钟祥市博物馆:《湖北钟祥黄土坡东周秦代墓发掘报告》,《考古学报》2009 年第 2 期。

期战国早期或偏晚 3 座，第四期战国中晚期 6 座，第五期战国晚期晚段 14 座，第六期秦统一时期 1 座。由此来看，该墓地大致从春秋中期晚段开始，一直使用到战国末年，持续时间有三四百年之久。从墓葬方向来看，该墓地东向 32 座，南向 12 座，西向 2 座，东西向和南向墓葬占据主流。作为判断族属的重要标尺，墓向的情况表明黄土坡墓地可能并非单纯的同一家族的墓地，但也不大可能是公共墓地。从墓葬分布看，黄土坡墓地可能主要埋葬着两类人群，一类是分布于中区西部和南区西部的墓向朝南的 8 座墓，包括中区的 M35、M31、M36 及南区的 M17、M21、M25、M23、M26，一类是头向朝东的墓葬，集中在南区及中区的东部、北区。就楚墓葬俗而言，芈姓楚人墓向一般朝东，土著居民头向多朝南。比如湖北当阳赵家湖 297 座楚墓，头向朝南者占绝大多数；襄阳余岗墓地 179 座楚墓，178 座朝南；淅川下寺 24 座楚墓均头向东。① 由此来看，黄土坡墓地或许是两个家族的墓地，一拨人是头向朝东的芈姓楚族的后裔，另一拨人可能是世居于此的本地家族。

黄土坡墓地五座铜器墓的年代和性质，是理解整座墓地埋葬格局和族属构成的重要依据。考古报告指出 M31、M35 为春秋中期晚段，M6、M4、M3 为春秋晚期早段，其中 M31 略早于 M35，M6 早于 M4，M4 早于 M3。关于五座墓相对早晚的判断，过去鲜有质疑。② 然据徐少华先生最新研究，黄土坡 M35 时代为春秋中期晚段，确切年代为前 600—前 580 年，M31 时代稍晚，在前 580 年左右。③ 这两座铜器墓南北并列，头向均朝南，“M35 内随葬有铜戈，墓主应该是一位男性；M31 未见兵器，然与 M35 时代、位置相近，两

① 湖北省宜昌地区博物馆等：《当阳赵家湖楚墓》附表二至附表五，文物出版社 1992 年版，第 224~226 页；襄阳市文物考古研究所编著（王志刚主编）：《余岗楚墓》第二章第一节，科学出版社 2011 年版，第 7 页；河南省文物研究所等：《淅川下寺春秋楚墓》“淅川下寺楚墓登记表”，文物出版社 1991 年版，第 345~348 页。

② 张吉等：《钟祥黄土坡墓地出土春秋青铜器的检测分析及相关问题研究》，《南方文物》2019 年第 3 期。

③ 徐少华：《钟祥黄土坡春秋墓年代序列及有关问题》，《“周代汉淮地区列国青铜器和历史、地理研究”国际会议论文集》，2019 年，第 28~35 页。

者可能是夫妇异穴合葬”①。这两座墓在黄土坡墓地中的年代最早，等级也较高，说明该墓地很可能首先是由世居于此的家族开辟的。铜器墓中头向朝东的有 M4、M3、M6，徐先生认为其年代分别为春秋晚期初年和春秋晚期前段，M3 墓主为男性，居中，M4、M6 分居其南北两边，可能是其夫人或亲属。不难看出，朝东的铜器墓在埋葬习惯上与芈姓高级贵族夫妇异穴合葬的排列方式是相同的，而与黄土坡 M35、M31 的南北横向排列存在明显差异，所以它们应该不会属于同一宗族。根据埋葬情况，东向墓在黄土坡墓地占六成到七成，而较早在此埋葬的土著家族则处于次要位置，暗示着芈姓楚人到达这个地方后，无论是在人口规模还是政治地位上，都占据一定优势。

黄土坡墓地几乎没有文字材料，仅 M3 出土了一件阴刻铭文盘，由于铭文多处被刮削，能辨识者如下：“隹正月初吉丁亥，邓子与媵叔[嫚]盥……子孙永……”该盘是邓氏嫁女的媵器，因此有学者主张该墓墓主是邓国贵族②。但铭文遭到刮削，一般认为是器物易手的标志。发掘报告认为“墓主可能并非铜盘的原主”③，是有道理的。因此，这件铭文铜盘并不能解决黄土坡墓地的具体族属问题。

(二)麻城李家湾墓地

1993 年至 1995 年，为了配合京九铁路工程建设，考古工作者在湖北麻城市宋埠镇红梅山村李家湾发掘墓葬 98 座，其中东周墓葬 12 座。④ 该墓地所在的李家湾为一条南北走向、高出四周农田约 8 米的红砂岩岗地，整个岗地南北长 300 米，宽 210 米。这个墓地在“文革”时期平整土地时遭到较大破

---

① 徐少华：《钟祥黄土坡春秋墓年代序列及有关问题》，《“周代汉淮地区列国青铜器和历史、地理研究”国际会议论文集》，2019 年，第 34 页。

② 刘昌银：《钟祥出土的邓子盘》，《江汉考古》1993 年第 4 期。

③ 荆州博物馆、钟祥市博物馆：《湖北钟祥黄土坡东周秦代墓发掘报告》，《考古学报》2009 年第 2 期。

④ 湖北省文物考古研究所：《湖北麻城市李家湾春秋楚墓》，《考古》2000 年第 5 期。

坏。1992年该地曾发现一座春秋墓，资料未见公布。已经公布的12座中小型东周墓葬，均为竖穴岩坑，除M44朝西、M48朝北外，其余10座墓均为东向，显示了较为一致的葬制特征。除3座墓被西汉墓打破、遭盗扰严重外，其余9座墓保存完好，其中6座墓出土了成套的楚式铜礼器。

发掘者将这批墓葬的年代笼统地定在春秋晚期，认为M70、M14可早到春秋晚期早段。后来，王然、丁兰先生对出土成套铜礼器的6座墓重新进行了分期，认为M70、M78年代为春秋中期晚段，M42、M1为春秋晚期早段，M14为春秋晚期晚段，M16为春秋末年至战国初年。① 王、丁二氏关于几座墓葬早晚关系的判断是可信的，但关于M70、M78相对年代的结论需要稍作修订。M70铜礼器组合为鼎、簠、缶，鼎为深腹、矮足、隆盖上立环形捉手的箍口鼎(繁鼎)，近似于下寺M1：67号鼎，簠照片及线图均未公布，缶则为颈部短粗、盖顶一环钮的形制，近于下寺M1：51号尊缶，由此可见M70与下寺M1的年代相当，约为春秋晚期早段。M78出土有簠和缶，簠类似于下寺M1：45号倗簠、M3：14号倗簠，尊缶为盖顶四环钮、上腹三等距竖环钮，显然晚于M70尊缶，而与下寺M10：47号尊缶接近，说明M78年代略晚，大概处于春秋晚期早段向晚段的过渡阶段。由此来看，李家湾的六座铜礼器墓最早者为春秋晚期偏早，最晚已至战国早期。令人遗憾的是，发掘简报并未公布李家湾墓地空间分布图，所以这些墓葬之间的空间位置关系如何，墓地布局怎样，只能阙而不论了。

这座墓地虽然辟在鄂东北的丘陵山地之间，远离楚国政治中心，但它们是典型的楚墓则毋庸置疑，说明至少从春秋晚期开始，鄂东北地区也已纳入楚人直接控制之下。发掘者认为“从多随葬车马兵器看，极有可能属楚国的军旅阶层”，王、丁二氏对此并不赞同，指出“李家湾墓地极有可能是某一贵族的家族墓地”，其依据是“李家湾墓地数量少，等级相近，墓主人只会是某一家族内的主要成员，最有可能是嫡出的几代人及其配偶”，并根据M70出土的楚旆鼎，推测该墓地是前575年鄢陵之战时被晋国俘虏的公子茷的家族

① 王然、丁兰：《麻城李家湾楚墓考析》，《江汉考古》2000年第4期。

墓地。M70铜鼎盖内刻铭作："楚旇之石沱。"鼎腹刻作："楚旇之。"楚旇无疑是器主之名，但他是否就是鄢陵之战被俘的公子茷呢？恐未必。理由有两点：

其一，M70的规模、等级与公子茷的尊贵身份不相符。该墓墓口仅长3.6、宽2米，随葬铜礼器只有1套铜鼎、簠、缶，这与公子茷的王子身份不符。楚国称公子茷者，一见于《左传》文公九年(前618年)，因跟随公子朱伐陈兵败被俘。一见于成公十六年，《国语·晋语六》作"王子发鉤"①，鄢陵之战时被晋国俘虏。《春秋左传词典》于"公子茷"条下按语说："文传之公子茷，在战争中，初为陈所俘，又为晋所囚，若与此公子茷为一人，而相隔四十四年，其年已六七十，不应再率师，故疑为二人，分别列述。"②公子茷能率师随楚共王行军出战，表明其等级至少应在大夫以上。李家湾M70只是随葬1鼎的士一级的墓葬，其规模、等级实难与公子茷的"王子"身份相匹配。

其二，"楚旇"之"旇"应是器主的私名，但"楚"当非其氏称。就铜铭"楚子某"的身份，我们曾分析诸多材料后认为可能有两类人群，一是无姓、氏的下层贵族或平民，铭文以"楚+子某"的形式自称，"楚"字表示国属，非氏称。铜器中的楚子夜鄴、楚子适、楚子暖、楚子袁应属此类，是无氏之社会下层的可能性大。二是王子、王孙或王室近亲于未立新氏的情况下，在聘问、联姻等外事活动中"以国为氏"。③ M70头向朝东，又随葬典型楚式铜器，则墓主应出自芈姓王族，但其等级又仅为士，因此器主应该是王室后裔中尚未立新氏者。此外，李家湾M4出土铜鉚的底部正中阴刻一"王"字，亦

① 三国吴人韦昭注："发鉤，楚公子茷。"《国语发正》改作"公子茂"，徐元诰说："发鉤合声为茂，如勃鞮为披，寿梦为乘之比，盖一名一字也。"参徐元诰撰，王树民、沈长云点校：《国语集解》，中华书局2002年版，第396页。

② 杨伯峻、徐提编：《春秋左传词典》，中华书局1985年版，第103~104页。

③ 田成方：《东周时期楚国宗族研究》，科学出版社2016年版，第178~193页；《铭称"楚子某"身份考》，《楚文化研究论集》第12集，上海古籍出版社2017年版，第393~413页。

暗示了这个墓地与楚王族很可能存在关系。

总之，李家湾墓地应是一处芈姓低级贵族的家族墓地，但与公子茷无关。李家湾墓地东北为女王城，该城年代属于东周秦汉时期，周围还有白骨敦、栗山岗等东周墓地，可见李家湾墓地所属的家族，与女王城大概有密切关系，但女王城是这个家族的采邑，还是这个家族成员在女王城任职，还难以知晓。

（三）老河口安岗墓地

安岗墓地位于湖北老河口市仙人渡镇安岗村，西距汉水不远。安岗墓地东西长 500、南北宽约 300 米，面积约 15 万平方米，地表存 4 座较大的土冢。1992 年，考古工作者在安岗墓地发掘中型墓 2 座、小型墓 2 座。两座中型墓编号为安岗 M1、M2，相距仅 7 米，东西并列，墓道均朝南，墓主头向则朝北，葬具同为一椁重棺。经鉴定，安岗 M1 墓主为约 36 岁男性，M2 墓主应为女性，发掘者推测是夫妇异穴合葬墓。安岗 M1、M2 都出土了竹简，内容为遣册，其中 M1：1 号简记载："周客南公瘽迈（蹠）楚之岁，夏夕之月，癸酉之日，君葬贤子，列尹命执事人为之藏。""周客南公瘽蹠楚之岁"应是 M1 的绝对年代，发掘者通过随葬品类型的细致比较，推测其年代约为前 320 年，而 M2 年代稍早，前 330—前 320 年，但晚于天星观 M2。附近两座小墓的墓主头向也朝北，葬俗上与两座中型墓保持一致。发掘者认为安岗墓地"属于战国时期楚国某贵族的家族墓地"①，应是可信的。四座已发掘墓葬头向均朝北，车马坑也在北部（已被毁），表明这个贵族家族可能是仕楚的异姓外族。2015 年至 2016 年考古部门对这座墓地又进行了全面勘探，新发现土坑墓 39 座、车马坑 6 座②，进一步说明安岗墓地可能是持续了较长时间的楚国贵族家族墓地。

---

① 襄阳市博物馆、老河口市博物馆编著（王先福主编）：《老河口安岗楚墓》，科学出版社 2018 年版，第 142 页。

② 襄阳市博物馆、老河口市博物馆编著（王先福主编）：《老河口安岗楚墓》，科学出版社 2018 年版，第 5 页。

第三节　楚国核心家庭墓地

现代人类学意义上的核心家庭(nuclear family)又称基础家庭、小家族，是由一对已婚夫妇及其未婚子女组成的最基本的家庭形态。① 很显然，核心家庭在世系规模、成员结构等方面与上述家族或宗族都有极大不同。当然，作为规模较小的家族单位，它依然保留了极强的血缘性。这种规模较小的家族单位，体现在埋葬形式上即为核心家庭墓地。

在楚国家族墓地当中，有一类埋葬规模小、代系少的小型族墓地，我们称之为楚国核心家庭墓地。楚国核心家庭墓地的概念，首先是王红星先生在分析湖北荆门包山楚墓墓地时提出来的，他认为这个墓地是邵氏家族邵㸓的核心家庭墓葬，包括邵㸓父子及他们的夫人。② 我们认为，核心家庭墓地与族墓地并不是对立的两个概念，核心家庭墓地只是在特殊的历史环境下出现的一类较为特殊的族墓地形式。从现有资料来看，楚国核心家庭墓地在时间上比较集中出现在战国中晚期，地域上则以纪南城、陈郢及寿郢附近较为多见。

一、江汉地区楚国核心家庭墓地

江汉地区是战国时期楚国都邑所在，也是楚国当时的政治经济中心，世家大族云集一时。因此，纪南城周边也是楚国核心家庭墓地较为集中的地方。除了荆门包山墓地外，目前发现的可能属于核心家庭墓地者还可举出以下几处。

1. 天星观潘氏墓地

1978 年荆州市博物馆在今荆州市沙市区(原江陵县，1995 年荆州地区与

① 朱凤瀚：《商周家族形态研究》(增订本)，天津古籍出版社 2004 年版，第 9～10 页。

② 湖北省荆沙铁路考古队编：《包山楚墓》，文物出版社 1991 年版，第 338～340 页；王红星：《包山楚墓墓地试析》，《文物》1988 年第 5 期。

沙市合并后改)观音垱镇天星观村发掘一座战国中期楚墓(天星观M1),据出土卜筮祭祷简文字,可知墓主是邸阳君潘胜,墓葬年代在前350年左右。①2000年考古工作者又在天星观M1东南不远处发掘一座战国楚墓(天星观M2),出土了一批精美文物。从墓葬形制、随葬品陈放、墓葬年代及位置关系等方面分析,发掘报告认为天星观M1、M2是潘胜夫妇异穴合葬墓。② 天星观M2西侧700米发掘有10余座小墓,大概是附属于潘胜夫妇墓的殉葬墓。邸阳君潘胜是己姓潘国之后,属于楚国的异姓贵族,所以在葬制上与芈姓贵族墓有着明显区别,如天星观M1、M2均朝南,斜坡墓道亦在墓穴以南,排列方式为男右女左。在埋葬区位上,芈姓贵族墓葬集中在纪南城西北纪山、八岭山等地势较高的山岭上,下层贵族和平民墓地主要分布在纪南城以东较近的低矮岗地上。③ 潘氏虽然贵为封君,但墓地辟在纪南城以东,未能葬在楚国公墓区域,显然也与其异族身份有关。此外,天星观M1往西不远还有四座暂未发掘的大土冢(所在地因此又叫"五山大队"),"可能是番氏家族的墓地,也可能是另外一处重要的楚国贵族墓地"④。就目前情况来看,天星观潘氏墓地是核心家庭墓地的可能性较大。

2. 望山悼氏墓地

1965年发掘的江陵望山、沙冢墓位于纪南城西北的纪山、八岭山楚国大型公墓区,其中望山墓地由M1、M2两座中型墓及M3、M4两座小型墓构成,四座墓均头向东,呈南北向一字排开。望山M1出土了著名的越王勾践

---

① 湖北省荆州地区博物馆:《江陵天星观一号楚墓》,《考古学报》1982年第1期。李学勤先生考订简文中两条纪年材料分别为前340年、前339年,与发掘报告推测较接近,参李学勤:《试说江陵天星观、秦家嘴楚简的纪年》,《简帛研究 二〇〇四》,广西师范大学出版社2006年版,第1~6页。

② 湖北省荆州博物馆编著:《荆州天星观二号楚墓》,文物出版社2003年版,第211~215页。

③ 郭德维:《楚系墓葬研究》,湖北教育出版社1995年版,第109~136页;《楚都纪南城复原研究》第10章第二节、第三节,文物出版社1999年版,第250~282页。

④ 湖北省荆州博物馆编著:《荆州天星观二号楚墓》,文物出版社2003年版,第3~4页。

剑，墓主出自楚国王族，据该墓出土竹简上的卜筮祭祷文字，确定其身份为楚悼王的曾孙悼固，墓葬年代为战国中期的楚威王时期或楚怀王前期，刘彬徽先生根据历法推定在前 331 年或稍晚①。距离悼固墓 500 米远的 M2，外棺和中棺上烙有“既正于王”“邵吕竹于”等文字，表明这位年逾五旬的女性墓主很可能也出自楚国王族。② 由于距离悼固墓较远，M2 的墓主似不太可能是悼固之妻，但她大概还是某位悼氏贵族的夫人，其墓葬年代较 M1 略晚。望山 M3、M4 位于悼固墓南边不足 200 米处，均是头向朝东、带墓道的小墓，其中 M3 葬具达到一椁两棺，显然还有一定的身份和等级。两座小墓的年代与望山 M2 接近，也应为战国中期偏晚。这四座墓共葬一地，时代又较接近，发掘者认为它们可能同属悼氏家族，③ 当是。

2012—2013 年，荆州博物馆又在望山 M1 北 500 米发掘了望山桥 M1。这是一座东边带斜坡墓道、具有 13 级台阶、重椁重棺(椁分五室)的大型楚墓。据该墓出土的 5 枚卜筮祭祷简文，墓主“中厩尹”举祷的对象有简王、声王、悼王、肃王、王子丙，据此发掘者认为墓葬年代为宣王晚期，“中厩尹”为楚宣王之孙。④ 将墓葬年代定在宣王时期是对的，由于墓主并未祭祷肃王之后的楚宣王，说明宣王当时尚在人世。据《史记·楚世家》记载：“十一年，肃王卒，无子，立其弟熊良夫，是为宣王。”由于肃王无子，则“中厩尹”的父亲王子丙不可能是肃王之子，只可能是悼王之子。也就是说，望山桥 M1 墓主“中厩尹”是楚悼王之孙、王子丙之子，肃王、宣王是他的叔伯。尽管“中

---

① 湖北省文物考古研究所编著：《江陵望山沙冢楚墓》，文物出版社 1996 年版，第 208~210、223 页；刘彬徽：《从包山楚简纪时材料论及楚国纪年与楚历》，湖北省荆沙铁路考古队编：《包山楚墓》附录二一，文物出版社 1991 年版，第 533~547 页。

② 李零先生认为“既正于王”或“于王既正”表示这些木材已被王室征用，或表示此棺已经王室检验，证明是合格品，参李零：《“三闾大夫”考——兼论楚国公族的兴衰》，《文史》2001 年第 1 辑。

③ 湖北省文物考古研究所编著：《江陵望山沙冢楚墓》，文物出版社 1996 年版，第 211~216 页。

④ 荆州博物馆：《湖北荆州望山桥一号楚墓发掘简报》，《文物》2017 年第 2 期；蒋鲁敬、刘建业：《荆州望山桥一号楚墓出土卜筮祭祷简及墓葬年代初探》，《江汉考古》2017 年第 1 期。

厩尹”不是肃王的直嗣，但由于肃王绝子无后，作为侄子的“中厩尹”也对“绝无后者”的楚肃王进行了祭祷。由此来看，望山桥 M1 墓主是悼王之孙，比望山 M1 墓主悼固年长一辈。我们知道，望山 M1 悼固的祖父是东宅公、父亲是王孙巢，简文未提到他们的具体官职，所以望山桥 M1“中厩尹”是否为悼固之父王孙巢，颇令人质疑。至于东宅公是否就是王孙丙，目前也难以确定。无论如何，“中厩尹”和悼固均出自楚悼王，且两人辈分相次，一为悼王的孙子、一为曾孙，应该是较为明确的。望山桥 M1 北边的望山桥 M2 和西侧的车马坑暂未发掘，但根据楚墓的埋葬规律，望山桥 M2 应该是 M1 的夫人墓。因此，望山桥墓葬和望山墓葬无疑应属于同一个墓地，墓地北边早、南边晚，但由于悼固不到 30 岁就病故了，① 加之前 278 年纪南城遭遇白起拔郢的震动，所以悼氏家族的墓地当不会延续太久。所以，将望山墓地归入楚国核心家庭墓地之列，亦较为合适。此外，望山墓地以南 2 千米有沙冢墓地，发现了中型墓 1 座、小型墓 3 座。中型墓朝东，带斜坡墓道，年代为战国中期偏晚，墓主应当也是芈姓的低级贵族，但族属不详。附近 3 座小型墓均朝北，或有壁龛，有的年代可能到战国早期，与中型墓不一定有血缘关系。

3. 左冢芈姓贵族墓地

左冢墓地位于一条南北长 2、东西宽约 0.25 千米的岗地上，南距纪南城 31 千米，南距包山楚墓 13 千米。2000 年因荆(州)襄(阳)高速公路建设需要，考古部门对荆门市五里铺镇左冢墓地作了全面勘探，对三座墓冢进行了科学发掘，获取了一批重要文物资料。② 三座墓葬大致呈南北一线排列，规模最大的 M1 居中，规模较小的 M2、M3 分居南北两侧，头向和墓道均朝东，也都未见祔葬车马坑和殉葬墓。三座墓葬没有出土能够直接证明墓主身份的文字材料，但其他一些文物的出土，对于判定墓葬年代及族属，还是具有重

① 湖北省文物考古研究所编著：《江陵望山沙冢楚墓》，文物出版社 1996 年版，第 223 页。

② 湖北省文物考古研究所等编著：《荆门左冢楚墓》，文物出版社 2006 年版。

要的意义。左冢 M1 出土了一件二十四年戈(M1S：23)，乃韩国兵器，发掘者认为当是韩昭侯二十四年(前 339 年)铸，并结合其他随葬器物，将该墓年代定在前 330 年至前 300 年之间，认为与包山 M2 最为接近，左冢 M2、M3 的年代略晚。需要注意的是，左冢 M3 除了有残留一百多字的棋案(M3：4)外，还出土了楚王孙渔矛(M3：29)和带“王”字的铜夹刻刀(M3：21)，显示了墓主与王族的密切关系。联系三座墓葬的空间布局和葬制，左冢楚墓无疑属于典型的楚国王族墓葬。人骨鉴定表明，M1、M2 为男性，M3 为女性。发掘者认为 M1 是主冢，位于主冢北边 60 米的 M3 大概是 M1 墓主的夫人，符合芈姓贵族墓埋葬的一般规律(男左女右)。而位于 M1 南边 24 米的 M2，与 M1 墓主可能是“具有血缘关系的两代人”①。由此来看，左冢墓地确实是一处完整的墓地，它包含了楚王族某个家族的两代贵族，显系核心家庭墓地。

4. 沙洋黄歇村墓地

这处墓地位于纪南城东长湖北岸的湖汉区，分布在一条南北向的宽阔岗地上。岗地中间平坦地带有三座南北排列的封土堆，黄歇冢居中，北部 50 米冢子规模较小，南部 1 千米是已发掘的塌冢 M1。塌冢 M1 为甲字形中型墓葬，墓向朝东，墓西有车马坑，马头朝西，这都是典型的芈姓贵族葬俗。发掘报告认为该墓年代为战国中晚期，黄歇村墓地是一处以核心家庭成员为主体的楚国高级贵族墓地。②

通过以上数例可知，核心家庭墓地作为家族墓葬的一种存在形式，在战国时代的楚国显然是存在过的。有学者据此提出当时的“上层贵族家庭已有了私家墓地”，“家庭以外的同宗族的人不能埋入”，并认为这意味着“族坟

① 湖北省文物考古研究所等编著：《荆门左冢楚墓》，文物出版社 2006 年版，第 198 页。

② 湖北省文物局、湖北省南水北调管理局编著：《沙洋塌冢楚墓》，科学出版社 2017 年版，第 139~142 页。

墓”制的解体。① 事实是否如此呢？我们认为，战国中晚期楚国出现的延续时间较短的所谓核心家庭墓地，并非自然发展出的或有意识规划出来的墓地形式，它往往诞生于某种特定历史环境之下，所以很可能不具有某种特定的社会学或宗族学意义。关于包山墓地延续时间较短的原因，发掘者指出当与前 278 年白起拔郢的政治突变有关，② 左冢墓地持续较短当也缘于此。政治突变的因素，除了可以用来解释荆州地区的核心家庭墓地外，也适用于陈郢、寿郢附近的一些楚国墓地。

二、陈郢、寿郢附近楚国核心家庭墓地

在楚国晚期都城陈郢附近，除了马鞍冢两座大墓以外，考古工作者还陆续在平粮台发掘了一些中型墓和小墓。③ 如平粮台 M16、M17 均为东面带斜坡墓道、单椁单棺墓，都随葬了一定数量的仿铜陶礼器、精美玉器等，④ 随葬器物具有战国晚期的特点，墓主很可能是卒于楚都陈郢期间的低级贵族。由于楚人在陈郢仅停留了 38 年(前 278—前 241 年)，所以楚国贵族在此处的族墓地肯定不会延续太久，很可能主要以核心家庭墓地的形式存在。颇为有趣的是，经牙齿鉴定，平粮台 M17 墓主只是一位 10 岁左右的男孩。从通常情况来看，这位早夭的男童很可能后继无人，代表着他这一系血缘传递的终止，这当然也就会影响到族墓地的延续。由此而言，早夭、绝嗣及迁徙、流放或政治上的灭族之灾等情况，也都有可能造成当事人族墓地的突然终止，从而形成代系有限的核心家庭墓地。

---

① 王红星：《包山楚墓墓地试析》，《文物》1988 年第 5 期。

② 湖北省荆沙铁路考古队编：《包山楚墓》，文物出版社 1991 年版，第 340 页。

③ 曹桂岑：《淮阳楚墓论述》，《楚文化研究论集》第 1 集，荆楚书社 1987 年版，第 60~70 页。

④ 河南省文物研究所、淮阳县文物保管所：《河南淮阳平粮台十六号楚墓发掘简报》，《文物》1984 年第 10 期；河南省文物考古研究院：《河南淮阳平粮台战国楚墓 M17 发掘简报》，《中原文物》2019 年第 5 期。

寿郢附近较为典型的核心家庭墓地，当以长丰杨公墓地较有代表性。长丰杨公墓地位于朱家集李三孤堆以北，西距寿春 20 千米。如上所述，除去应被排除在外的编号为杨公 M11 的三里冢，杨公墓地共发掘大中型墓葬十座。① 从地形上来看，M1～M5 分布在杨公中学东南岗地上，M6～M10 分布在西南小岗地上(参见图 1-8)。其中西南岗地上，M9、M10 与 M8、M7 均为东西向，南北并列，两两成对，M9、M8 规模最大，M8 墓主为老年男性，M9 随葬有矛、戈、盾牌等多件兵器，墓主亦当为男性。因此，M9、M10 与 M8、M7 应当是夫妻异穴合葬墓。② 男左女右，南边为主墓，这种葬制模仿了楚王陵的格局，符合楚国芈姓贵族的埋葬习惯。M9 与 M8 可能是某个家族连续的两代。M6 在岗地北部稍远，血缘上可能略疏远，或属于其他家族。东南岗地上的 M1～M5 在墓葬形制上显示出不同的特点，如 M1～M3 头向朝北，显然不是楚芈姓贵族的习惯。M5 是石椁墓，在楚地也较为罕见。而居于最北边的 M4 和中间的 M5 均头向东，M4 以西又祔葬一个车马坑，这又体现出楚芈姓贵族的葬俗。由于诸墓葬被盗严重，因此墓主性别亦难以确定。不过多样的葬俗并存，说明这条东南岗地不会是纯粹的某一家族墓地。发掘者发现东南岗地“两墓之间用白泥土筑有茔界”，亦可作为佐证。综上来看，长丰杨公墓地应当不是一个纯粹的族墓地，很可能由多个核心家庭墓地构成。

三、其他地区楚国核心家庭墓地

核心家庭墓地这种埋葬形式，在其他地区也是多有存在的。例如在湖南常德市德山经济开发区寨子岭一个高 11、底径 30 米的封土堆下，于 1999 年

① 安徽省文物工作队：《安徽长丰杨公发掘九座战国墓》，《考古学集刊》第 2 集，中国社会科学出版社 1982 年版，第 47～60 页；安徽省文物考古研究所：《安徽长丰战国晚期楚墓》，《考古》1994 年第 2 期。

② 杨鸠霞：《长丰战国晚期楚墓》，《文物研究》第 4 辑，黄山书社 1988 年版，第 89～98 页。

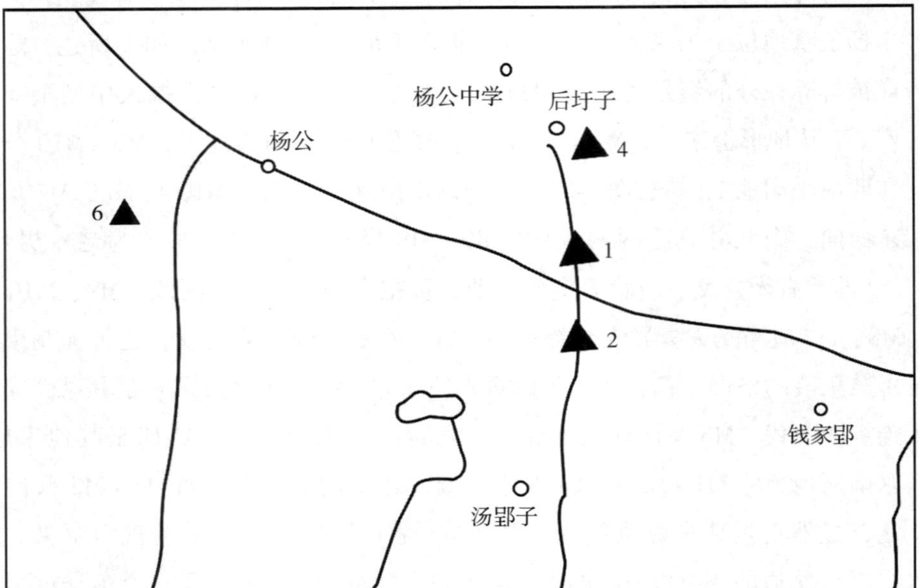

图 1-8　长丰杨公墓地分布图(♂为男性，♂为推测男性，♀为推测女性)①

---

①　尚如春：《东周时期楚国社会变迁研究——以江汉淮地区墓葬为中心》，吉林大学博士学位论文，2019 年，第 173 页。

清理出三座墓葬。其中 M1 规模最大，墓口长 6.5、宽 4.7 米，葬具为两椁两棺，墓向朝北，① 墓道设置在墓坑北面，足端有梯形壁龛。该墓多次被盗，劫余随葬品有仿铜陶礼器、陶器、漆木器、兵器、玉器等一百多件，带文字者有 1 方“鄂宦大夫鉩”、2 件“愕作距末”、1 件“十七年太后詹事”漆盒。发掘者认为墓主担任过“鄂宦大夫”，墓葬年代为战国晚期早段。② 高至喜先生认为 M1 年代为战国晚期后段，③ 当是。另外两座墓在 M1 东南侧，M2 规模稍大，距 M1 约 6 米，有墓道，出土了仿铜陶礼器、玉器、漆木器等，其中有 1 件“信”字玺。M3 更在 M2 东南，是一座小墓，但也出土了仿铜陶礼器和明器化的铜编钟。高至喜先生认为 M1、M2 当为异穴合葬，M3 为殉妾。④ 寨子岭 M1、M2 墓主应当为夫妇关系，并且 M1 墓主不是芈姓贵族，应是较为明确的。但 M3 墓主是否为女性和殉妾，尚缺乏证据。总之，寨子岭墓地很可能是规模较小的核心家庭墓地。

综上来看，在八百年历史发展进程中，楚国宗族墓地曾经存在多种表现形式。绵延长久的世族墓地，多分布在楚都以外的自家宗族采邑附近，当然也可能独立于“世官”的城邑旁边，这与他们生前居住在采邑或任职之地有关。世系较少的核心家庭墓地，出现在世官世禄制遭到破坏的战国时期。战争的频繁、政局的动荡及社会的革新，都会对以往世家大族形成强烈冲击，这自然也会体现在族墓地的空间选择和埋葬形式上。但无论何种形式的族墓地，都遵循着“生相近、死相迫”的基本原则。只是族属差异、血缘亲疏、官爵高低、福寿长短等具体因素，都会在细节上塑造着墓地的具体表现形态。

---

① 最初报道该墓方向 70°，后来简报修订为 15°，当以简报为是，参龙朝彬：《常德市德山寨子岭 1、2 号楚墓》，《中国考古学年鉴(2000)》，文物出版社 2002 年版，第 220 页；常德市文物处：《湖南常德寨子岭一号楚墓》，《湖南考古 2002》(下册)，岳麓书社 2004 年版，第 402 页。

② 常德市文物处：《湖南常德寨子岭一号楚墓》，《湖南考古 2002》(下册)，岳麓书社 2004 年版，第 409 页。

③ 高至喜：《湖南楚墓与楚文化》，岳麓书社 2012 年版，第 43 页。

④ 高至喜：《湖南楚墓与楚文化》，岳麓书社 2012 年版，第 43 页。

第二章　楚附庸国墓地举例

楚附庸的族墓地是指附属于楚或被楚人“灭”国的小国公族或贵族的家族墓地。它是楚国附庸政治体系下的特殊产物，也是楚国降服、兼并周边小国后，小国公族或贵族在尚未完全融入楚国社会时的过渡形态。早些年发掘的河南平顶山滍阳岭应国墓地、桐柏月河养国墓地，近些年发现的河南潢川余楼黄国墓地，南阳李八庙申国墓地，湖北枣阳郭家庙、京山苏家垄、随州义地岗、枣树林等曾国墓地，安徽寿县西圈蔡国墓地，使我们了解到这些国家在附庸于楚国之前或以后，其贵族墓地在埋葬形式、墓地布局、葬制葬俗、器用制度等方面具有哪些特征，又经历了哪些变化，这对于深入认识楚国统一江汉淮地区的具体策略，全面理解南方地区民族融合的历史过程，是一个有益的观察视角。

上述诸国墓地材料中，较多资料还在室内整理之中，也有一些墓地的田野发掘尚未结束。所以，目前我们只能选择已经刊布较多材料者，如养国墓地和申国墓地，举例加以论述。

第一节　桐柏月河养国墓地

养国、养族源出嬴姓东夷集团，后来迁徙至南阳盆地东缘、淮河上游阶地地带，成为周代南淮夷的一部分。自 20 世纪初叶以来，在河南境内相继出土过几批养国铜器，原来均释作“䢅”器，徐少华先生等近来据新材料改释为羕器，认为即养国铜器①。养国铜器及养国墓葬在河南桐柏县月河镇及其周边地区的相继被发现，不仅厘清了周代养国的具体地望所在，也基本解决了20世纪二三十年代流散养器的出处问题，更为探讨养国、养氏的墓地制度和丧葬文化提供了丰富的一手资料。

早在1964年，河南省桐柏县月河公社左庄生产队（今月河镇左庄村）村后近500米的丘陵上，在地面以下0.2米处发现了一组铜器：鼎1、罍（简报原作“罍”）1、盘1、匜1、戈1、镞2。据称这些铜器出土时“排列有序”，加上后来调查人员在“挖过的土中采集铜镞一枚及一些人骨残片”②，证实这些器物及人骨出自一座墓葬。根据该墓铜罍及铜盘铭文，基本可以确定器主羕（养）伯庸即该墓的墓主。根据当地村民讲，这里在1944年就出土过铜器，很可能也出自墓葬。③

随后的盗掘活动及当地开发碱矿，直接促使了考古部门在1993年年底对这处墓地的第一次科学发掘。这次发掘共清理大型墓葬1座（编号94NTYM1），小型墓3座，其中只有大墓的资料发表。④这座大型墓保留有残高2米的夯筑封土，墓圹为竖穴土坑，头向朝东，然而该墓墓口东西长8.8、南北宽10.5米，与东向墓一般东西长、南北窄的情况不同。不过，这座墓形制上的最大特点是在中部墓室的南北两侧，各开了一个长2.3~2.67、宽0.96~1.27米的器物坑，南附葬坑在木制器物箱内放置青铜器和漆木器，北附葬坑放置铜兵器、皮甲及玉器。中部墓室为重棺重椁，主要放置玉石器和少量青铜器。随葬铜器有鼎2、方壶2、缶2、盘1、匜1、盆（简报原作“盂”）1、铎2、筒杯1，以及少量工具、兵器。与为数不多、制作不精的铜

① 徐少华：《羕国铜器及其历史地理探析》，《考古学报》2008年第4期；董全生、张晓军：《从金文羕、祁看古代的养国》，《中原文物》1996年第3期；董全生、赵成甫：《桐柏月河一号春秋墓相关问题研究》，《中原文物》1997年第4期。

② 王儒林：《河南桐柏发现周代铜器》，《考古》1965年第7期。

③ 王儒林：《河南桐柏发现周代铜器》，《考古》1965年第7期。

④ 南阳市文物研究所、桐柏县文管办：《桐柏月河一号春秋墓发掘简报》，《中原文物》1997年第4期。

器相比，该墓随葬的四百余件玉石器，琳琅满目，包括瑗、璋、琮、璜、戈、玦、圭、矛、钺、环、虎形佩、牌饰、管饰、觿、刀、玉人、玉鹿等，“出土玉器之多，种类之全，雕刻之精，在同时期墓葬中少见”①。发掘简报根据部分随葬品与下寺乙组墓出土器物较为相似，认为该墓年代为春秋晚期早段。又据铜铎上的铭文，将墓主定为养国国君受(即养子伯受)。简报对于墓葬年代及墓主身份的判断，无疑是十分正确的。但需要看到的是，除了墓葬形制有显著差异外，该墓有一些随葬器物具有楚文化风格，如铜浴缶。但该墓随葬品的自身特色更为浓郁，如立耳、三聚足鼎，显然沿袭了春秋早期以降中原文化的风格，随葬铜盆则具有淮域文化的特点，而楚墓中常见的簠、盏等器并未见于该墓。此外，乐器中的铜铎、斜腹铜筒形杯，在楚文化墓葬中也较为罕见。总的来看，该墓部分铜器的风格受到楚文化影响，但其自身特色更为鲜明。

为了配合宁西铁路建设，2001 年年底至 2002 年年初考古部门又在月河墓地进行了第二次科学发掘，共清理东周墓葬 22 座，以中小型墓葬为主，其中包括 1964 年出土铜器的那座墓(编号为 M5)。② 这次发掘的墓葬等级参差不一，根据墓葬规模及随葬品数量分为三类：一是铜礼器墓，包括 M3、M4、M5、M22。M3、M5 遭扰乱，器物组合不全。M4、M22 保存较好，均为 2 鼎墓，M4 的铜器组合为鼎、鬲、𬭚(简报原作“罍”)、盘、匜，M22 为鼎、壶、盘、匜。头向方面，除了 M3 朝南以外，其他均朝东。二是随葬少量物品的小墓，多为 1 件铜带钩，或个别玉器。这类墓葬共 12 座，其中北向 9 座，南向 1 座，东向 2 座。三是没有随葬任何物品的小墓，共 6 座，有 4 座北向墓，2 座东向墓。(参见图 2-1)发掘者已经注意到月河墓地不同类别墓葬在分布上存在分区的现象，指出：“它以丘陵缓坡的自然坡脊为界，小型墓葬均分布在坡脊以西，而中型以上的墓葬都分布在坡脊及东边的缓坡上。

① 南阳市文物研究所、桐柏县文管办：《桐柏月河一号春秋墓发掘简报》，《中原文物》1997 年第 4 期。

② 河南省文物考古研究所、桐柏县文物管理委员会：《河南桐柏月河墓地第二次发掘》，《文物》2005 年第 8 期。

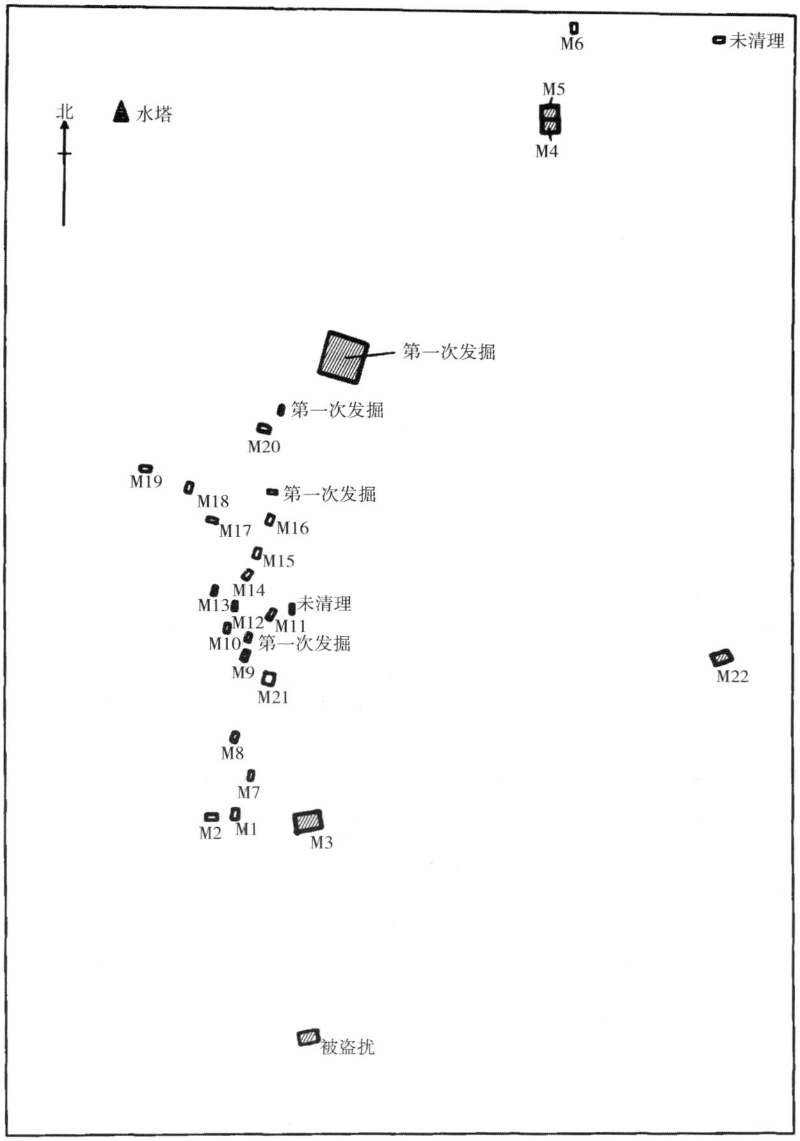

图 2-1　桐柏月河养国墓地墓葬分布示意图(▨为大中型墓，其他为小型墓)①

① 改绘自“月河墓地墓葬分布图”，参河南省文物考古研究所、桐柏县文物管理委员会：《河南桐柏月河墓地第二次发掘》，《文物》2005 年第 8 期。

其中目前已知规格最高的一号墓位于坡脊中部的制高点附近。”①依据第二次发掘简报所附“月河墓地墓葬分布图”(参图2-1)，我们以坡脊为界将这个墓地划分为东、西两个墓区：坡脊一线及以东的缓坡地带为公族墓区，以大中型墓为主，埋葬着国君及公族成员，墓葬大体呈南北向线性排列；坡脊以西为小型墓，应是庶民墓地，墓葬密集，但未见打破关系，可见也是经过规划的。月河墓地大中型墓、小型墓所占比例分别为21.7%、78.3%，反映出养国内部等级由国君所在的公族、普通庶民两个阶层构成，社会结构较为简单。这两个阶层从族属上可能有不同的来源，因为从墓向上来看，位于东区的养国公族墓基本上是东西向(朝东为主)，墓室结构复杂，随葬品丰富，而位于西区的庶民阶层以南北向为主流(朝北为主)，墓室简单，随葬品少或者没有。诚如发掘者所言，“月河墓地墓葬排列有序，并有严格的等级”。

月河墓地共有两座墓出土文字资料：养伯庸墓(M5)和养伯受墓(94NTYM1)。这两座墓的年代，发掘者分别定为周代墓葬、春秋晚期前段。通过对养国铜器系统排比、分析，徐少华先生进一步将养伯庸器组年代定在春秋早期前段，养子伯受墓的年代定为春秋中晚之际或春秋晚期偏早。② 在养伯庸墓(M5)南侧并排处，第二次发掘时清理了M4，发掘者认为两墓“南北并列，墓圹几乎相接，推测为夫妇异穴合葬墓”。M4铜器整体风格上与M5铜器相近，如M4：10号匜与养伯庸墓出土的伯□匜器型、纹饰相同，如出一范，这暗示两座墓葬年代确实较为接近。M4保存较为完好，随葬品中有铜礼器和玉器，但没有兵器，说明墓主很可能是一位女性，也即M5墓主养伯庸的夫人。在墓地东南部也有一座铜礼器墓M22，随葬铜鼎2、壶2、盘1、匜1及兵器、工具、玉器等，墓主应为男性。该墓使用与养伯受同样的2鼎规格(养伯庸墓遭扰动，仅存一鼎，怀疑原为2鼎)，且墓口面积大于

① 河南省文物考古研究所、桐柏县文物管理委员会：《河南桐柏月河墓地第二次发掘》，《文物》2005年第8期。

② 徐少华：《羕国铜器及其历史地理探析》，《考古学报》2008年第4期。

M5、M4，或许也是养国一代国君之墓。M22 出土的铜鼎、盘、匜与 M4、M5 同类器形制、纹饰非常接近，难以辨别年代早晚，但 M22 在器类上有壶，无鬲、鐳，显示出相对较晚的器类组合，说明 M22 也许是略晚于养伯庸的一代养君。由此来看，月河墓地至少在春秋早期偏早成为养国公族墓地，一直延续到春秋晚期。从墓葬规模上，尽管养伯受时代养国经济实力得到较大发展，但是在用鼎制度上还是保持了 2 鼎的规格，这种偶数鼎的使用方式，既不符合中原地区周文化传统，也与楚国用鼎制度不同。

小型墓以北向为主，有些墓葬只随葬 1 件铜带钩，如 M1、M7、M9、M15、M16、M19、M21。有些墓葬除 1 件铜带钩外，还会随葬 1 小件的环、印章或镜，如 M8、M10、M14、M17。M18 随葬器物稍多，亦不过是铜带钩、玉玦、玉饰、玉环，墓主大概是位女性。还有一些无任何随葬品的小墓，如 M2、M6、M11、M12、M13、M20，可能是一贫如洗的底层庶民。值得注意的是，月河养国墓地无论是大中型墓，还是这些小型墓，都没有随葬一件陶器。随葬物品不同的小型墓之间相互交错，虽无打破关系，但在埋葬排列上亦难有规律可寻，反映了这些小型墓的墓主，尽管在随葬物品上有一些差别，然社会地位是基本相同的，因而共同埋葬在同一个墓区，而且难以看出有族属的意识和家庭单位的区分。由于缺乏可资断代的器物，这批小型墓属于东周何时难以确定。发掘者曾推测大多数墓葬年代与月河 M4、M22 年代相近，属于春秋早期，少数墓葬可能属战国时期，并将出土印章的 M10 定为战国早期。① 但是，目前资料中并没有明显证据能够说明月河墓地延续到了战国时期。

养国公族小宗的墓地在月河附近地区也有零星发现。1980 年河南泌阳郭岗村西南的南北向土岗上出土了一批器物，计有铜盘 1、匜 1、刀 1 及 7 件陶鼎，其中铜匜铸有养仲□的铭文，调查者认为这些器物出自一座春秋前期的

① 河南省文物考古研究所、桐柏县文物管理委员会：《河南桐柏月河墓地第二次发掘》，《文物》2005 年第 8 期；黄锦前、樊温泉：《河南桐柏月河墓地出土玺印文字考释》，《古文字研究》第 22 辑，中华书局 2012 年版，第 466~467 页。

墓葬。① 徐少华先生指出养仲□即是养国公室的一支，很可能是墓主，并考订墓葬年代为两周之际或西周末年。② 据调查，该墓东西长约 2、南北宽约 1 米，最有可能是东西向墓。1965 年桐柏县郊的钟鼓堂村也发现一座周代墓葬，出土铜鼎 3、簋 4、鬲 2、壶 2、盘 1、匜 1 及兵器、车马器若干，其中铜鼎、铜盘均有铭文，但漫漶难识，发掘者推测墓葬年代为春秋中晚期。③ 后来经进一步除锈，发现铜匜内底有铭文 4 行 18 字："养仲无龙作宝匜，其万年子子孙孙永宝用享。"徐少华先生认为养仲无龙即墓主，推测 20 世纪 20 年代末出土的养仲无龙鬲、匕及同出的鐳很可能都出自这座墓葬，定其年代为春秋早期后段或早中之际。④ 养仲无龙墓距离月河墓地约 20 千米，养仲无龙很显然也属于养国公族的一支，其墓向也朝东。由此来看，无论是月河墓地的养国公族墓，还是分布于周边的公族小宗墓，其葬俗体现了较为一致的文化特征，这也与月河墓地的西区小型墓形成了鲜明对比。

综上所述，桐柏月河墓地是包括养国公族墓葬和庶民墓葬的复合墓地，其坡脊及以东区域是以几代养国国君墓为核心、还可能包括公族近亲在内的公族墓地，西区墓地则是地位低下的庶民小墓。国君、贵族与下层庶民共葬一处的埋葬方式，在周代小国中可能是较为普遍的形式，例如近些年发现的山西横水倗国墓地、大河口霸国墓地等，亦是如此。不过大约从春秋早期开始，随着养国向周边扩张势力，公族小宗很可能以受封采邑的方式被委派，建立和控制重要的聚落，因而他们的墓葬脱离出月河墓地，葬在了新的采邑附近。

---

① 李芳芝、张金端：《河南泌阳发现春秋铜器》，《文物资料丛刊(6)》，文物出版社 1982 年版，第 169~171 页。

② 徐少华：《羕国铜器及其历史地理探析》，《考古学报》2008 年第 4 期。

③ 黄运甫、曾光勋：《桐柏钟鼓堂出土一批春秋铜器》，《河南文博通讯》1980 年第 4 期。

④ 徐少华：《羕国铜器及其历史地理探析》，《考古学报》2008 年第 4 期。

第二节　南阳万家园、李八庙申国墓地

申国在周宣王时徙封至南阳盆地的“谢”地，到春秋早期末段为楚人降服，沦落为楚国附庸，长期存在于今河南南阳市一带。① 21 世纪以来，考古工作者在南阳市相继发掘了一大批墓葬材料。除了上文提到的位于南阳市西郊的楚彭氏墓地和申县贵族墓地外，在市区东北、白河两岸的万家园、李八庙也清理了大量东周墓葬（参见图 2-2）。据出土资料看，万家园墓地和李八

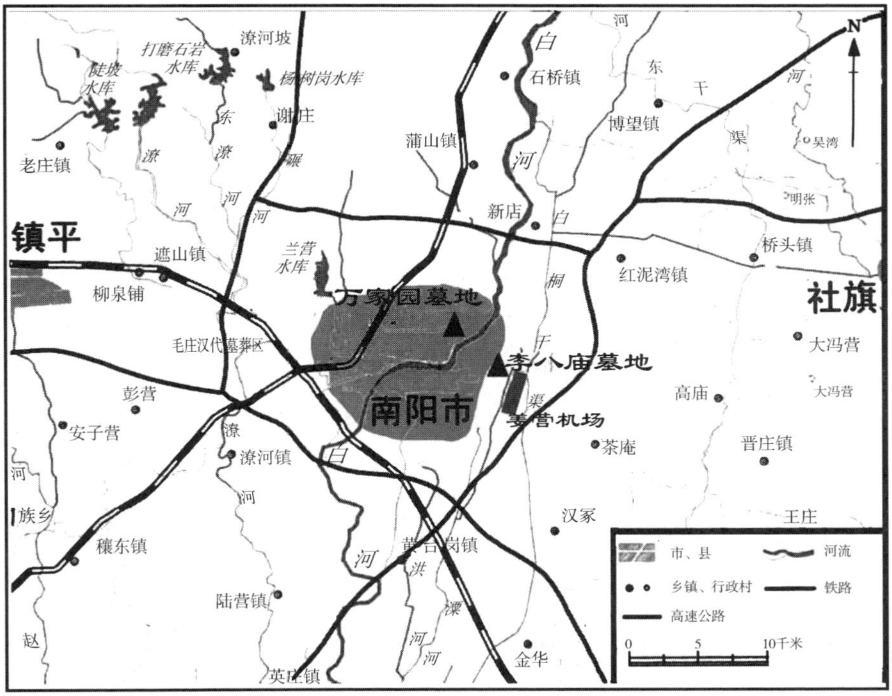

图 2-2　万家园墓地和李八庙墓地位置示意图②

① 徐少华：《周代南土历史地理与文化》，武汉大学出版社 1994 年版，第 28~39 页。

② 图片改绘自河南省文物考古研究院等：《南阳李八庙东周墓地发掘简报》，《中原文物》2020 年第 5 期。

庙墓地很可能都与南申国有关。申国墓地和楚申县墓地在地理空间上构成了东西对峙之势，这是楚国在地方上推行附庸国和县政并举政策的具体反映。

一、万家园申国墓地

万家园墓地位于今南阳市区的东北部、白河的西岸，是申国贵族集中埋葬的墓地。由于这个墓地叠压在现代城市之下，原始地貌遭破坏殆尽，因而整个墓地的地理环境、墓葬数量及分布情况已难以详知。在这个区域，1981年发现了中爯父墓，近期又清理了一批周代墓葬，基本可以确定这是一处与南申国相关的贵族墓地。

(一)中爯父墓的发现

1981年因砖瓦厂取土破坏而发现的中爯父墓，对于确定南申国的地望所在和申国贵族墓地位置，具有十分重要的意义。该墓“西距古宛城东北角约1300米，北枕豫山(独山)，东临白河，地势较高”①。由于遭破坏严重，墓葬的形制、方向、葬具等情况不详，随葬品亦仅存铜鼎1、簋2、盘1及车马器若干。鼎为折沿方唇，敛口鼓腹，口沿上一对立耳，圜底三蹄足。口沿下饰窃曲纹和弦纹各一周。形制与上村岭虢国墓地ⅣA式鼎(M1820：10)②、鲁侯鼎③、毛公鼎(《集成》02841)、枣阳郭家庙A型Ⅱ式鼎(CM02：1)接近④，而略早于桐柏月河M22之3、4号鼎⑤。2件簋的形制相同，均敛口鼓

① 崔庆明：《南阳市北郊出土一批申国青铜器》，《中原文物》1984年第4期。

② 中国科学院考古研究所编著：《上村岭虢国墓地》，科学出版社1959年版，图版伍肆之1。

③ 国家文物局主编：《中国文物精华大辞典》(青铜卷)，上海辞书出版社1995年版，第174页。

④ 襄樊市考古队等编著：《枣阳郭家庙曾国墓地》，科学出版社2005年版，第155页。

⑤ 河南省文物考古研究所、桐柏县文物管理委员会：《河南桐柏月河墓地第二次发掘》，《文物》2005年第8期。M22之3、4号鼎三蹄形足中空，足下部肥大，时代较晚。

腹，矮圈足外侈，下有三个小兽头扁足，腹两侧有一对兽首耳，有垂珥，盖顶隆起，圈状捉手，盖与器子母口。捉手内饰盘龙纹，盖沿和口沿饰窃曲纹，盖上和器腹饰瓦纹，圈足饰垂鳞纹。其形制与三门峡虢国墓地 M2001 之 95 号铜簋非常接近①。盘为敞口，平折沿，方唇，腹较浅，喇叭口状高圈足，附耳，盘腹外壁饰一周凸蛇腹纹，内壁饰一周鱼纹，内底饰蟠龙纹。其形制、纹饰与上村岭虢国墓地Ⅰ式铜盘(M1744：1)极为相似②。桐柏月河 M22 的年代为春秋早期早段，枣阳郭家庙 A 型Ⅱ式鼎的年代为春秋早期偏早，三门峡虢国墓 M2001 的年代为西周晚期晚段。综合来看，中爯父墓出土铜礼器的年代均系西周晚期晚段，故墓葬年代大约也属西周晚期偏晚。

鼎腹内壁残存铭文 3 行 15 字(含重文 1，《集成》02529)：

[中](仲)爯父作宝鼎，其万年子子孙永用享孝。

铭文首字残，据同墓所出簋铭推测为“中”字。作器者“中爯父”，“中(仲)”是排行，“爯”是私名，“父”即甫，为美称。这种称名方式在西周时期广为流行，如西周早期仲酉父甗(《集成》0902)、西周中期仲师父鼎(《集成》02046)、西周晚期仲义父鼎(《集成》02207-02211、02541-02545)、西周晚期仲生父鬲(《集成》0729)等。

2 件簋的盖、器均铸有铭文，内容大同小异，仅行款、语序存在差异(《集成》04188、04189)。2 号簋(《集成》04189)盖铭共 6 行 45 字(含重文 2，见图 2-3)：

南醽(申)伯太宰中爯父厥辞(嗣)，作其皇祖考徲(夷)王、监伯尊簋，用享用孝，用锡眉寿，纯祐康和，万年无疆，子子孙孙永宝用享。

---

① 河南省文物考古研究所、三门峡市文物工作队编著：《三门峡虢国墓》，文物出版社 1999 年版，第 45 页，图版一〇之 2。

② 中国科学院考古研究所编著：《上村岭虢国墓地》，科学出版社 1959 年版，图版拾玖之 1、2。

图 2-3　中爯父墓所出 2 号铜簋及其盖铭①

铭文“𬙊”字，古文字资料常见，以前有很多考释意见。寿县蔡侯墓、曾侯乙墓及中爯父墓相关文字材料刊布后，可以确认该字应读为“申”。裘锡圭、李家浩等先生对该字及其异体字的考释历史作过系统梳理，并认为它是绅束之绅的初文，古文字资料中一般应读为申。② 李学勤先生赞同将“𬙊”读为申，并认为“仲爯父”是太宰的字、“厥辞”是太宰的名，“徲王”即周夷王燮，监伯系夷王之子。③ “南申”在国族名“申”前冠以方位词“南”，表明其方位在成周以南，以区别于清华简《系年》第二章“平王走西申”之西申。④ “中爯

① 铜簋照片采自张正明、邵学海主编：《长江流域古代美术(史前至东汉)·青铜器》，湖北教育出版社 2002 年版，第 124 页。拓片采自《集成》04189。

② 裘锡圭、李家浩：《谈曾侯乙墓钟磬铭文中的几个字》，《裘锡圭学术文集》3，复旦大学出版社 2012 年版，第 54~60 页。

③ 李学勤：《论中爯父簋与申国》，《中原文物》1984 年第 4 期。

④ 徐少华：《“平王走(奔)西申”及相关史地考论》，《历史研究》2015 年第 2 期。

父”为器主，“太宰”是其官名，又称冢宰。《周礼·天官·冢宰》：“乃立天官冢宰，使帅其属而掌邦治，以佐王均邦国。”①太宰总领众官，相当于后世的宰相。这对铜簋是担任南申国太宰的仲爯父为祖考夷王、监伯制作的祭器。中爯父的祖考为夷王、监伯，则他出自周王室，且与宣王为同辈昆弟，很可能是宣王分封南申国时的第一任太宰。周宣王封元舅申伯于南阳盆地，同时又任命王室贵族仲爯父出任太宰之职，其政治意图不言而喻：一方面让仲爯父协助申伯处理政务，稳定和壮大申国在南土的地位，以求重理南部疆土；另一方面仲爯父作为王室成员，可以联络、协调周王室与南土诸国的关系。

关于中爯父簋，李学勤先生认为是宣王时期的标准器。② 刘雨先生认为属春秋早期，理由是“太宰”之名春秋时期才出现，“夷王”属于西周晚期至春秋时期诸小国称王的情况，例同“吕王”(《集成》0635、09630)、“幾王”(《集成》04331)、“釐王”(《集成》02830)等，“监伯”是监国之君，中爯父是其子。③ 今按：内蒙古巴彦胡硕出土的邢姜太宰巳簋(《集成》03896)已见“太宰”之名。该簋是邢侯夫人的太宰巳自作用器，其形制、纹饰与传世西周晚期鄂侯簋(《集成》03928)、扶风齐村窖藏出土的丰邢叔簋(《集成》03923)相近，年代应为西周晚期，证明“太宰”之名至迟在西周晚期即已出现。所以，中爯父簋为西周晚期器，应是比较可信的。

(二)万家园 M202、M199、M124 和 M181

在中爯父墓西北不远的万家园小区(独山大道与光武路交叉口东北)，考古部门在 2005 年清理了一批墓葬，已公布的 M202、M199、M181、M124 均系周代墓葬。M202 位于发掘区的东南，原地势较高。该墓为长方形土坑竖穴墓，方向朝北，一椁一棺。墓葬东南角被西汉早期墓葬打破，但墓室未遭

① 郑玄注，贾公彦疏：《周礼注疏》卷 1，《十三经注疏(附校勘记)》(影印阮元校勘缩印本)，中华书局 1980 年版，第 639 页。

② 李学勤：《论中爯父簋与申国》，《中原文物》1984 年第 4 期。

③ 刘雨：《南阳仲爯父簋不是宣王标准器》，《古文字研究》第 18 辑，中华书局 1992 年版，第 395 页。

盗扰。随葬器物有铜戈、车马器、玉覆面等185件，未见铜容器。仅有的一件铜戈(M202：156)，前援被有意折毁，援、胡部有铭文5字：“辅伯作兵戈。”发掘者认为“辅”通甫，文献中甫又称吕，则“辅伯”是吕国国君，该器是吕君赗赠墓主之物，墓葬年代为西周晚期；又据铜戈、玉圭等随葬品，推测墓主为男性，且可能是与吕国有关的高级贵族。① 徐少华先生提出了不同意见，他指出辅伯戈形制与晋侯墓地M93所出铜戈基本相同，属于春秋早期，不早于两周之际，器主乃妘姓辅(偪阳)国贵族，但墓主为申国贵族，年代也是春秋早期。② 我们赞同徐先生的意见，即墓葬年代为春秋早期，墓主应是申国贵族。万家园M202没有随葬铜礼器，墓口仅南北3、东西2.1米，墓葬等级并不突出。但墓主使用的一套玉覆面，由51件不同形状的玉饰件拼缀而成，每件玉饰边缘均有钻孔，制作精巧讲究。(参见图2-4)《仪礼·士丧礼》载：“幎目用缁，方尺二寸，赪里，著，组系。”郑玄注：“幎目，覆面者也。”③幎目是覆在死者面部的丝帛，高级贵族会在丝帛上缀玉，即缀玉幎目。④ 玉覆面实为缀玉幎目之缀玉饰，作为身份地位的象征，西周中晚期时一般只供诸侯级别的高等贵族享用。⑤ 由此来看，作为申国普通贵族的万家园M202墓主，竟以缀玉幎目随葬，这或与东周以后礼崩乐坏的历史背景有关。该墓墓主的性别，仅据戈、圭等随葬品，恐怕还难以论定。

万家园M199亦为竖穴土坑，方向朝北，因施工破坏严重，墓口尺寸、葬具均不详。该墓出土铜器、玉器、陶器、玛瑙、骨器等共180多件，其中

① 南阳市文物考古研究所：《河南南阳市万家园M202发掘简报》，《中原文物》2007年第5期。

② 徐少华：《南阳新出“辅伯作兵戈”的年代和族属》，《考古》2009年第8期。

③ 郑玄注，贾公彦疏：《仪礼注疏》卷35，《十三经注疏(附校勘记)》上册(影印阮元校勘缩印本)，中华书局1980年版，第1131页。

④ 高崇文：《试论先秦两汉丧葬礼俗的演变》，《考古学报》2006年第4期；收入《古礼足征：礼制文化的考古学研究》，上海古籍出版社2017年版，第142~143页。

⑤ 西周时期的玉覆面是诸侯一级贵族的专用之物，参孙庆伟：《出土资料所见的西周礼仪用玉》，《南方文物》2007年第1期；《周代用玉制度研究》，上海古籍出版社2018年版，第236~245页。

图 2-4　万家园 M202 出土玉覆面①

铜礼器有列鼎 3、簋 4、盘 1、盉 1。这些铜器在形制上与中爯父墓所出鼎、簋、盘十分接近，但制作粗劣，未经后期打磨，器表范缝明显，纹饰亦疏略，器型较小，显然是一套明器。(参见图 2-5)发掘报告将该墓年代定在春秋早期早段。② 但结合随葬铜礼器的特征看，该墓年代或略早。M199 出土的 3 件铜鼎形制相同，均折沿方唇，口微敛，鼓腹，圜底近平，立耳，三兽足下端肥大。口沿下饰重环纹和凸弦纹各一周。其形制、纹饰与上述中爯父鼎如出一范，与三门峡虢国墓地 M2001：130、M2001：150 重环纹鼎亦接近。③ 簋敛口鼓腹，矮圈足外侈，下有三个小兽头扁足，腹两侧有一对兽首耳，有垂珥，盖顶隆起，有圈状捉手。近盖沿、口沿处各饰重环纹一周，盖

① 采自南阳市文物考古研究所：《河南南阳市万家园 M202 发掘简报》，《中原文物》2007 年第 5 期。

② 南阳市文物考古研究所：《河南南阳万家园 M199 春秋墓发掘简报》，《江汉考古》2015 年第 5 期。

③ 河南省文物考古研究所、三门峡市文物工作队编著：《三门峡虢国墓》，文物出版社 1999 年版，第 35~36 页，图版七之 2、4。

图 2-5　万家园 M199 出土铜器和陶鬲①

上、器腹饰瓦楞纹，圈足饰垂鳞纹。其形制与三门峡虢国墓 M2001 之 95 号簋相近②。盘作折沿方唇，腹较浅，圈足外侈，腹两侧有一对附耳高出器

① 铜器图片采自南阳市文物考古研究所等编著：《吉金墨影：南阳出土青铜器全形拓》，河南美术出版社 2016 年版，第 18、34、50、48 页；陶鬲图片采自南阳市文物考古研究所：《河南南阳万家园 M199 春秋墓发掘简报》，《江汉考古》2015 年第 5 期。

② 河南省文物考古研究所、三门峡市文物工作队编著：《三门峡虢国墓》，文物出版社 1999 年版，第 45 页，图版一〇之 2。

口。腹饰重环纹，圈足饰垂鳞纹。其形制与上村岭虢国墓 M1705：11 之Ⅰ式盘相近①。盉体呈扁圆形，长方形口，短颈。凤鸟形盖，管状流，兽首形鋬，下有四扁足。腹两侧中央饰窃曲纹，外围饰重环纹。其形制与三门峡虢国墓 M2001：96 龙纹盉相似②。三门峡虢国墓 M2001 的年代为西周晚期晚段，M1705 的年代为两周之际。所以，万家园 M199 的年代可能不晚于春秋早期早段。

万家园 M124(简报称华鑫苑小区 M124)未被盗扰，保存较好。该墓亦为竖穴土坑，方向朝北，墓口南北 3.4、东西 1.6 米，葬具不明。墓室北部有器物箱，随葬铜盂鼎 2、簠 1、盏 2、舟 1，铜戈 1、匕首 1，车马器 4，陶鬲 1，玉器 3 等。简报认为 M124 所出铜鼎、簠、戈与下寺 M1：67 鼎、M1：45 簠、M2：94 戈相近，铜盏与乔家院 M4：10 铜盏相近，定其年代为春秋晚期早段，又推测墓主为男性,③ 都是可信的。该墓出土的唯一一件铜戈(M124：14)，胡部铸有 6 字铭文："□君臣之用戈。""君"前一字残泐，可能是国族之名。

与上述三座北向墓不同，万家园 M181 方向朝东。该墓形制亦为竖穴土坑，墓口、墓底同大，东西 4.3、南北 3 米，墓底有熟土二层台，葬具为一椁二棺。该墓虽被盗，但未及椁室，随葬品保存较好，计有铜鼎 3(盂鼎 1、平盖鼎 2)、簠 2、盏 1、浴缶 1、盘 1、匜 1、洗 1，以及兵器、车马器、玉器、陶器等。发掘简报将该墓定为春秋中期晚段，认为不晚于春秋晚期早段。④ 该墓有些铜器确实有偏早的特点，如 B 型Ⅱ式鼎(M 181：7)、盏(M181：12)，但其他铜器如短平流的平底匜、三环钮足盘等，基本上属春秋晚期晚段的典型风格。所以，该墓年代应是春秋晚期偏晚，墓主为男性。

---

① 中国科学院考古研究所编著：《上村岭虢国墓地》，科学出版社 1959 年版，图版肆伍之 3。

② 河南省文物考古研究所、三门峡市文物工作队编著：《三门峡虢国墓》，文物出版社 1999 年版，第 66~67 页，彩版六之 6。

③ 南阳市文物考古研究所：《河南南阳市华鑫苑小区 M124 发掘简报》，《华夏考古》2015 年第 3 期

④ 南阳市文物考古研究所：《南阳市万家园 M181 发掘简报》，《中原文物》2009 年第 1 期。

从文化因素上看，该墓出土两件平盖鼎(M181：6、M181：7)，1件陶鬲(M181：14)为卷沿、折肩、瘪裆、锥足，均有春秋时期淮河流域的特点。牺尊(M181：15)与信阳平桥区平西M5牺尊相近①，只是不如后者精致。由此来看，万家园M181墓主或是来自淮河中游地区的楚系贵族。

综上来看，万家园墓地中的中爯父墓、M202、M199均为西周晚期，M124年代为春秋晚期早段。这四座墓除了中爯父墓方向不明，其他三座均朝北，透露了族属身份的一致性，证明墓主都应属申国贵族。前三座墓随葬的铜礼器，器类、组合、形制及纹饰特点，均与典型周器无异，说明当时的申国在物质文化面貌上受周人影响较大，属于姬周文化系统。M124随葬铜器已是典型楚系风格，说明这位申国贵族在器用上受到楚文化的强烈影响。

此外，还不能忽视一个重要现象，即M181与M199、M124一样，均随葬1件陶鬲。M202东南角被西汉早期墓打破到底，不能确定是否随葬陶鬲。随葬1件陶鬲的葬俗，在姬周贵族墓葬较为常见，如丰镐地区的张家坡墓地、客省庄墓地②，山西天马—曲村墓地③、北赵晋侯墓地④、羊舌晋侯墓

---

① 信阳地区文管会、信阳市文管会：《河南信阳市平西五号春秋墓发掘简报》，《考古》1989年第1期；信阳博物馆编著：《信阳博物馆藏青铜器》，文物出版社2018年版，第122~123页。

② 张家坡西周墓各种等级墓葬都有随葬1件陶鬲者，一椁两棺墓如M211、M253。一棺一椁墓M145、M166 、M216、M315 、M320，一棺墓如M257。客省庄墓葬常在二层台正中或一角放1件陶鬲。参中国社会科学院考古研究所编著：《张家坡西周墓地》，中国大百科全书出版社1999年版，第382~416页；中国科学院考古研究所编：《沣西发掘报告》，文物出版社1963年版，第116页。

③ 北京大学考古系商周组、山西省考古研究所编著(邹衡主编)：《天马—曲村(1980—1989)》第二册，科学出版社2000年版，第773~880页。

④ 北京大学考古系、山西省考古研究所：《1992年春天马—曲村遗址墓葬发掘报告》，《文物》1993年第3期；《天马—曲村遗址北赵晋侯墓地第二次发掘》，《文物》1994年第1期；《天马—曲村遗址北赵晋侯墓地第三次发掘》，《文物》1994年第8期；《天马—曲村遗址北赵晋侯墓地第五次发掘》，《文物》1995年第7期；《天马—曲村遗址北赵晋侯墓地第六次发掘》，《文物》2001年第8期。山西省考古研究所、北京大学考古系：《天马—曲村遗址北赵晋侯墓地第四次发掘》，《文物》1994年第8期。

地①、侯马上马墓地②，平顶山应国墓地③，随州叶家山曾国墓地④等。与姬周人群来往密切的一些小国，也常见随葬1件陶鬲的现象，如横水倗国墓地⑤、翼城大河口霸国墓地⑥。南申国属姜姓，与周王室互为甥舅之国，葬俗上难免受之影响。M199、M124出土陶鬲均为束颈、鼓肩、联裆、矮柱足，亦属于周文化系统，与江汉地区流行的楚式鬲明显有别⑦。随葬1件陶鬲的葬俗和陶鬲的形制特点，证明申国改封南土之后，在葬俗上、陶器风格上依然保持姬周文化传统，这甚至影响到后来葬入的楚系其他贵族。

二、李八庙墓地

李八庙墓地位于南阳市李八庙村小盆窑组西南，西距白河约0.8千米，

---

① 山西省考古研究所、曲沃县文物局：《山西曲沃羊舌晋侯墓地发掘简报》，《文物》2009年第1期。

② 山西省考古研究所编：《上马墓地》，文物出版社1994年版，第303~304页。

③ 河南省文物考古研究所、平顶山市文物管理局编：《平顶山应国墓地》，大象出版社2012年版，第937~951页。

④ 叶家山墓地M1、M2、M65、M28、M107、M111等，参湖北省文物考古研究所等：《湖北随州叶家山西周墓地发掘简报》，《文物》2011年第11期；《湖北随州叶家山M65发掘简报》，《江汉考古》2011年第3期；《湖北随州叶家山M28发掘简报》，《江汉考古》2013年第4期；《湖北随州叶家山M107发掘简报》，《江汉考古》2016年第3期；《湖北随州叶家山西周墓地第二次发掘的主要收获》，《江汉考古》2013年第3期。

⑤ 横水墓地单独随葬陶鬲的墓葬数量最多，且单独随葬一种器物者均为陶鬲(17座)，且为男性墓，如M1、M2、M2158，参谢尧亭：《晋南地区西周墓葬研究》，吉林大学博士学位论文，2010年，第115页；山西省考古研究所等：《山西绛县横水西周墓发掘简报》，《文物》2006年第8期；《山西绛县横水西周墓地M2158发掘简报》，《考古》2019年第1期。

⑥ 如大河口墓M2、M1017、M2002、M1038、M1028等，参山西省考古研究所等：《山西翼城大河口西周墓地1017号墓发掘》，《考古学报》2018年第1期；《山西翼城大河口西周墓地2002号墓发掘》，《考古学报》2018年第2期；山西省考古所大河口墓地联合考古队：《山西翼城县大河口西周墓地》，《考古》2011年第7期。

⑦ 楚式鬲的特征是高颈、高裆、高足，参郭德维：《楚系墓葬研究》，湖北教育出版社1995年版，第200~201页。

西南距南阳市区约 10 千米。墓地范围属于白河东岸的二级阶地，地势平坦开阔，西邻白河的支流赵河，北侧为一废弃的窑场。整个墓地呈长方形，南北长 200、东西宽 150 米，面积约 3 万平方米。墓葬集中分布在该区域中部略高的位置，大致呈东北-西南向。李八庙墓地附近古代遗址丰富，既有姜营、李八庙等聚落遗址，也有一些东周和汉代墓葬。①

2018—2019 年，考古部门在李八庙村清理发掘遗迹 230 处，其中东周墓葬 197 座、车马坑 2 座，出土陶、铜、铅、玉、石等文物 225 件(组)。② 这个墓地的墓葬分布密集，墓与墓之间的间距一般在 2~3 米，只有 1 例打破关系(M107→M108)，未见叠压关系(参见图 2-6)。

(一)李八庙墓地的基本特征

1. 墓葬规模普遍较小，但等级分明

发掘简报根据墓口大小，划分为中型墓葬和小型墓葬两类。46 座中型墓墓口长 2.1~4.3、宽 1.1~2.8 米，显然也只有小型墓的规模。有 3 座墓(M59、M88、M98)的开口长度超过 4 米，最大的 1 座 M98 开口 4.3 米。葬具方面，一椁两棺墓有 1 座，一椁一棺墓有 45 座，一棺墓 137 座，其余 14 座无葬具。从墓葬开口和葬具使用上，可知这个墓地是以小型墓葬为主的邦墓地。当然，在这些小型墓中间，依然存在清晰的等级差序。

夏孝言先生根据墓葬开口长度的不同，将这批墓葬分为 3 米(含 3 米)以上、2 米(含 2 米)至 3 米、2 米以下三个等级。③ 墓葬开口长度在 3 米(含 3 米)以上者 29 座。出土铜器、仿铜陶礼器、玉圭的墓葬均属此一等级，表明

---

① 河南省文物考古研究院等：《南阳李八庙东周墓地发掘简报》，《中原文物》2020 年第 5 期。

② 河南省文物考古研究院等：《南阳李八庙东周墓地发掘简报》，《中原文物》2020 年第 5 期。

③ 夏孝言：《融合与分化：从南申国到楚申县的考古学观察》，郑州大学硕士学位论文，2019 年，第 35~36 页。按：下文关于李家庙墓地的统计数字，多数出自该文，不再一一出注。

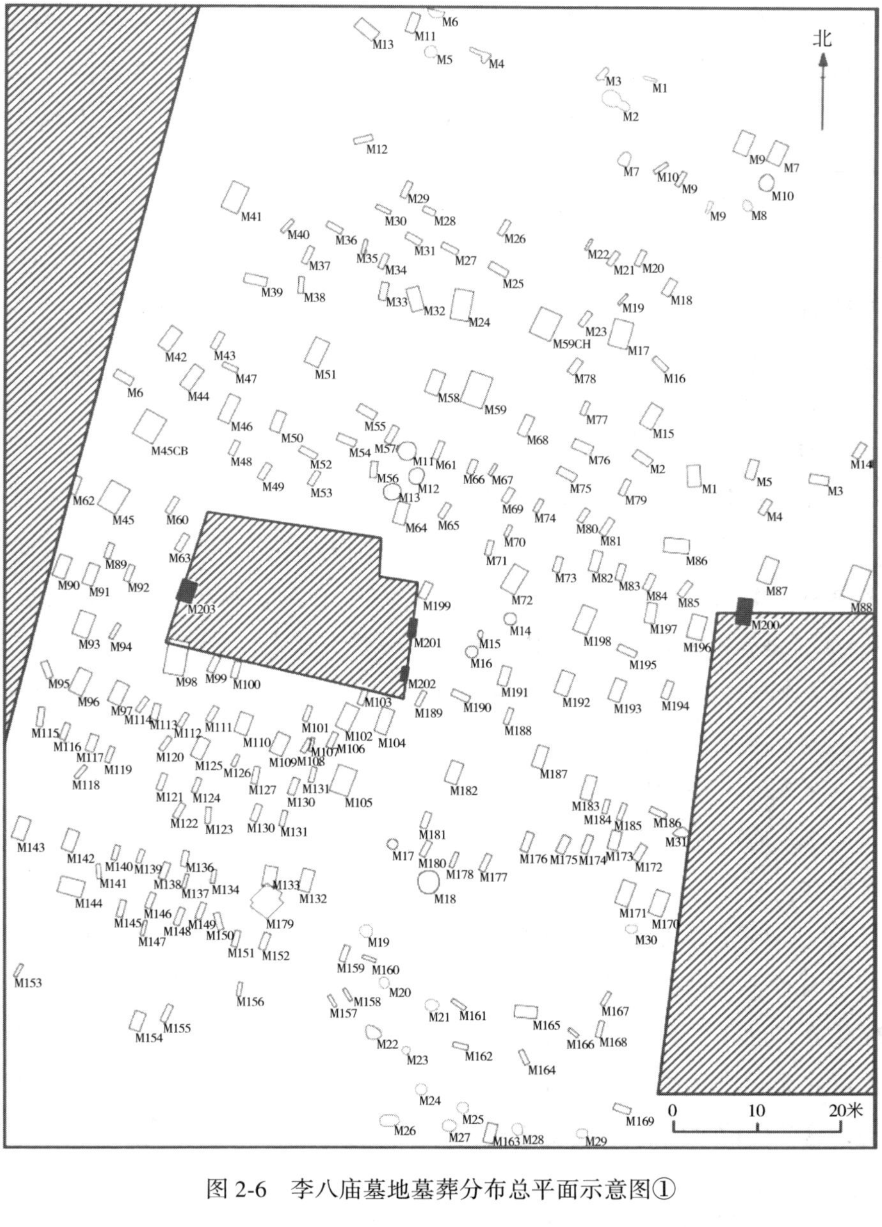

图 2-6 李八庙墓地墓葬分布总平面示意图①

① 图片采自河南省文物考古研究院等：《南阳李八庙东周墓地发掘简报》，《中原文物》2020 年第 5 期。

这类墓葬的墓主身份地位较高，可能为士一级的贵族。不过，这些贵族的经济状况也难以称善，因为除了 M59 随葬 2 件申伯铜戈及一定数量的车马器外，其余墓葬均以随葬陶器为主。一些墓葬仅随葬玉圭、玉玦或玉琀等小件玉器（如 M87、M93、M98）。开口在 3 米以下的墓葬共 168 座，占墓葬总数的 85%。墓葬中随葬品以日用陶器为主，说明这类墓葬的墓主身份应为平民；另有 140 座墓没有任何随葬品，占墓葬总数的 71%，墓主大概属于一贫如洗的平民。

2. 不同葬俗并存，主体人群特点突出

头向方面，该墓地北向墓共 127 座，占墓葬总数的 64.5%。其次为南向，共 38 座，占墓葬总数的 19.2%。东西向者仅 32 座，占墓葬总数的 16.3%。由此来看，墓地中占主导地位的人群是头向朝北者，这与万家园申国贵族墓的头向一致，说明他们在族属上也应是申人。例如位于墓区北部的 M59，方向 20°，随葬两件申伯戈，发掘简报认为“该墓的墓主人应为宣王时南封的申伯之后”①，是有道理的。其他头向者大概是一些土著人群。此外，李八庙墓地共清理 2 座车马坑，其中 K1 位于 M59 东北约 8.2 米处，K2 位于 M45 东北 6.2 米处，应分别属于 M59、M45。这两个车马坑均葬一车二马，车辕向北，马面向西，而车马器拆散葬在墓穴内。这些方面具有姬周文化的特征。

李八庙一部分墓葬有壁龛和腰坑，但占比较低。据统计，有 22 座墓带有壁龛，占墓葬总数的 11.1%。壁龛内多放置日用陶器，说明墓主为平民。有 58 座墓挖有腰坑，占墓葬总数的 27.9%。腰坑既见于士一级的墓葬（如南向墓 M87、北向墓 M88），也有平民墓（如南向墓 M84、M85），既见于南北向墓葬，也有东西向墓葬（如东向墓 M47），可见腰坑使用与墓葬等级和特定人群并无必然联系。除 M88 腰坑内有数枚兽牙外，其余腰坑内均无任何遗物，这与中原地区小型墓腰坑多空置的情形相似。②

---

① 河南省文物考古研究院等：《南阳李八庙东周墓地发掘简报》，《中原文物》2020 年第 5 期。

② 杨华：《论黄河流域先秦时期腰坑墓葬俗文化——兼说与长江流域同类墓葬俗的关系》，《华夏考古》2008 年第 1 期。

3. 随葬器物以日用陶器组合占绝大多数

据统计，随葬日用陶器的墓葬共有 32 座，占出土随葬品墓葬总数的 57%。日用陶器的基本组合是鬲、盂、豆、罐，一般各 1 件，少数墓葬随葬 2 件陶豆。不同规模的墓葬在器类上或有增减(参见表 2-1)。最常见的陶器组合有鬲、盂、豆、罐(9 座)，鬲、盂、豆(11 座)，鬲、盂、罐(6 座)，共占出土陶器墓总数的 81%。等级较高的墓葬有铜器、铅器、玉石器组合，或者仿铜陶礼器、日用陶器和玉器组合。如 M45 随葬品有车马器、铅戈和玉玦。M59 随葬器物是车马器、兵器、玉石饰件等。M88 随葬鼎、簠、豆、罐及玉珩。再次一级的墓葬使用仿铜陶礼器和日用陶器随葬。如遭盗扰的 M86，随葬有鼎、盂、豆、罐，器类可能不完整。器物在墓穴内的摆放位置

表 2-1　李八庙墓葬开口长度、葬具与随葬品对应关系表①

开口长度 / 葬具 / 随葬品	3 米以上(含 3 米)		2 米(含 2 米)至 3 米			2 米以下		合计
	两棺一椁	一棺一椁	一棺一椁	单棺	无	单棺	无	
铜器(车马器、兵器)		2		1				3
日用陶器		2	2	22		2		28
仿铜陶礼器、日用陶器		1						1
仿铜陶礼器、日用陶器、玉器		1						1
玉器(玉饰件)	1	6	1	12		1		21
日用陶器、玉器				4				4
无		16	14	76	7	19	7	139
合计	1	28	17	115	7	22	7	197

① 夏孝言：《融合与分化：从南申国到楚申县的考古学观察》，郑州大学硕士学位论文，2019 年，第 35 页。

也有一定规律。22座壁龛墓中，壁龛内均有随葬品，8座位于墓主头端，14座位于墓主两侧的墓壁中部或偏向头部的一端。10座头向确定的墓葬，随葬陶器均位于墓主头端。发掘报告通过对李八庙墓葬出土器物组合及形制特征的比较分析，指出其考古学文化“渊源来自周王朝的统治核心区，同时部分器型又受到豫南、鄂北等地区楚文化的影响”①。

(二)李八庙墓地的年代和布局

发掘报告将34座陶器墓分为四期：第一期14座，年代为春秋早期晚段或稍晚；第二期8座，年代为春秋中期；第三期10座，年代为春秋晚期；第四期2座，年代为春秋晚期或稍晚。两座铜器墓M59、M45的年代，发掘报告均定为春秋早期偏晚。② 夏孝言将李八庙墓葬分为春秋早期、中期、晚期，并将M59、M45年代定为春秋早期早段。③ M59出土2件铜戈(参见图2-7)，胡部皆有铭文：“申伯□之用戈。”第三字应为“申伯”私名，残泐难释。这两件戈形制略有不同，其中一件三角前锋斜直，另一件略显弧润，援上均起脊线，胡部与援部夹角大于90°，阑侧有穿4个，体现了相对较晚的作风。比较而言，发掘报告将这两件铜戈及其墓葬定为春秋早期偏晚，还是比较合理的。

从目前发掘资料来看，李八庙墓地至少在春秋早期偏晚已开始使用，一直延续到了春秋末年，几乎贯穿了春秋时期的大部。已发掘诸墓中，仅存一例打破关系(M107→M108)，说明这处平民墓地存在着人为规划和管理，与《周礼·春官·墓大夫》记载“墓大夫掌凡邦墓之地域，为之图。令国民族葬，而掌其禁令，正其位，掌其度数，使皆有私地域”，是较为吻合的。在空间

---

① 河南省文物考古研究院等：《南阳李八庙东周墓地发掘简报》，《中原文物》2020年第5期。

② 河南省文物考古研究院等：《南阳李八庙东周墓地发掘简报》，《中原文物》2020年第5期。

③ 夏孝言：《融合与分化：从南申国到楚申县的考古学观察》，郑州大学硕士学位论文，2019年，第47~49页。

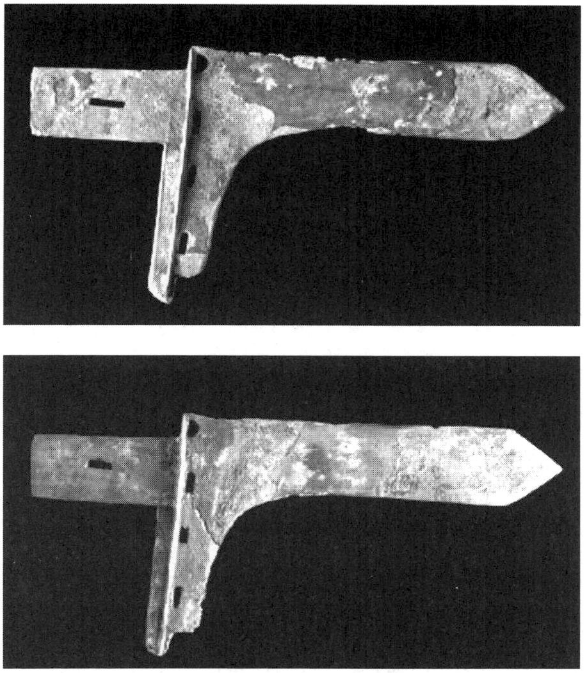

图 2-7　李八庙 M59 出土铜戈①

布局上，李八庙北区墓葬整体上要早于南区墓葬，呈现出从北往南依次埋葬的趋势。规模较大的墓分布相对分散，其周围往往环伺着小型墓葬，说明这些墓葬之间可能存在某种亲近关系。等级高的墓葬大多仅随葬日用陶器，随葬品呈现出趋同且较为低端的特征，“器形古朴，陶质较差”(发掘简报语)，说明李八庙墓地应是埋葬申国下层民众的邦墓地。

(三)李八庙 M1

在李八庙墓地以北不远，2004 年李八庙砖瓦窑厂在取土时破坏一座古

① 采自河南省文物考古研究院等:《南阳李八庙东周墓地发掘简报》,《中原文物》2020 年第 5 期。

墓，当地考古部门闻讯进行了铜器收缴和清理发掘。该墓编号为M1，形制为竖穴土坑，方向朝东。残存随葬品有平盖鼎2、甗1、盆(简报作“盏”)1、浴缶1、盘1、匜1及兵器20件。其中M1：1号鼎内腹有5行29字铭文(含重文2)：“唯正月初吉丁亥，番子择其吉金，自作飤鼎，眉寿无疆，子子孙孙永保用之。”发掘简报认为该墓是楚墓，年代为春秋中期偏晚或晚期偏早，墓主为士一级的贵族，番子鼎可能是番国国君赠予墓主的。① 徐少华先生指出该墓与淅川下寺M7、钟祥黄土坡M35、山西隰县瓦窑坡M30年代接近，应属春秋中期偏晚，绝对年代在前610年前后，并赞同墓主为等级较低的楚国贵族。② 李八庙M1头向朝东，随葬品的文化因素亦属楚系，墓主应与申国无直接关系。若联系到万家园M181与淮河流域的联系，似乎还不能排除“番”子是李八庙M1墓主的可能。后来，南阳市文物考古研究所又在M1附近进行了小范围钻探，发掘土坑墓4座，出土了鬲、盂、豆、罐等陶器。③

古宛城东北的万家园墓地和李八庙墓地，位处白河西、东两岸，分别是申国的贵族墓葬区和平民墓葬区，也即申国的公墓地和邦墓地。贵族墓地和平民墓地分区而葬的情况，在周文化系统中较为常见，而与养国、霸国、倗国等邦外小国的情形很不相同。通过对这两处申国墓地墓葬材料的分析和讨论，可以得出四点认识：

其一，万家园墓地应是南申国受封以后不久开辟的，也是目前所见唯一的一处申国贵族墓地。由万家园M124年代来看，这座墓地至少在春秋晚期早段还在被申国贵族使用。万家园墓地的这一情况，印证了我们之前的一些认识，即楚文王灭申设县后，申国并未随之消亡，而是降为楚国附庸，且维

① 南阳市文物考古研究所：《河南南阳李八庙春秋楚墓清理简报》，《文物》2012年第4期。

② 徐少华：《河南南阳李八庙一号墓的年代与番子鼎之属性》，《考古》2019年第9期。

③ 这4座墓葬的资料尚未刊布。

持了相当长的一段时间。① 申国贵族也没有被立即改造为楚人，“入楚的申国公族，居所、采邑依然位于故国旧土”，《左传》的一些记载可以佐证。② 楚人主要笼络和利用的申国公族有申氏和申叔氏。③《左传》僖公二十八年（前632年）载城濮之战令尹子玉兵败，楚王派使者对他说：“大夫若入，其若申、息之老何？”杜注：“申、息二邑子弟，皆从子玉而死，言何以见其父老。”参加城濮之战的申、息子弟，显然也是有一定地位的申、息贵族。除了申国以外，楚人对其他被灭国族大概也采取了类似办法。比如尚如春先生对平顶山应国墓地M10和M301的研究，④ 表明直到战国早期，应国贵族后裔仍埋葬于应国的公墓地。

其二，李八庙墓地能够确定年代的墓葬数目，春秋早、中、晚几个阶段基本持平，显示出这个墓地经历了自然而平稳的发展过程。楚灭申这一事件对申国下层民众在政治层面上的影响可能并不大，但经济方面的冲击却是显而易见的。以李八庙墓地为例，已发掘的197座墓葬，140座无任何随葬品，34座墓仅随葬几件日用陶器。有附属车马坑的M45、M59的随葬品略微丰富，但也仅有少量兵器、车马器和玉器，未见铜礼器。这些现象表明申国下层民众的经济状况相当糟糕。《左传》成公七年云：“此申、吕所以邑也，是以为赋，以御北方。”为了满足频繁军事行动的需要，作为楚国军赋主要来源地之一的申邑，对当地民众的压榨和剥削可想而知。

其三，万家园墓地和李八庙墓地在春秋中晚期都有其他楚系贵族埋入，如万家园M181和李八庙M1墓向均朝东，随葬品与淮河流域存在密切联系，墓主可能是来自淮河中游地区的小国贵族。淮河流域的贵族缘何葬入申国墓地？我们分析，很可能与楚人的灭国迁民策略有关。楚对周边诸侯或灭其

① 徐少华：《从叔姜簠析古申国历史与文化的有关问题》，《文物》2005年第3期；田成方：《申氏铜器与楚申氏的族属》，《考古》2016年第12期。

② 田成方：《东周时期楚国宗族研究》，科学出版社2016年版，第169~170页。

③ 田成方：《东周时期楚国宗族研究》，科学出版社2016年版，第158~171页。

④ 尚如春：《平顶山应国墓地M10和M301的年代、墓主及相关问题》，《中国国家博物馆馆刊》2019年第10期。

国，或服其国。灭其国者，一类是县其民，有其地，一类是迁其民，空其地，以他地之人填充。① 迁民者，主要是迁徙旧国公族，如春秋早期迁权、迁罗，春秋晚期迁阴、蛮子赤等。最典型的例子是许国，更是被楚人一迁再迁。② 迁国移民的政策，在楚灵王时期达到了顶峰。③《左传》昭公十三年云："楚之灭蔡也，灵王迁许、胡、沈、道、房、申于荆焉。""迁申于荆"发生在楚灵王灭蔡(前531年)不久，万家园M181的埋葬年代与之接近。M181墓主或许是在"迁申于荆"后，被楚人安置于此的淮域之人。

其四，楚人灭申以后，在今南阳市区的西部开辟了申县墓地，由此形成了申县的楚墓区。类似情形也见于南阳盆地南端的邓国、楚邓县。楚人灭邓以后，在王坡、沈岗等邓国墓地以外，重新开辟山湾、蔡坡等邓县楚墓区。④ 同时，邓国遗民也有专属墓区——余岗墓地，其使用年代自春秋中期一直持续到战国中期早段。⑤ 由此来看，楚国在灭掉小国之后，通常不会立即打散原来居民的基层组织，而是采取了渐进融合、缓慢同化的方式，缓解亡国民众的抵触情绪，这无疑有利于楚国在新占土地上的统治和管理。

---

① 何浩：《楚灭国方略述评》，《楚灭国研究》，武汉出版社1989年版，第89~121页；徐少华：《周代南土历史地理与文化》，武汉大学出版社1994年版，第300~303页。

② 徐少华：《周代南土历史地理与文化》，武汉大学出版社1994年版，第203~205页。

③ 晏昌贵：《楚灵王迁国移民考》，《江汉论坛》1990年第12期。

④ 王先福：《襄樊邓城区域两周遗存文化属性分析》，《襄阳考古探研》，科学出版社2016年版，第29~36页。

⑤ 襄阳市文物考古研究所编著(王志刚主编)：《余岗楚墓》，科学出版社2011年版，第410~412页；尚如春：《东周时期楚国社会变迁研究——以江汉淮地区墓葬为中心》，吉林大学博士学位论文，2019年，第188~193页。

第三章　淅川下寺薳氏墓地

1978—1979年、1990—1991年、2006—2007年，考古工作者在河南淅川下寺、和尚岭和徐家岭先后发掘一批东周楚墓，出土大量有铭铜器。① 铭文资料显示，三处墓地均与东周时期的楚国大族——薳氏有关。这批家族墓葬资料，上起春秋中期，下至战国中晚期，持续时间长，等级身份高，出土文物丰富，是目前发现的最有规模、揭示也较为完整的楚国家族墓葬。关于淅川薳氏墓地，无论是其墓葬年代、墓主身份、墓地布局，抑或随葬器物、铜器铭文等，学界已有多方位的、深入的研究成果，但是在一些具体问题上，还存在一些争议，需要进一步探讨和辨析。

第一节　下寺墓地的族属和族氏

下寺墓地位于河南淅川县丹江水库以西的龙山山脊上，包括墓葬24座，祔葬车马坑5座，车马坑均位于主墓西邻(参见图3-1)。其中大、中型墓葬9座，大致沿龙山山脊南北有序分布。根据墓葬的空间分布和时代关系，发掘报告将这9座大中型楚墓分成甲、乙、丙三组，甲组位于龙山南端，包括M7、M8、M36。乙组居龙山中部，规模最大，在甲组北约100米，包括M1、

① 河南省文物研究所等：《淅川下寺春秋楚墓》，文物出版社1991年版；河南省文物考古研究所等编著：《淅川和尚岭与徐家岭楚墓》，大象出版社2004年版；河南省文物管理局南水北调文物保护办公室等：《河南淅川县徐家岭11号楚墓》，《考古》2008年第5期；王长丰、乔保同：《河南南阳徐家岭M11新出阬夫人嬬》，《中原文物》2009年第3期。

M2、M3、M4，15座小墓散布在该组墓地的南北。丙组南距乙组约90米，包括M10、M11。

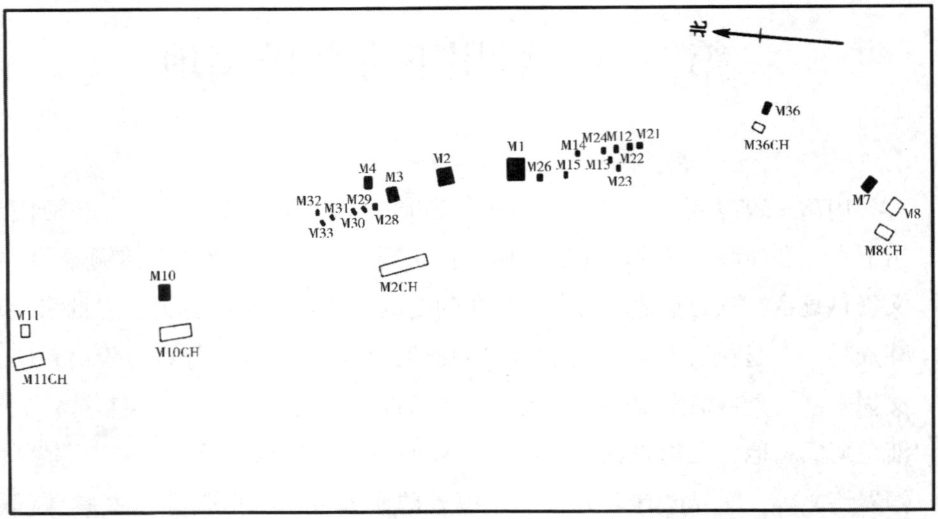

图3-1　淅川下寺薳氏家族墓地分布示意图①

由于发掘报告将下寺M2——这个墓地中最重要的一座墓的墓主定为楚庄王之子、楚康王时期的令尹子庚(公子午)，因而在发掘报告出版以后，学界对下寺M2墓主的身份、所出有铭铜器的内容及墓地的族属等，展开过深入、激烈的讨论，但淅川和尚岭和徐家岭的发掘证实下寺楚墓确属楚薳氏的族墓地②。近年来，又有学者提出淅川下寺、和尚岭和徐家岭是楚斗氏墓地的说法。③ 为了进一步澄清下寺墓地的族属问题，下文从下寺M2墓主身份的争议谈起，就楚叔的身份、墓主氏称的写法等问题加以考析。

① 采自河南省文物研究所等：《淅川下寺春秋楚墓》，文物出版社1991年版，第3页。

② 袁艳玲、张闻捷：《楚系青铜器的分期与年代》，《考古学报》2015年第4期。

③ 陶亮、于璐：《淅川楚墓与楚国鬭氏》，《中原文物》2015年第4期。

一、下寺 M2 的墓主身份和淅川楚墓的族属

(一)下寺 M2 的墓主身份

下寺乙组墓的主墓 M2 位于整个龙山的最高处，也是整个下寺墓葬群的中心处。这座墓的规模只比下寺 M1 略小，但出土器物却比 M1 丰富得多。下寺 M2 出土的有铭铜器，涉及时代相近的多个历史人物，这是造成 M2 墓主身份之争的根本所在。关于下寺 M2 的墓主，学界大致有三种观点：(1)楚庄王之子、楚康王时期的令尹子庚(与铜铭中的“倗”为一人)，墓葬年代为楚康王八年(前 552 年)。此说由下寺墓地的发掘者提出。① (2)墓主是蒍子冯，墓葬年代约在楚康王十二年(前 548 年)，李零先生、陈伟先生主此说。② (3)墓主是倗，倗是王子午的孙子、王孙诰的儿子，王子午即铭文中的“楚叔”，墓葬年代约在楚平王末年(约前 516 年)，以张亚初先生为代表。③

在分析这三种观点之前，先将下寺 M2 所出有铭铜器辑录如下：

倗繁鼎 2 件(M2：43、M2：47)：“倗之食繁。”

倗盂鼎 4 件(M2：42、M2：44、M2：46、M2：48)：“倗之食盂。”

① 河南省文物考古研究所等：《淅川下寺春秋楚墓》，文物出版社 1991 年版，第 321～324 页。

② 李零：《“楚叔之孙倗”究竟是谁——河南淅川下寺二号墓之墓主和年代问题的讨论》，《中原文物》1981 年第 4 期；陈伟：《淅川下寺二号楚墓墓主及相关问题》，《江汉考古》1983 年第 1 期。按：陈伟先生补充说明李零先生观点的同时，认为王子午鼎等器物是蒍子倗因王子午被抄家所得，他还认为王孙诰有可能是蒍子冯同时期的公子格。公子格的身份未详，然从年代上判断，公子格当与令尹子庚同时，身份为楚王之子，可能比王孙诰要早。

③ 张亚初：《淅川下寺二号墓年代与一号墓编钟的名称问题》，《文物》1985 年第 4 期。

倗滮鼎 1 件(M2：56)："楚叔之孙倗之滮鼎。"

王子午升鼎 7 件(M2：28、M2：30、M2：32、M2：34、M2：36、M2：38、M2：40)，盖铭作："倗之𩰫𪔂。"腹铭作："唯正月初吉丁亥，王子午择其吉金，自作𩰫彝𩰫鼎，用享以孝于我皇祖文考……令尹子庚殹民之所亟，万年无期，子孙是制。"

□□□荐鬲 2 件(M2：58、M2：59)，其中 1 件前五字被刮掉，1 件铭文前三字被刮掉："□□□荐鬲，子子孙孙永保用之。"

薳子倗簋 2 件(M2：63、M2：232)："楚叔□孙薳□倗之□。"

薳子倗浴缶 2 件(M2：51、M2：55)："楚叔之孙薳子倗之浴缶。"(参见图 3-2)

㿿(薳)子倗尊缶 2 件(M2：60、M2：61)："㿿子倗之尊缶。"(参见图 3-3)

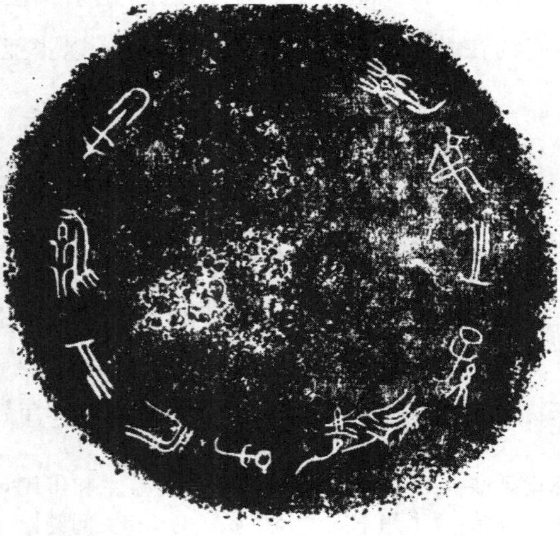

图 3-2 薳子倗浴缶(M2：55)盖铭

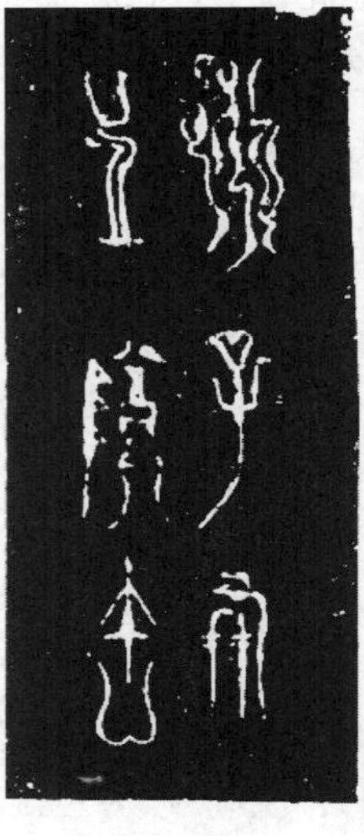

图 3-3 㿿子倗尊缶(M2：61)盖铭

倗盥盘、匜 1 套(M2：52、M2：53)，均作："倗之盥盘。"

□鉴 1 件(M2：50)，仅存三字，可辨"止"字。

王孙诰甬钟 26 件（M2：1～26），铭文 113 字："唯正月初吉丁亥，王孙诰择其吉金，自作龢钟……敬事楚王……以乐楚王、诸侯、嘉宾及我父兄、诸士……"

王孙诰戟 2 件（M2：72、M2：84）："王孙诰之行戟。"

王子午戟 2 件（M2：74、M2：94）："王子午之行戟。"

倗戈 1 件（M2：82）："新命楚王□应受天胡部命，倗用燮不廷阳利内部正面歔□唯□□□内部背面。"

倗矛 1 件（M2：88）："倗之用矛。"

不仅"楚叔之孙薳子倗"的铭文铜器数量最多，而且繁鼎、盂鼎、湅鼎、簋、尊缶、浴缶、盘、匜等铜礼器都是"倗"的自作器物。即使在王子午升鼎重新配的鼎盖上，也铸上了"倗"的名字，这无疑反映了这套升鼎的归属，已由铸造者王子午易手给了"倗"。因此，"楚叔之孙薳子倗"无疑应是下寺 M2 的墓主。发掘报告并未否认薳子倗是墓主，但又认为薳子倗即王子午。然据史书记载，王子午即令尹子庚，乃楚庄王之子。《左传》襄公十二年记载："楚司马子庚聘于秦，为夫人宁，礼也。"杜注："子庚，庄王子午。"《说苑·权谋》记载此事说："楚公子午使于秦，秦囚之。"对比可知，子庚即公子午。宋公文先生《令尹子庚传考》考证道：

子庚，名午，亦称公子午、王子午，楚庄王子，楚共王弟。楚共王晚期任司马。楚康王元年（前 559 年）冬，前令尹子囊死，他接任令尹，至康王八年（前 552 年）夏病故，在任近七年。①

令尹子庚卒于前 552 年夏，这与下寺 M2 墓葬出土器物的时代特征相符，但

① 宋公文：《楚史新探》，河南大学出版社 1988 年版，第 225 页。

这并不能说明他与铜铭中的薳子倗就是同一人。下寺发掘报告推测“薳子倗”是令尹子庚的号,① 当有误。首先,“薳子倗”中的“薳”显然是氏称,将“薳子倗”理解作王子午的号,不符合春秋时期的称谓习惯。其次,春秋时期人名与字之间多有联系,如孙叔敖又称作蔿敖、蔿艾猎,大概与其长相似猛兽有关。申公巫臣又称子灵、屈巫。《说文解字·玉部》:“灵,靈巫,以玉事神。从玉,霝声。灵,靈或从巫。”“灵”本是以玉事神的巫,子灵的称呼显然跟他作为巫臣的身份有关。令尹子庚的“庚”是十天干的第七,王子午的“午”是十二地支的第七,庚和午极可能与子庚出生的时间有关。铜器铭文中常见“初吉庚午”或“吉日庚午”的记载,《诗·小雅·吉日》:“吉日庚午,既差我马。”郑笺:“外事以刚日差择也。”②令尹子庚大概出生在庚午日,楚庄王便以午为其名、庚为其号。③ 而“薳子倗”之称谓显然与记日记时的干支没有任何联系,不可能是令尹子庚的别号。再次,器主自称“楚叔之孙薳子倗”,又作“楚叔之孙倗”,说明“倗”乃私名,“薳”为氏称,“楚叔”是其先祖。我们知道,令尹子庚的父亲是楚庄王,祖父是楚穆王商臣。商臣是楚成王时的太子,排行靠前,不可能是叔字辈。作为楚穆王之孙,子庚只可能称“王孙”,而非“楚叔之孙”。称谓上亦充分证明,薳子倗与令尹子庚应该是两个人的名字。

需要特别注意的是下寺 M2 出土的七件王子午升鼎。盖铭自称“倗之𩱛𪔂”,腹铭则云王子午自作用器。李零先生指出,这七件带有倗之盖铭的升鼎,无论器铭是铸是刻,都可说明器物已另易主人,归薳子倗所有。④ 我们

① 河南省文物考古研究所等:《淅川下寺春秋楚墓》,文物出版社 1991 年版,第 324 页。

② 郑玄笺,孔颖达疏:《毛诗正义》,《十三经注疏(附校勘记)》(影印阮元校勘缩印本),中华书局 1980 年版,第 429 页。

③ 王引之撰,虞思徵、马涛、徐炜君校点:《经义述闻》卷 23《春秋名字解诂》“楚王子午字子庚”条,上海古籍出版社 2016 年版,第 1405 页;张亚初:《淅川下寺二号墓年代与一号墓编钟的名称问题》,《文物》1985 年第 4 期。

④ 李零:《论东周时期的楚国典型铜器群》,《古文字研究》第 19 辑,中华书局 1992 年版,第 137~138 页。

赞同李先生的这个观点。升鼎是楚式礼器中的核心器物，升鼎的归属是判定墓主身份的重要标志，这是由于“唯器与名不可以假人”(《左传》成公二年)。既然王子午鼎已经易手，那么原器主王子午也即令尹子庚，就不可能是下寺M2的墓主。真正的墓主应该是七件升鼎的新主人——薳子倗。同出的众多“倗”的铜器，就是很好的佐证。M2墓主是薳子倗的另一旁证，就是下寺M3出土的鄬(蔿)仲姬丹盘、匜。下寺M2、M3是夫妻异穴合葬墓，M3墓主的判定有助于M2墓主身份的认定。下寺M3出土有楚叔之孙倗鼎(M3：4)、倗鼎(M3：12)、倗尊缶(M3：20)、倗浴缶(M3：5、M3：6)，蔡侯盘(M3：1)、匜(M3：2)，以及刮掉器主名字的4件簠(M3：14~16、M3：18)。该墓在位置上与M2南北并列，随葬品中不见兵器，且没有附属车马坑，证明墓主很可能是女性。M3随葬的倗器，显然来自死者的丈夫。蔡侯盘、匜铭文均32字，盘铭作：“唯王正月初吉丁亥，蔡侯作媵鄬(蔿)仲姬丹盥盘，用祈眉寿，万年无疆，子孙永保用之。”这套水器是蔡侯为同族女子出嫁所作，发掘报告认为是蔡侯嫁女子于蔿的媵器，① 当是。嫁妆类器物，往往是女子生前使用、死后贴身随葬，故发掘报告指出下寺M3墓主是蔡女鄬仲姬丹，是非常正确的。按照媵器中女子称名的一般规律，“鄬仲姬丹”之“鄬(蔿)”，亦即仲姬丹的夫族氏称，当然也是M2墓主的家族氏名。综合以上内、外证据，下寺M2墓主是薳子倗也就可以论定了。

张亚初先生也赞成“倗”是M2的墓主，但又认为楚叔之孙“倗”是王子午之孙、王孙诰之子。此说似乎在王子午升鼎有两个作器者和楚叔之孙的称呼上都可以解释得通。但仔细分析，这一说法存在矛盾之处。首先，如发掘报告所批驳的，这里有三点纰漏：一是从下寺M8出土的“楚叔之孙以邓”的铭文和“楚叔之孙”的含义看，王子午不可能是楚叔。二是王子午之孙“倗”与M2墓主的身份不合。三是张先生所推定的下寺M2墓主的年龄与器物年代不合。②

① 河南省文物考古研究所等：《淅川下寺春秋楚墓》，文物出版社1991年版，第325页。

② 河南省文物考古研究所等：《淅川下寺春秋楚墓》，文物出版社1991年版，第323页。

此外，张先生认为薳氏的封地可能在薳澨附近，也就是在今湖北京山一带，那么薳氏家族墓地当在京山。由薳氏封地推断薳氏家族墓地所在的思路是可取的，然而蔿氏只是薳氏的一支，楚地有薳、有蔿，蔿有可能是蔿氏的封邑，由薳氏大宗的封地否定蔿氏葬于淅川的可能，显然与薳氏宗族的事实不符。因此，楚叔之孙倗并非王子午之孙子、王孙诰之子。薳子倗作为下寺M2的墓主，既然不是王子午之孙，那么他的身世究竟怎样？李零先生考证认为，薳子倗即楚康王时期的令尹蔿子冯，他卒于前548年，比王子午晚四年。故下寺M2的绝对年代应该在前548年或稍晚。

下寺M2墓主自称“楚叔之孙倗”，M8墓主自称“楚叔之孙以邓”，说明这个家族应是某位“楚叔”之后。那么，这位“楚叔”究竟是谁呢？

(二)“楚叔”身份考

淅川下寺墓地共出土9件标示器主家族身份的有铭铜器，器主分别是“楚叔之孙以邓”和“楚叔之孙倗”。之前，江苏吴县(今苏州市)何山东周墓也出土过一件“楚叔之孙途为”盉。除了上引下寺M2出土的铭文外，“楚叔之孙”器物还见于以下：

> 下寺M8：8号鼎：“唯正月初吉丁亥，楚叔之孙以邓择其吉金，铸其繁鼎，永宝用之。”
>
> 下寺M8：5号匜：“唯正月初吉丁亥，楚叔之孙以邓择其吉金，铸其会叀(匜)，子子孙孙永宝用之。”(参见图3-4)
>
> 下寺M1：65、66号鼎：“楚叔之孙倗之飤鼾。”
>
> 吴县何山M1铜盉：“楚叔之孙途为之盉。”①

---

① 何山东周墓简报认为该墓葬是吴墓，墓中器物分属楚、吴，楚器很可能是公元前506年吴伐楚所获，器形与下寺器物相似，大致可信，参河南省文物研究所等：《淅川下寺春秋楚墓》，文物出版社1991年版，第6~8、56~57页；吴县文物管理委员会：《江苏吴县何山东周墓》，《文物》1984年第5期。

图 3-4　以邓匜（M8：5）及其铭文①

一般认为，“楚叔之孙以邓”是下寺 M8 墓主，“楚叔之孙倗”是下寺 M2 墓主，也即史册有载的楚康王时期令尹薳子冯。② 下寺 M8、M2 的年代分别是春秋中期晚段和春秋晚期早段，墓主属于不同辈分的薳氏贵族。以邓、倗、途为都以“楚叔之孙”自称，表明这位“楚叔”应是三人的共同先祖。由于以邓和薳子倗是属于辈分不一样的族人，因而“楚叔之孙”中的“孙”字固非实指“子之子”，此处当理解为裔孙之孙，实即后代的泛称。“孙”字的这种用法在金文中常见，如下寺 M7：1 东姬匜，器主自称“宣王之孙、雍子之东姬”，“宣王”即周宣王，③ 是“雍子之东姬”的先祖。下寺 M10：66～80、M10：83、M10：84 黝钟，器主自称“余吕王之孙，楚成王之盟仆，男子之埶”，李零先生把“埶”读作“孽”，支庶之义，④ 所以黝大概是“吕王”的庶

① 铜匜图片采自淅川县博物馆编著：《淅川楚国青铜器精粹》，中州古籍出版社 2013 年版，第 89 页。

② 李零：《“楚叔之孙倗”究竟是谁——河南淅川下寺二号墓之墓主和年代问题的讨论》，《中原文物》1981 年第 4 期；《再论淅川下寺楚墓——读〈淅川下寺楚墓〉》，《文物》1996 年第 1 期。以上两文后收入氏著《入山与出塞》，文物出版社 2004 年版，第 223～241 页。

③ 赵世纲：《淅川下寺春秋楚墓青铜器铭文考索》，河南省文物研究所等：《淅川下寺春秋楚墓》附录一，文物出版社 1991 年版，第 370～371 页。

④ 李零：《再论淅川下寺楚墓——读〈淅川下寺楚墓〉》，《文物》1996 年第 1 期；收入氏著《入山与出塞》，文物出版社 2004 年版，第 230 页。

孙。河南固始侯古堆一号墓陪葬坑出土的宋公栾簠，是宋景公栾为妹妹句吴夫人制作的媵器。① 簠铭作“有殷天乙唐孙宋公栾”，“殷天乙唐”即商汤——宋国先祖，所以此处“孙”也非实指。同理，“楚叔”作为薳氏贵族的共同先祖，很可能是家族的始出之祖，所以他的子孙后代们才都会以“楚叔之孙”来自报家门。查清“楚叔”的身份，也就找到了薳氏族源。然而“楚叔”究竟是谁，学界有着不同意见。李零先生认为“楚叔”即楚君熊严之子叔熊，乃薳氏所出。② 陈伟先生推测“楚叔”是蚡冒。③ 赵世纲先生则认为“楚叔”是楚武王熊通。④ 薳氏出自楚君蚡冒的说法，最早见于东汉王符《潜夫论·志氏姓》：

> 坌冒生蔿章者，王子无钩也。令尹孙叔敖者，蔿章之子也。⑤

《新唐书·宰相世系表》《古今姓氏书辩证》《通志·氏族略三》等也都遵持这一说法。⑥ 据《史记·楚世家》载，楚君蚡冒（《楚居》作“焚”⑦）于前 757 年至前 741 年在位。而蔿章（《左传》作“薳章”）始见于鲁桓公六年（前 706 年），上距蚡冒卒岁已有 36 年。从理论上讲，两人存在父子关系的可能。然据《史记·楚世家》记载，楚君蚡冒死后，其弟熊通弑蚡冒子代立。若薳章是蚡冒子，楚武王委其重任，无疑是在养虎作患。张君先生指出：“所谓蚡冒生薳

---

① 固始侯古堆一号墓发掘组：《河南固始侯古堆一号墓发掘简报》，《文物》1981 年第 1 期；河南省文物考古研究所编著：《固始侯古堆一号墓》，大象出版社 2004 年版，第 52~62 页，彩版 25~27。

② 李零：《楚国族源、世系的文字学证明》，《文物》1991 年第 2 期。

③ 陈伟：《淅川下寺二号楚墓墓主及相关问题》，《江汉考古》1983 年第 1 期。

④ 赵世纲：《淅川下寺春秋楚墓青铜器铭文考索》，河南省文物研究所等：《淅川下寺春秋楚墓》，文物出版社 1991 年版，第 372~373 页。

⑤ 王符著，汪继培笺，彭铎校正：《潜夫论笺校正》，中华书局 1985 年版，第 418 页。

⑥ 《新唐书》卷 73 下《宰相世系表三》，中华书局 1975 年版，第 2945 页；邓名世撰，王力平点校：《古今姓氏书辩证》卷 32 纸韵“薳”条，江西人民出版社 2006 年版，第 306 页；郑樵撰，王树民点校：《通志二十略》，中华书局 1995 年版，第 91 页。

⑦ 李学勤主编：《清华大学藏战国竹简（壹）》，中西书局 2011 年版，第 181 页。

章之说，其实并无丝毫根据，完全是后人凭借武王时有薳章其人出现而推断的。”①不过，清华简《楚居》记载的蚡冒世系，与《史记·楚世家》《汉书·古今人表》等不同，简文作：“若敖熊仪徙居都。至蚡冒熊率自都徙居焚。至霄敖熊鹿自焚徙居宵。武王熊𪊲自宵徙居免。”清华简整理者指出，《史记·楚世家》载“霄敖熊鹿”是若敖之子、蚡冒之父有误，据简文这段世系应是“若敖—蚡冒—霄敖”②。如果《楚居》记载可靠，则蚡冒的年世应向上推6年(《楚世家》云“霄敖六年卒”)。相应的，薳章始见史籍的年份距离蚡冒卒年也就扩大到42年。考虑到前706年薳章受楚武王委派与随国求成，可见他当时已有一定年岁，那么他与蚡冒之间，更没可能是父子关系。所以，薳氏出自蚡冒的说法，尽管有着较早的起源，但目前看尚无有力的证据支撑。

春秋时期从王室或公室中独立出来的贵族，在追述先祖之时，往往以“别祖”作为家族的正始，③ 而不直接系以所出之君(即所谓君统与宗统之别)。这一现象在铜器铭文和传世文献中均有反映。《集成》11393收录的一件传世楚国铜器屈叔佗戈，铭文作“屈□之孙，楚屈叔佗”④。“屈□”很可能是清华简《楚居》记载的屈紃，即屈氏之祖。《国语·楚语下》“斗且迁见令尹子常”章云：

> 今子常，先大夫之后也，而相楚君无令名于四方。

① 张君：《楚国斗、成、薳、屈四族先世考》，河南省考古学会等编：《楚文化觅踪》，中州古籍出版社1986年版，第180页。

② 李学勤主编：《清华大学藏战国竹简(壹)》，中西书局2011年版，第187页注38。

③ 《礼记·大传》：“别子为祖，继别为宗。”郑玄注：“别子谓公子若始来在此国者，后世以为祖。”新获氏之族称其“祖”时亦如此。参郑玄注，孔颖达疏：《礼记正义》卷34，《十三经注疏(附校勘记)》(影印阮元校勘缩印本)，中华书局1980年版，第1508页。

④ 中国社会科学院考古研究所编：《殷周金文集成》(修订增补本)，中华书局2007年版，第6144页；刘彬徽：《楚系青铜器研究》，湖北教育出版社1995年版，第307页。

三国吴人韦昭注："先大夫，子囊也。"子囊即楚庄王之子公子贞，子常(囊瓦)是他的孙子(《左传》昭公二十三年杜注)。囊瓦是庄王曾孙，与庄王仅相隔两代。但由于当时囊瓦已立族为"囊氏"，因此他在追叙先世时，不以庄王曾孙自居，只称"先大夫之后"。又《国语·楚语下》"吴人入楚，昭王奔郧"章云：

> 郧公(斗辛)曰："……吾先人以善事君，成名于诸侯，自斗伯比以来，未之失也。"

楚君若敖后代郧公斗辛追述先人功绩，只说自"斗伯比以来"，而不云"自若敖以来"。同样道理，"楚叔之孙"诸铜器中的"楚叔"，很可能是薳氏的"别祖"，不太可能是蚡冒、楚武王等楚君。

"楚叔"是叔熊的说法，主要依据《国语·郑语》"桓公为司徒"章的一段记载：

> 夫荆子熊严生子四人：伯霜、仲雪、叔熊、季紃。叔熊逃难于濮而蛮，季紃是立，薳氏将起之，祸又不克。

韦昭注："薳氏，楚大夫。"据《史记·楚世家》，熊严死后，熊霜继位；熊霜卒后，三弟争政，楚国陷入混乱。① 叔熊，《史记·楚世家》作"叔堪"，原本可能作"叔酓"。② 叔堪当有自立为君的举动，才会被称为"叔熊"。然根据清华简《楚居》，楚国先公世系中未提及"叔熊"，或许是他自立为君的行为没有得到全面承认。"叔熊"是熊严第三子，称为"楚叔"无不合理。在争政事件中，叔熊又与薳氏结成同盟，因此得出叔熊即薳氏先祖"楚叔"的结论，似

① 《史记·楚世家》："三弟争立，仲雪死，叔堪亡。"未言"仲雪"执政。从《楚居》来看，仲雪当曾被立为楚君，称"熊霻(雪)"，参李学勤主编：《清华大学藏战国竹简(壹)》，中西书局2011年版，第181页。

② 李零：《楚国族源、世系的文字学证明》，《文物》1991年第2期。

乎顺理成章。但仔细分析，发现这个观点亦存在一些疑问：

第一，三子争政以季紃最后胜利告终，叔熊逃难于濮。将“起之”的薳氏当时只有处于楚国国内，才可以起到里应外合的效果。叔熊独自逃难到濮地，他的子嗣滞留国内却又不被胜利者季紃镇压，令人费解。

第二，从《郑语》记载看，薳氏宗族在当时应具备相当的实力，才会冒着灭族风险支持叔熊争位。叔熊后代在当时是否已经具备这样的实力呢？不妨作一下推测。据史书记载，熊严在位十年(前837—前828年)，熊霜在位六年(前827—前822年)。① 熊严去世的时候，当时叔熊若以40岁计(叔熊年龄不可能过大)，至季紃即位，叔熊亦不过46岁。叔熊之子孙当时恐怕还不太可能受封立族，更难有实力发动政变。

因此，铭文中的“楚叔”与叔熊当非一人，“楚叔”应比叔熊生活的时代更早。我们认为，“楚叔”应是清华简《楚居》简2所载季连的次子、緹白(伯)之弟远中(仲)②。远仲是緹白(伯)之弟，也是楚君之叔。当然，远仲被称作“楚叔”，很可能还有更深层次的含义。赵平安先生在分析《楚居》文本基础之上，认为季连与鬻熊为兄弟关系：

> 季连娶盘庚后人妣隹为妻，生緹伯和远中，鬻熊娶妣戳为妻，生侸叔和丽季。季连和鬻熊的子辈，取名犹熊严四子伯霜、仲雪、叔熊、季徇，排行一贯而下，值得引起重视……季连和鬻熊便不是像传世文献记载的那样，而应是兄弟关系……虽然都是楚的先公，但季连一支没有继位，楚的大位赖鬻熊一支得以传延。对楚的后人来说，与鬻熊有血亲关系，是鬻熊的直系亲属。③

这个意见试图打破传世文献的窠臼，重建季连和鬻熊之间的可能关系，颇具

---

① 二君在位时间，参石泉主编：《楚国历史文化辞典》，武汉大学出版社1997年版，第475~479页。

② 李学勤主编：《清华大学藏战国竹简(壹)》，中西书局2011年版，第181页。

③ 赵平安：《“三楚先”何以不包括季连》，《邯郸学院学报》2011年第4期。

启发性。有意思的是，在 2015 年安徽大学入藏的一批战国楚简中，其中的楚史类简记载了一段季连故事，证明了季连就是穴熊，交代了穴熊得名的理由。① 若此，则季连即穴熊，也即鬻熊，这似乎与传世文献关于季连和鬻熊的记载有直接冲突。但是，如果不把楚先的这些名号固化为个人，而是理解为部落名称，则上述冲突便可释解。季连氏、穴熊氏、鬻熊氏是楚先在不同发展阶段的部落名字，当然在后人的记忆中既可能演化为前后的世系关系，也可能混为一谈，比如关于楚三先的两种说法。随着部落繁衍壮大，先楚部落也陆续裂分出一些小部落，这大概是季连生緹伯和远仲、鬻熊生佤叔和丽季的历史原型。其中的远仲，当即薳氏部落，属于先楚部落的支系。在亲属关系上，远仲与同代楚君互为昆弟，故其后裔才得以"楚叔之孙"自居。"楚叔"这个称呼是芈姓楚人对旁系血亲的敬称，如同楚人称昆吾为"皇祖伯父"。《左传》昭公十二年(前 530 年)载楚灵王语："昔我皇祖伯父昆吾，旧许是宅。"杜注："陆终氏生六子，长曰昆吾，少曰季连。季连，楚之祖，故谓昆吾为伯父。"可见，楚人在称呼旁系近亲时，以伯叔相称，这反映出他们受周人亲属称谓的熏染已经比较深了。

薳氏的得氏，或因"远中(仲)"之名，也可能因远仲及其后人居住或受封于远地。由于传说时代的族名、祖名与居地名往往三位于一体②，故《左传》昭公二十三年"薳澨"、僖公二十年"蔿"邑，这些地名很可能与远仲部落的早期活动有关。

二、从出土文献看楚薳氏的族称和宗支

从出土资料来看，薳氏族称有四种古文写法(编号为 A、B、C、D)：

① 黄德宽：《安徽大学藏战国竹简概述》，《文物》2017 年第 9 期。

② 商周时期族名与居住地名相一致的情形常见，参朱凤瀚：《商周家族形态研究》(增订本)，天津古籍出版社 2004 年版，第 57 页。

A

B

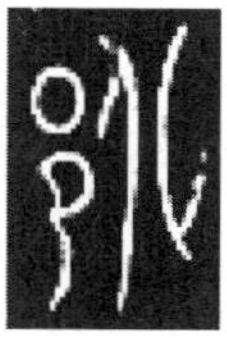
C

D

A，从邑从正反两兽相对之形，见于下寺 M2：63 簋、M2：51 及 M2：55 浴缶铭文。器主自称“楚叔之孙 A 子倗”①。下寺发掘报告认为，正反相对之兽是夔，夔即猴子，遂隶定作鄬，② 实为迁就 B 形的委曲之解。李零先生指出“此字像两虎怨对之形，一正一反，由于书写不便，后世变形为虤……《说文》解释虤字为‘虎怒也，从二虎’，徐铉音‘五闲切’，古音属疑母元部，与怨读音相近……虤阝即薳字”③。A 形左旁兽口大张、长尾上卷，虎形跃然，类似字形还见于即簋（《集成》04250）。故将 A 隶定为虤阝，读作薳，当是。

B，从邑从为，读作蔿④。见于下寺 M3 出土的鄬仲姬丹盘、匜⑤。

C，从邑从化，隶作𨛜。见于下寺 M2 出土的𨛜子倗尊缶，和尚岭 M2 出土的𨛜子受钮钟、镈钟、曾仲𨛜君腱方形器座，徐家岭 M1 出土的𨛜子孟青嬭簠，M3 出土的𨛜子孟升嬭鼎、𨛜子受戟、𨛜子辛戈，M9 出土的𨛜子受升鼎、𨛜子受鬲，M10 出土的𨛜子戾鼎，以及流失海外的𨛜子戾簠，新蔡甲三

① 河南省文物研究所等：《淅川下寺春秋楚墓》，文物出版社 1991 年版，第 126、129~132、134、371~373 页。

② 河南省文物研究所等：《淅川下寺春秋楚墓》，文物出版社 1991 年版，第 322 页。

③ 李零：《“楚叔之孙倗”究竟是谁——河南淅川下寺二号墓之墓主和年代问题的讨论》，《中原文物》1981 年第 4 期；收入氏著《入山与出塞》，文物出版社 2004 年版，第 223~224 页。

④ 李零：《化子瑚与淅川楚墓》，《文物天地》1993 年第 6 期；收入氏著《入山与出塞》，文物出版社 2004 年版，第 242~244 页。

⑤ 河南省文物研究所等：《淅川下寺春秋楚墓》，文物出版社 1991 年版，第 226~230 页。

343-1 号简“㠯巳”等。①

D，从袁从辵，隶作远。见于战国晚期的包山楚简，如鄗尹之鄗邑公远忻、鄗尹之莫嚣远颐(简 28)，喜君之司败远绌(简 56)，鲧丘少司败远㤖(简 90)，平民有远乙(简 89)、邓人远𦅶(简 164)、昜陵人远从志(简 193)。②

上述写法中，A、B、C 三形在春秋晚期并存，分别为薳子倗及其夫人所用。下寺 M2 出土的 51 号、55 号浴缶、63 号铜簋铭文中，器主自称“楚叔之孙薳子倗”。“楚叔”表示出身，“薳”乃氏称，“倗”是人名。同墓出土的 60 号、61 号尊缶铭文中，器主又作“㠯子倗”。同出一墓且均为“倗”自作礼器，证明“楚叔之孙薳子倗”与“㠯子倗”是同一人。也就是说，器主“倗”兼以薳、㠯为氏。

与 M2 邻近的下寺 M3 是“倗”之夫人墓。该墓出土的一套盘匜，是蔡侯为女儿出嫁陪送的媵器。盘、匜铭文均 7 行 32 字，内容大同小异，盘铭作：“唯王正月初吉丁亥，蔡侯作媵鄬(蔿)仲姬丹盥盘，用祈眉寿，万年无疆，子孙永保用之。”“鄬仲姬丹”是倗的夫人，鄬是夫族之氏，仲是排行次第，姬为蔡国之姓，丹是名。或认为作为氏称的鄬“仅见一例，应该是蔡国的写法，属中原文化系统”③。此说注意到了作器者身份，却对作器背景考虑有所不周。首先，媵器以夫氏相称，“具有尊夫之意”④，用字不能随意。大量媵器

① 河南省文物研究所等：《淅川下寺春秋楚墓》，文物出版社 1991 年版，第 131~134 页；河南省文物考古研究所等编著：《淅川和尚岭与徐家岭楚墓》，大象出版社 2004 年版，第 46~105、109~111、162~165、174、177~178、181、223~227、251 页；李学勤：《海外访古续谈(四)》，《文物天地》1993 年第 2 期；河南省文物考古研究所编著：《新蔡葛陵楚墓》，大象出版社 2003 年版，第 199 页。曾仲㠯걸璃镇墓兽座中的璃字从宋华强先生释，参氏文《淅川和尚岭“镇墓兽座”铭文小考》，简帛网(http://www.bsm.org.cn/show_article.php? id=1425)，2011 年 3 月 28 日。

② 湖北省荆沙铁路考古队：《包山楚简》，文物出版社 1991 年版，第 18、20、23、29、32 页，图版一四、二五、三九、四十、七五、八六。刘信芳先生首先指出包山简中的远氏即文献中的楚薳氏，参《〈包山楚简〉中的几支楚公族试析》，《江汉论坛》1995 年第 1 期。

③ 张丹：《薳、蔿、㠯、远关系考——兼谈楚薳(蔿)氏宗族发展脉络》，《中原文物》2012 年第 2 期。

④ 王育成：《从两周金文探讨妇名“称国”规律——兼谈湖北随县曾国姓》，《江汉考古》1982 年第 1 期。

铭文所刻夫方氏称，与夫族自作器均能保持一致，① 鄬仲姬丹盘、匜亦不应例外。其次，从春秋中期伊始，蔡国逐渐被纳入楚人势力范围。下寺 M2 及两侧的夫人墓 M1 和 M3，年代同为春秋晚期前段，正处于蔡对楚依附日益加深的阶段。这一时期的蔡国青铜器及铭文，楚文化特征浓厚，比如鄬仲姬丹盘，腹有四竖钮衔环，足呈环钮状，足上部和匜的流盖作浮雕龙首，匜鋬为半环龙形，以及所饰的纤美蟠虺纹，都是春秋中晚期江汉地区流行的样式。② 其铭文字体趋于窄长，王、正、姬等字的写法具有楚文字的阶段性特点。③ 因此，将这套盘匜及其铭文归入中原文化系统是不恰当的。鄬应是“倗”族氏的另一种形态，即见于《左传》的蔿。

淅川下寺 M2 墓主“薳子倗”，即楚康王时期的令尹蔿子冯（前 551—前 548 年在任），④《左传》又称作蔿子、薳子、薳子冯，⑤ 是大名鼎鼎的楚国令尹孙叔敖之子（襄公十五年杜注）。结合文字材料，可知子冯至少曾以薳、蔿、郮为氏，传世文献载有其二。众所周知，在姓、氏二元分立的时代，氏是宗族地位的象征，郑樵说：“三代之前，姓氏分而为二，男子称氏，妇人称姓。氏所以别贵贱，贵者有氏，贱者有名无氏。”⑥贵族多氏的情况当时并不鲜见，如楚贵族斗成然，因食采于蔓，又称蔓成然（《左传》昭公十三年，前 529 年）⑦，斗、蔓均为其氏。著名改革家公孙鞅，原系卫国公族，适秦称卫鞅（以国为氏），后破魏有功受封於、商十五邑，号为商鞅，⑧ 卫、商同

---

① 王育成：《从两周金文探讨妇名“称国”规律——兼谈湖北随县曾国姓》，《江汉考古》1982 年第 1 期。

② 刘彬徽：《楚系青铜器研究》，湖北教育出版社 1995 年版，第 214~218 页。

③ 邹芙都：《楚系铭文综合研究》，巴蜀书社 2007 年版，第 233、243~245 页。

④ 李零：《“楚叔之孙倗”究竟是谁——河南淅川下寺二号墓之墓主和年代问题的讨论》，《中原文物》1981 年第 4 期，收入氏著《入山与出塞》，文物出版社 2004 年版，第 223~224 页。

⑤ 蔿子一见，《左传》襄公二十五年；薳子两见，《左传》襄公二十二、二十四年；薳子冯三见，《左传》襄公二十一、二十二、二十五年，参杨伯峻、徐提编：《春秋左传词典》，中华书局 1985 年版，第 912、973 页。

⑥ 郑樵撰，王树民点校：《通志二十略》，中华书局 1995 年版，第 1~2 页。

⑦ 又作曼成然，参《史记》卷 40《楚世家》，中华书局 1982 年版，第 1708 页。

⑧ 《史记》卷 68《商君列传》，中华书局 1982 年版，第 2227、2233 页。

是公孙鞅的氏称。由于获得途径不同，斗与蔓、卫与商之间并不存在音义上的关联。比较而言，薳、远上古音都属元部匣母，蔿属歌部匣母，𨚗为歌部晓母。薳和蔿声纽相同，互为对转字。蔿和𨚗同属歌部，传世文献有“化”通“为”、“讹”通“讹”的证据。① 薳、蔿、𨚗的古音接近，三者为一族多氏的可能不大。

宗族繁衍分化时，其氏名有时也会演化出一些特殊构形。如妫姓陈国之陈在金文中作(敶)，齐国陈氏作(墜)。② 齐陈始于前672年陈国公子完出奔(《左传》庄公二十二年)，是妫陈的别支和小宗。我们认为，薳、蔿、𨚗很可能与此类似，也是同一族氏的不同形态。三形在春秋晚期并存，表明当时该族至少裂为三支。包山简中多次出现的远氏，是薳氏的省变和发展。

第二节　下寺墓地的埋葬特点及相关铜器研究

关于下寺墓地的族属，发掘报告认为是“一批春秋时期楚国王族墓群”③。之后，有评论者指出：“从这批墓葬材料确可以看出，每组之内墓与墓间紧密相邻，时代相近，内涵基本相同，反映出亲属或血缘关系更亲近一些。而组与组间，墓地、时代都有一定的距离，内涵也有一些差异，说明其亲属或血缘关系要远一些。”④通过上文的论证，可知下寺墓地确为春秋时期楚国薳氏家族的族墓地，各主墓之间存在或远或近的亲属关系。这些墓葬的墓主是何人？他们相互之间有何亲属关系？这处家族墓地有哪些特点？这一系列问题，还需要在前人探讨的基础上更深入的分析和总结。

① 高亨著，董志安整理：《古字通假会典》，齐鲁书社1989年版，第661~662页。

② 容庚著，张振林、马国权摹补：《金文编》，中华书局1985年版，第942页。

③ 河南省文物研究所等：《淅川下寺春秋楚墓》，文物出版社1991年版，第332页。

④ 建夫：《评〈淅川下寺春秋楚墓〉》，《考古》1994年第12期。

一、墓主与代系

发掘报告主要从分期断代的角度，将下寺墓群分成了三组。李零先生进一步把9座主墓划分为五个单元，认为是一个家族的五代。① 他的观点是：

第一单元，M8是主墓，墓主是“以邓”。M7是陪葬墓，墓主是以邓的夫人，可能即铭文中的“仲己卫”。年代在春秋中晚期之交，楚共王(前590—前560年在位)时期的墓葬。

第二单元，M36是主墓，墓主不详，无陪葬墓。年代介于下寺M8、M7与M2之间，相当于共、康之际，约前560—前550年。

第三单元，M2是主墓，墓主是薳子倗，即文献记载的蒍子冯，M1、M3、M4是陪葬墓。M1墓主是冯的夫人孟縢姬，所陪不详。M3的墓主是冯的妾蒍仲姬丹，所陪不详。M4也是冯的妾，墓主不详。由于蒍子冯卒于楚康王十二年，故M2的绝对年代为前548年。

第四单元，M10是主墓，墓主不详，无陪葬墓。年代与寿县蔡昭侯(前518—前491年在位)墓接近，约在楚郏敖(前544—前541年在位)、灵王(前540—529年在位)、平王(前528—前516年在位)、昭王(前515—前489年在位)的时间范围内。

第五单元，M11是主墓，墓主不详，无陪葬墓。年代亦与寿县蔡昭侯墓接近。

因此，这处家族“墓葬的总体年代大约是在公元前600—前500年之间”，共有五代。② 李零先生的论说有理有据，得到较多学者的认同。但此墓地所反映的蒍氏家族情况，特别是是否有五代蒍氏，还有必要结合文献作进一步

① 李零:《“楚叔之孙倗”究竟是谁——河南淅川下寺二号墓之墓主和年代问题的讨论》,《中原文物》1981年第4期;《化子瑚与淅川楚墓》,《文物天地》1993年第6期;《再论淅川下寺楚墓——读〈淅川下寺楚墓〉》,《文物》1996年第1期。上述三文后均收入氏著《入山与出塞》,文物出版社2004年版,第223~244页。

② 李零:《再论淅川下寺楚墓——读〈淅川下寺楚墓〉》,《文物》1996年第1期。

探讨。

下寺蒍氏家族墓的资料，可以丰富我们对于前600—前500年之间蒍氏家族的认识。在楚共王之前，蒍氏有蒍吕臣、蒍贾、蒍敖(孙叔敖)祖孙三人。蒍敖之后，则有蒍子冯和蒍掩。杜预认为蒍子冯是孙叔敖之子,① 此说有可商之处。孙叔敖最晚见于《左传》宣公十二年(前597年)，可能终于子佩担任令尹的楚庄王(前613—前591年在位)晚期。② 而蒍子冯最早见于《左传》襄公十八年(前558年)，与孙叔敖行年悬隔近五十载。比照蒲百瑞先生梳理的楚王室谱系,③ 孙叔敖大约相当于楚王室的第五世，蒍子冯则与第七世大略同时。孙叔敖、蒍子冯之间应间隔一代。所以，杜预的说法似乎不太可靠。

结合下寺蒍氏家族墓地来看，孙叔敖之后当是下寺M8墓主"以邓"。李零先生认为下寺M8"应是春秋中期晚段，年代已接近于晚期，或者说是春秋中、晚期之交的墓葬，按楚国的纪年，大概是楚共王(前590—前560年在位)时的墓葬"④。所以，以邓主要活动在楚共王时期，正处于孙叔敖和蒍子冯之间，他是孙叔敖子辈的可能性大。略晚于下寺M8的下寺M36，李氏认为其墓主是介于"以邓"和蒍子冯之间的一代。若将M36墓主视为一代，则从孙叔敖到蒍子冯，代距过于密集。比照蒲百瑞先生排出的楚王族世系，从孙叔敖、以邓到蒍子冯，应该是连续的三代。所以，M36墓主可能是以邓的兄弟或儿子。从器物特征上看，M36与以M2为中心的乙组墓更为接近，但这并不能证明两者一定是同辈。从墓葬空间分布看，M36距离M7约53米，距离乙组墓则有近百米，墓主与M8同代的可能性似乎更大。下寺M36的年代比以邓墓要晚，墓主或是以邓之弟、孙叔敖幼子。

---

① 杜预：《春秋释例》卷9《世族谱下》，《四库全书》第146册，台湾"商务印书馆"影印文渊阁本1983年版，第256页。

② 宋公文：《春秋时期楚令尹序列辨误》，《楚史新探》，河南大学出版社1988年版，第47页。

③ 蒲百瑞：《春秋时代楚王宗族世系疏证》，《石泉先生九十诞辰纪念文集》，湖北人民出版社2007年版，第295~298页。

④ 李零：《再论淅川下寺楚墓——读〈淅川下寺楚墓〉》，《文物》1996年第1期。

因淅川下寺墓地的发掘，蒍子冯成为学界关注较多、知名度最高的蒍氏贵族。蒍子冯是康王时期的卿大夫，曾担任令尹。鲁襄公十八年(前 555 年)楚师伐郑，“蒍子冯、公子格帅锐师侵费滑、胥靡、献于、雍梁”，此时蒍子冯担任大司马一职。鲁襄公二十一年夏，“楚子庚卒，楚子使薳子冯为令尹……遂以疾辞”。次年，楚康王杀令尹子南，使子冯为令尹，“有宠于薳子者八人，皆无禄而多马……辞八人者，而后王安之”。鲁襄公二十五年(前 548 年)蒍子冯卒，屈建继为令尹。所以，下寺 M2 的绝对年代为前 548 年或稍晚。

M2 的陪葬墓有 M1、M3 和 M4，其中 M1 为蒍子冯的夫人，墓主为“孟縢姬”。出土的两件孟縢姬浴缶，铭文作：“唯正月初吉丁亥，孟縢(滕)姬择其吉金，自作浴缶，永保用之。”这是滕国女子嫁给蒍子冯之后的自作器。铭文作“孟滕姬”而不是滕孟姬，表明“孟”主要指她在蒍子冯夫人间的排行。蒍氏家族与远在山东滕县的姬姓滕国通婚，可能是楚国出于当时“远交近攻”的战略需要。M3 也是蒍子冯的陪葬墓，出土了一套可能是蔡景侯(前 591—前 543 年在位)所作的媵器盘、匜。盘铭作：“唯王正月初吉丁亥，蔡侯作媵鄬(蒍)仲姬丹盥盘，用祈眉寿，万年无疆，子子孙孙永保用之。”铭称夫方氏称，显示蔡侯对蒍子冯家族的尊敬。“鄬(蒍)仲姬丹”的称呼，说明 M3 墓主是蒍子冯的第二夫人。蔡侯将女儿嫁给蒍子冯作妾，目的是为了拉拢楚国权臣，以联姻方式加强两国之间的政治关系。

子冯有子蒍掩，曾担任大司马。鲁襄公二十五年(前 548 年)，令尹子木使司马蒍掩“数甲兵”、治赋，杜注以为“掩”是“蒍子冯之子”。同年，楚康王赏赐“灭舒鸠”的功臣，令尹子木以为“先大夫蒍子之功”，遂让于蒍掩。蒍掩能独享先父遗惠，表明他很可能是蒍子冯之嫡长子。鲁襄公三十年(前 543 年，郏敖二年)，“楚公子围(即楚灵王)杀大司马蒍掩而取其室”。《左传》昭公十三年在回顾灵王初年的政局时说：“故薳氏之族及薳居、许围、蔡洧、蔓成然，皆王所不礼也。”此处的“薳氏之族”显然特指蒍掩族人。蒍掩被灵王杀死并被“取室”，其族也为楚王“不礼”，这在下寺墓地亦有反映。蒍掩卒于前 543 年，年代上早于下寺 M10、M11。下寺 M10、M11 的年代，一般定在春秋晚期晚段，M10 稍早。① 从墓葬年代早晚和下寺墓地埋葬序列看，M11 墓主可能是 M10 墓主的同辈或子辈。M10 墓主的活动年代大致在前 500 年左右，较蒍掩晚一至两代。

江苏吴县何山东周墓出土的楚叔之孙途为盉，刘彬徽先生把它归入东周第四期(前 530—前 450 年)②，邹芙都先生认为其形制与下寺 M1、M3 出土铜盉近似，铭文风格接近，年代在春秋晚期早段③。若此，“途为”可能是介于蒍掩与下寺 M10 墓主之间的一代薳氏贵族。

二、空间布局和葬俗

下寺报告刊布的 24 座东周楚墓，墓向均朝东。在墓葬的空间安排上，下寺墓地显然是经过精心设计的。五座车马坑的位置都在对应主墓的西侧，马头都朝西，马蹄与墓主之足相抵，呈对立之架势。这显然不是偶然之举，而是楚国贵族独有的埋葬习惯。车马在人足之下，可能喻意着即使墓主进入了冥界，随葬的车马依然能够为其服务。

甲组墓中，M8、M7 为夫妇异穴、东西并列而葬。M7 是 M8 的夫人墓，出土有中妃卫簠和东姬匜，结合 M8 出土的上鄀公作叔孄番妃媵簠来看，墓主当是中(仲)妃(己)卫，她出自己姓番国。仲己卫并非以邓的第一夫人，仲字表明了她在以邓夫人中的次序，类似于 M3 的“蒍仲姬丹”。由于楚人“尚左”，所以仲己卫的墓葬位于以邓的右边。当然，以邓的元夫人墓应该在 M8 的左边。

乙组墓，M2 与 M1、M3、M4 也是夫妇异穴、东西并列而葬。M1 位于 M2 的左侧，M3、M4 位于右侧。M1 墓主是蒍子冯的元夫人孟滕姬，M3 是蒍子冯的次夫人蒍仲姬丹。M4 墓主不详，但从排列上看，该墓在 M3 的右

① 河南省文物研究所等：《淅川下寺春秋楚墓》，文物出版社 1991 年版，第 314~319 页。

② 刘彬徽：《楚系青铜器研究》，湖北教育出版社 1995 年版，第 326 页。

③ 邹芙都：《楚系铭文综合研究》，巴蜀书社 2007 年版，第 89 页。

侧，其地位应该低于蒍仲姬丹。所以不难看出，乙组墓葬的四座大墓排列有序，反映了各位墓主生前在家庭关系中的位次。同样，这样的空间安排，体现了楚人"尚左"的风俗。

楚人尚左，史书有载。《左传》桓公八年记载："楚子伐随，军于汉、淮之间……随侯御之。望楚师。季梁曰：'楚人上左，君必左，无与王遇，且攻其右，右无良焉，必败。偏败，众乃携矣。'""上左"即"尚左"，可见是楚人的传统。关于楚人的尚左观念，一般认为"主要反映在军事编制和葬俗方面，而不是表现在社会礼制、观念和习俗的各个方面"①。但是，就尚左观念如何影响葬俗方面，对具体墓葬的分析或有争议。比如有的学者认为"楚公族贵胄的墓葬如果单独以夫与妻妾的异穴合葬的形式出现，则作为丈夫的主墓均位居于南，作为妻妾的陪葬墓，不论是一座还是两座，均位于主墓之北"②，就过于绝对。如上文所论，在下寺甲组、乙组墓中，墓主的妻妾应该位于墓主的左右，其中正妻——元夫人居左，也即墓主的南侧，妾墓居右，即墓主的北边。因此，不能简单地认为妻妾墓均位于主墓之北。而尚左的观念，主要反映在楚国芈姓贵族身上，至于外来宗族墓葬的空间分布与头向之间的关系，还需要根据实际情况具体分析。

由于葬俗中的尚左观念，下寺蒍氏家族墓葬，从规划初期便以此为原则，年代最早的墓葬在南边，处于尊贵的位置。位于龙山中部的乙组墓，尽管占据整个墓地的地理中心，但这或许不是族墓地规划者的初衷。芈姓贵族家族墓葬由南到北时间愈晚的现象，是否为当时普遍的准则，还需要更多材料的检验。

三、新见蒍子曾壶考

2009 年，湖北谷城追缴回一批盗自尖角墓地的文物，包括青铜器、陶

① 宋公文、张君：《楚国风俗志》，湖北教育出版社 1995 年版，第 526 页。
② 宋公文、张君：《楚国风俗志》，湖北教育出版社 1995 年版，第 530 页。

器、玉器等共75件。其中有一对青铜壶(编号尖采：1、25)，大小、形制相同，均铸有八字铭文(参见图3-5)。器主自称蔿氏，容易让人联系起河南淅川下寺楚墓出土的蔿氏铜器。这两件有铭铜壶的发现，对于厘清蔿氏与薳氏的关系，认识蔿氏家族的兴衰过程，有一定的学术价值。兹就该壶的年代及铭文、薳与蔿的关系、蔿氏族史等试作分析。

图3-5　蔿子曾壶及壶盖、腹部铭文

这两件铜圆壶在形制上均为侈口折沿，长束颈，溜肩，鼓腹，最大腹径在中腹略上，圈足较高。肩上置对称兽面铺首衔环，壶盖子口圜顶，上立三鸟形环钮，通体素面。这类形制的铺首壶在楚地流行于战国时期，其演变规律是："腹部最大径由中腹渐移至上腹，圈足也不断增高。"①蔿子曾壶最大腹径在中腹，盖钮为立鸟状，其后的铺首壶最大腹径趋于上移，甚至到铺首处，盖钮也简化为普通环钮。故蔿子曾壶属于楚式铺首壶中的较早类型，其形制与淅川和尚岭 M2 之 26、27 号画像铜壶、襄阳蔡坡 M4 之 5 号画像铜壶、随州擂鼓墩 M2 出土的两件 B 型铜壶(M2：8、M2：52)较为接近。② 不过这三件画像壶通体饰嵌红铜画像，显示了器主更高的身份等级。擂鼓墩 M2 的 B 型铜壶，腹部有三组凹弦纹，这是新出现的特征，年代偏晚。淅川和尚岭 M2 所出铜器群的年代，一般认为是战国早期偏早。③ 襄阳蔡坡 M4 铜器群、擂鼓墩 M2 的年代分别为战国早期偏晚和战国中期早段。④ 所以，将蔿子曾壶的年代定在战国早期似较合适。

蔿子曾壶铭文位于盖顶部和壶腹(参见图 3-5)，均作："郜子曾自/作铸白罍。"从字体风格看，腹铭为体态修长、波折弯曲的艺术字，盖铭则粗率随意，这说明器身、器盖并非同时铸造，盖是后来补加的⑤。铭文首字为族称，腹铭首字从邑从隹，隹之左竖笔略有断泐。盖铭首字右旁仅一竖笔，串起三横笔，有缺笔(按：盖铭后铸，文字草率，如铸字皿下亦失横笔，概因壶盖仓促间补铸或铸工文化水平较低所致)。该字又见于郜子曌壶(战国时

① 刘彬徽：《楚系青铜器研究》，湖北教育出版社 1995 年版，第 175 页。

② 河南省文物考古研究所等编著：《淅川和尚岭与徐家岭楚墓》，大象出版社 2004 年版，第 40~43 页，彩版十六；湖北省博物馆：《襄阳蔡坡战国墓发掘报告》，《江汉考古》1985 年第 1 期；随州市博物馆编著：《随州擂鼓墩二号墓》，文物出版社 2008 年版，第 64、67~68 页。

③ 高成林：《淅川和尚岭楚墓的时代问题》，《中原文物》1996 年第 4 期；求实：《河南淅川和尚岭楚墓年代刍议》，《中国文物报》，1992 年 10 月 18 日，第 3 版。

④ 刘彬徽：《楚系青铜器研究》，湖北教育出版社 1995 年版，第 75~77 页。

⑤ 承襄阳博物馆梁超先生目验原器后告知，该壶器身较壶盖色泽浅，而壶盖口沿部位有破损，修补痕迹明显，确为后加的。

期，《集成》09558，参见图 3-6)，原释作“雅”，不确。从“隹”之字，与从“为”之字可通用，如《诗 · 大雅 · 崧高》：“维申及甫，维周之翰。”《礼记 · 孔子闲居》引“维”作“为”；《诗 · 小雅 · 天保》：“吉蠲为饎，是用孝享。”《周礼 · 秋官 · 蜡氏》郑注引“为”作“惟”。① 作为氏称，䧿当读作蔿。蔿氏，又见于淅川下寺 M3 蔿仲姬丹盘、匜(参见图 3-7)。② 壶铭第三字乃器主名，左从曾，右旁盖铭有缺笔，从腹铭看，疑为朱字，故暂隶定为[糹曾](为行文方便，简写作曾)。

图 3-6　蔿子叜壶铭

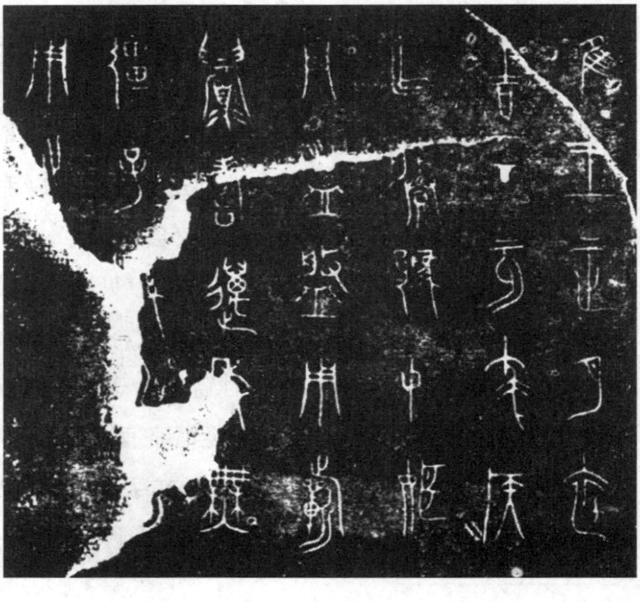

图 3-7　蔿仲姬丹盘铭

铭文末字，摹作，乃铜器自名。由于该器形属壶类，过去一般将近似的自名通释作“壶”，如：

① 高亨纂著，董治安整理：《古字通假会典》，齐鲁书社 1989 年版，第 663 页。

② 河南省文物研究所等：《淅川下寺春秋楚墓》，文物出版社 1991 年版，第 226~230 页。

，华母壶（西周中期，《集成》09638）；

右从匕，郿子?壶（战国时期，《集成》09558）；

卯下似从口，樊夫人壶（春秋早期，《集成》09637）。

李家浩先生结合《说文解字》及王筠《说文释例》等文献，将该字隶定作䀀，“分析为从‘卯’从‘豆’，‘卯’像器耳，‘豆’像器身，‘豆’亦声”，即《说文》所说的酒器“䤘”，认为是一种无盖壶。① 这种无盖壶，原应是宴饮时分酒的量器，加盖后亦可作储酒之用。壶铭自称“白䀀”，与孟截父壶（西周中期，《集成》09571）自名“郁壶”、伯庶父壶（西周晚期，《集成》09619）和曾伯陭壶（春秋早期，《集成》09712）等自名“醴壶”的说法异曲同工，很可能都与所盛之酒的品类或用途有关。② 白有絜净之意，《易·说卦》：“巽为木，为风……为白。”孔颖达疏：“为白，取其风吹去尘，故洁白也。”③《楚辞·九章·橘颂》：“精色内白，类可任兮。”故白䀀之白，概指所盛之酒的颜色或纯度。先秦时期宗庙祭祀用浓烈的香鬯，④ 日常宴饮则以清酒为主。《诗经·大雅·韩奕》：“韩侯出祖，出宿于屠。显父饯之，清酒百壶。”《楚辞·大招》云：“清馨冻饮，不啜役只。”作为分酒之量器，白䀀显然是服务于贵族日常生活的。

我们曾经提出薳为大宗，蒍、倗是小宗。但在文字材料上，蒍氏为薳氏分支的看法，缺乏充分的证据。蒍子曾铜壶的出现，为上述推测提供了直接支撑。蒍子曾壶是蒍子曾的自作铜器，器主称“子”，当是蒍氏宗子⑤，说明

① 李家浩：《谈古代的酒器䤘》，《古文字研究》第 24 辑，中华书局 2002 年版，第 454-458 页。按：此文承罗小华先生告知，兹为谢。

② 郁是郁鬯或郁的汁，醴是多糟之甜酒，一宿即熟，参朱凤瀚：《中国青铜器综论》，上海古籍出版社 2009 年版，第 224 页。

③ 王弼注，孔颖达疏：《周易正义》卷 9，《十三经注疏（附校勘记）》（影印阮元校勘缩印本），中华书局 1980 年版，第 95 页。

④ 孙机：《中国古代物质文化》，中华书局 2014 年版，第 39-40 页。

⑤ “子”为族内身份的象征，参陈絜：《商周姓氏制度研究》，商务印书馆 2007 年版，第 364 页。

薳氏宗族内部确有一个分支，以蔿为氏，独立发展。需要注意的是，文字资料中尚未见到有其他贵族兼用薳、蔿或郈的例子。蔿子冯在氏称写法上的多态现象，应与其统领诸宗的族长身份有关。

四、上都公簠及相关问题

下寺楚墓 M8 出土的一件上都公簠（M8：1，原称叔嬭番妃媵簠）①，铭文记载上都公为两位女性出嫁铸造媵器，涉及“一器媵二女”的问题，故引起了较多关注。然而在“上都公”的族属与身份、器铭内容的解读上，尚存一些争议。下面在考订上都公簠确切年代的基础上，就上都公的身份、铭文释读等方面作重点分析，并就“一器媵二女”的相关问题略作探讨。

（一）“上都公”身份考

上都公簠盖与器形制、纹饰、大小、铭文皆同，长方形直口，折沿，斜腹壁内收，平底承高方圈足外侈，圈足上每边有一凹形缺口，腹两侧有兽首形环耳，四边各有一兽首形边卡，通体饰蟠虺纹（参见图 3-8）。春秋早期以后青铜簠的演变趋势是口沿下出现一段直壁，长度不断增加。② 上都公簠口沿下直壁较短，长度不及腹深一半，装饰蟠虺纹，均显示其春秋中期的特征。与之形制接近者，如湖北襄阳沈岗墓地出土的铜簠（M1022：3），直壁稍短，饰窃曲纹、波曲纹、垂麟纹，发掘简报定 M1022 的年代为春秋中期中段，③ 上都公簠年代应同时或稍晚。江陵岳山大队出土的蒹伯受簠④（《集

① 河南省文物研究所等：《淅川下寺春秋楚墓》，文物出版社 1991 年版，第 9～10 页及图版三 1。

② 朱凤瀚：《中国青铜器综论》，上海古籍出版社 2009 年版，第 142 页；张懋镕主编，胡嘉麟著：《中国古代青铜器整理与研究 · 青铜簠卷》，科学出版社 2018 年版，第 359 页。

③ 襄阳市文物考古研究所：《湖北襄阳沈岗墓地 M1022 发掘简报》，《文物》2013 年第 7 期。

④ 荆州地区博物馆：《江陵岳山大队出土一批春秋铜器》，《文物》1982 年第 10 期。

成》04599)，直壁略长，口沿下饰有垂叶纹，徐少华先生指出此簠具有春秋中晚期之际的特征①。总的来看，上鄀公簠的年代早于蒹伯受簠，晚于沈岗墓地 M1022 铜簠，铸造时间应在春秋中期早晚段之际。刘彬徽先生认为，下寺 M8 器群的年代处于东周二期末叶，上鄀公簠的制作不会晚于公元前 600 年,② 是可信的。

图 3-8　上鄀公簠及其盖铭

该簠的器铭因补铸有缺字，盖内底铭文是完整的，共 36 字(包括重文 2)：

佳(唯)正月初吉丁亥，上鄀公择其吉金，铸叔嬭、番改(妃)塍簠，其眉寿万年无諆，子子孙孙永宝用之。

“叔嬭”之“嬭”是楚国芈姓的本字。③ “番改(妃)”之“改(妃)”，即淮河中游

① 徐少华：《蒹国铜器及其历史地理探析》，《考古学报》2008 年第 4 期。
② 刘彬徽：《楚系青铜器研究》，湖北教育出版社 1995 年版，第 66 页。
③ 郭沫若：《两周金文辞大系图录考释》(二)“楚王钟”条，《郭沫若全集 · 考古编》，科学出版社 2002 年版，第 355 页。

番国之己姓，番国为己姓昆吾之后。① “叔孀”“番妃”即“叔芈”“番己”，族属明确。上鄀公为两位女子作媵器，显然与其中一位存在密切的血缘关系。所以，厘清上鄀公的身份，是正确解读这件特殊媵器的关键。

上鄀公簠出自楚薳氏家族墓地，并且是为芈姓女子(嫡女)所作媵器，作器者很可能与楚薳氏贵族有关。徐少华、刘彬徽等先生提出作器者“上鄀公”当是楚上鄀县县公。② 近年来，吴镇烽、李峰先生提出异议，认为上鄀公是上鄀国国君。③ 我们赞同上鄀公簠中的“上鄀公”为楚上鄀县公的说法，下面试作进一步的补论。

首先，若仅从称谓上看，“上鄀公”的身份的确存在两种可能——上鄀国的国君或上鄀县的首长。春秋早期铜器中，上鄀国君多称“上鄀公”或“鄀公”，如上鄀公敄人簋盖(《集成》04183)、鄀公敄人钟(《集成》059)、鄀公平侯鼎(《集成》02771)等。然楚县之长，亦称某公，对此顾炎武分析：“《左传》自王卿而外无书‘公’者，惟楚有之，其君已僭为王，则臣亦僭为公，宣十一年所谓‘诸侯县公皆庆寡人’者也。”又举例说明：“《传》中如叶公、析公、申公、鄖公、蔡公、息公、商公、期思公，并边中国，白公边吴，盖尊其名以重边邑……皆县公之公也。”④楚县公之器有塞(息)公屈顙戈⑤(《铭图》16696)、邓公乘鼎(《集成》02573)、申公彭宇簠(《集成》04610)等，亦可

① 关于己姓番国的情况，参徐少华：《周代南土历史地理与文化》，武汉大学出版社 1994 年版，第 123~138 页。

② 徐少华：《鄀国铜器及其历史地理研究》，《江汉考古》1987 年第 3 期；刘彬徽：《上鄀府簠及楚灭鄀问题简论》，《中原文物》1988 年第 3 期。

③ 吴镇烽：《也谈周代女性称名的方式》，复旦大学出土文献与古文字研究中心网站(http://www.gwz.fudan.edu.cn/Web/Show/2822)，2016 年 6 月 7 日；《再谈所谓的“周代女性称名原则”》，简帛网(http://www.bsm.org.cn/show_article.php? id=2930)，2017 年 10 月 21 日。李峰：《再论周代女性的称名原则》，简帛网(http://www.bsm.org.cn/show_article.php? id=2911)，2017 年 10 月 6 日。

④ 顾炎武著，黄汝成集释，栾保群校注：《日知录集释(校注本)》，浙江古籍出版社 2013 年版，第 1138~1139 页。

⑤ 此器属息县县公之器，详见田成方、陈鑫远：《息器与周代息国、楚息县》，《出土文献》第 15 辑，中西书局 2019 年版，第 76~77 页。

说明。如上所证，上鄀公簠的年代为春秋中期早晚段之间，研究表明，楚人当在此前已“灭”上鄀，并在其故地置上鄀县①。由此来看，上鄀公簠之“上鄀”不可能指上鄀国，应当是上鄀县，作器者为楚上鄀县的县公。

其次，进一步从上鄀公簠的铭文看，上鄀公所媵二女分别为叔芈、番己。根据《世本》记载：“鄀，允姓国，昌意降居为侯。”②如果上鄀公簠铭中的“上鄀公”为上鄀国国君，即这件媵器的作器者上鄀公为允姓，则他与叔芈、番己均无直接的血缘关系，这在情理上是难以解释的。上鄀国国君为两位毫无血缘关系的女子铸造媵器，且此媵器又最终埋葬于楚薳氏家族墓地，亦超出通常的认识范畴。若将簠铭中的“上鄀公”理解为楚上鄀县县公，上述疑虑便可烟消云散。楚国县公，绝大多数出自芈姓公族。③ 下寺薳氏家族墓M8的墓主为薳以邓。④ 朱凤瀚、刘彬徽先生认为“以邓”即簠铭中的上鄀公，⑤ 颇有道理。薳氏出自楚王族，春秋时期显赫一时。⑥ 薳氏贵族担任上鄀县公，负责扼守秦、楚之间的丹江孔道，是完全有可能的。既然上鄀公簠是以邓为小女儿叔芈做的媵器，为何又埋葬于他自己的墓中呢？比较好的解释是，下寺 M8 墓主以邓死后，其小女将父亲陪送的嫁妆，作为助丧之器又返送给亡父随葬，以志哀念。媵器随葬于作器者的墓中，在以往的考古工作中并不少见，比如山东枣庄小邾国墓地出土的郳友父鬲（《铭图》02938），是郳友父为其女“胙曹”出嫁所作媵器；河南三门峡虢国墓地流散出来的虢□士成父匜（《铭图》14927），是虢国贵族作的媵器；安徽寿县蔡昭侯申墓出土多

① 徐少华：《鄀国铜器及其历史地理研究》，《江汉考古》1987 年第 3 期；刘彬徽：《上鄀府簠及楚灭鄀问题简论》，《中原文物》1988 年第 3 期。

② 《世本·氏姓篇》（秦嘉谟辑补本），《世本八种》，商务印书馆 2008 年版，第 308 页。

③ 详参徐少华：《周代南土历史地理与文化》，武汉大学出版社 1994 年版，第 286 页。

④ 李零：《再论淅川下寺楚墓——读〈淅川下寺楚墓〉》，《文物》1996 年第 1 期；田成方：《东周时期楚国宗族研究》，科学出版社 2016 年版，第 25~26 页。

⑤ 朱凤瀚：《古代中国青铜器》，南开大学出版社 1995 年版，第 899 页；刘彬徽：《楚系青铜器研究》，湖北教育出版社 1995 年版，第 66 页。

⑥ 田成方：《东周时期楚国宗族研究》，科学出版社 2016 年版，第 13~37 页。

件蔡昭侯为嫁给吴王的女儿“大孟姬”所作媵器，有蔡侯尊(《集成》05939、06010)、蔡侯申缶(《集成》10004)、蔡侯盘(《集成》10171)等。由此来看，上鄀公为小女儿叔芈作的媵器，埋葬于他本人的墓穴当中，也就不足为奇了。

芈姓贵族担任上鄀县公，还见于传世的上鄀公簠盖(《集成》04569、《铭图》05895)。这件簠盖铭文作：“上鄀公作犀仲嬭义男尊簠，子子孙孙永宝用之。”《集成》《铭图》均缺释“上”字，① 不确。从铭文拓片看，“鄀”字的位置显然比第二行、三行、四行的首字低小半格，“鄀”字之上接近拓片边缘处，尚存残泐的短横、长横各一，应即“上”字。这件簠盖是上鄀公为“犀仲嬭义男”所作媵器，“犀”是这位芈姓女子所适的夫族之名，“义男”为其私名。这件簠盖的作器者——上鄀公，应是“犀仲嬭义男”的近亲，亦当是芈姓贵族。从器铭行文风格看，上鄀公簠盖与下寺出土的上鄀公簠，“时代当相去不远，两上鄀公不知是否一人”②。

综上分析，春秋时期的上鄀县公，确实曾由芈姓贵族担任。淅川下寺M8出土的上鄀公簠，作器者“上鄀公”与上鄀国无关，是墓主薳以邓的可能性最大。

(二)“一器媵二女”辨

上鄀公簠所媵的女子有两位，这种现象被称为“一器媵二女”。关于“一器媵二女”的现象，杨树达先生比较诸器后指出，铭文中二女“宾主分明”，为嫡前媵后，共适一国，③ 此说后来被广泛接受。关于上鄀公簠铭文中作器者与出嫁女子的关系，吴镇烽先生认为叔芈是上鄀公的女儿，上鄀

① 中国社会科学院考古研究所编：《殷周金文集成》(修订增补本)，中华书局2007年版，第2939页；吴镇烽主编：《商周青铜器铭文暨图像集成》第13册，上海古籍出版社2012年版，第165页。又按：“中(仲)”字右下两短横为羡笔或残泐之痕，非重文符号。

② 徐少华：《鄀国铜器及其历史地理研究》，《江汉考古》1987年第3期。

③ 杨树达：《积微居金文说》“曾侯簠”条，中华书局1997年版，第53~54页。

国应是芈姓。① 因文献记载鄀国属允姓，李峰先生认为二女均与上鄀公(亦将上鄀公理解为上鄀国国君)无关。② 上文已辨明，上鄀公簠中的“上鄀公”并非上鄀国国君，而是楚上鄀县的县公薳以邓。所以，上鄀公簠的作器者与两位女性之间的关系，恐非如吴、李两先生所言。

除上鄀公簠外，一器媵二女还见于传世的曾侯作叔姬簠(《集成》04598)和许子妆簠(《集成》04616)。曾侯作叔姬簠铭作(参见图 3-9)：

图 3-9　曾侯作叔姬簠铭

① 吴镇烽：《也谈周代女性称名的方式》，复旦大学出土文献与古文字研究中心网站，2016 年 6 月 7 日；《再谈所谓的“周代女性称名原则”》，简帛网，2017 年 10 月 21 日。

② 李峰：《再论周代女性的称名原则》，简帛网，2017 年 10 月 6 日。

叔姬霝乍(迮)黄邦，曾侯乍(作)叔姬、邛嬭媵器𪔂彝。其子子孙孙，其永用之。

这件铜簠是曾侯为“叔姬霝乍(迮)黄邦”所作媵器。近年出土材料证实，这个曾国即传世文献记载的姬姓随国。① 叔姬霝即叔姬，当是作器者的小女儿，邛芈则是芈姓邛族的陪嫁女子②。许子妆簠盖内铭文作(参见图3-10)：

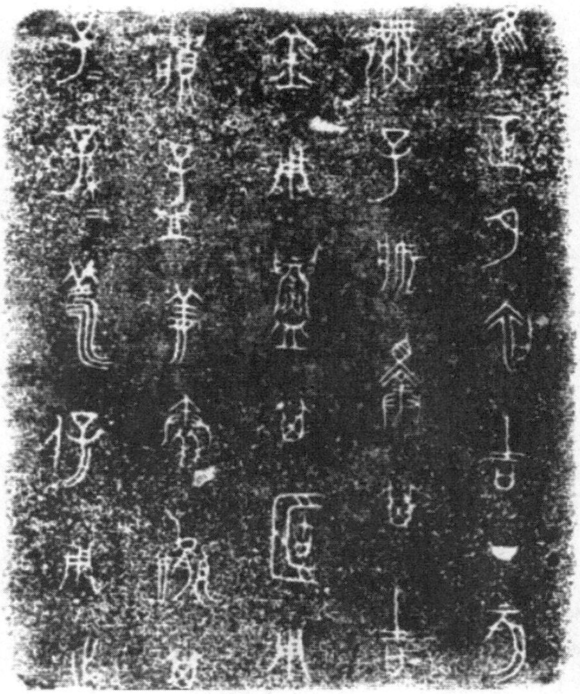

图3-10　许子妆簠盖铭

① 徐少华：《论随州文峰塔一号墓的年代及其学术价值》，《江汉考古》2014年第4期。

② 吴镇烽先生《再谈所谓的“周代女性称名原则”》(简帛网，2017年10月21日)认为是芈姓邛国。

隹(唯)正月初吉丁亥，鄦(许)子妆择其吉金，用铸其簠，用媵孟姜、秦嬴，其子子孙孙羕(永)保用之。

作器者为“许子妆”，所媵对象为孟姜、秦嬴。该簠年代为春秋晚期，从称谓来看，作器者“许子妆”应是附楚的许国国君。春秋中期以后，楚系小国的国君多称“某子”,① 如《左传》记载的有麇子、赖子、顿子、胡子等，铜器有钟祥黄土坡出土的邓子与盘(《新收》1242)之“邓子”②，固始侯古堆 M1 出土的番子成周钟(《新收》0283~0291)之“番子”③，淅川下寺 M36 出土的鄝子妆戈(《新收》0409)之“鄝子”等。许国为姜姓之裔，簠铭中的“孟姜”应是这位许国国君的长女，“秦嬴”则是来自秦国的媵女。如果认为是秦女外嫁、许女为媵，则是不合适的。

以上三件一器媵二女铜器，其铭文所见人物关系如表 3-1 所示：

表 3-1 一器媵二女铜器人物关系表

	许子妆簠	曾侯作叔姬簠	上鄀公簠
作器者	许子妆	曾侯	上鄀公
嫡女	孟姜	叔姬	叔芈
媵女	秦嬴	邛芈	番己

很显然，这三篇铭文的格式有共通之处：嫡女(即主嫁女)在前，省略族氏，辈次明确；媵女居后，族氏清楚，辈次不详。作器者与嫡女应是同族近亲，父女关系的可能最大，即许子妆、曾侯、上鄀公分别是孟姜、叔姬、叔

① 详参田成方、陈鑫远：《息器与周代息国、楚息县》，《出土文献》第 15 辑，中西书局 2019 年版，第 81~82 页。

② 刘昌银：《钟祥出土的邓子盘》，《江汉考古》1993 年第 4 期；荆州博物馆等：《湖北钟祥黄土坡东周秦代墓发掘报告》，《考古学报》2009 年第 2 期。

③ 河南省文物考古研究所编著：《固始侯古堆一号墓》，大象出版社 2004 年版，第 52~62 页，彩版 25~27。

芈的父亲。女儿出嫁，父亲为其铸造铜器，作为陪送的嫁妆，合乎人情伦理。铭文中的嫡女称谓，是从父家的立场出发，是家长对出嫁女子的称呼，因而无需赘缀族氏。① 但是嫡女的辈次通常是要注明的，这是因为辈次不仅体现主嫁女在家族的位次，同时也方便与作器者的其他女儿相区分。异姓媵女，由于来自其他的国族，因而在铭文称谓格式中，特别强调了她的父氏，揣其本意，大概是为彰显作器者与媵女之族的密切关系。

以上三例铭文，均为主嫁者父亲所作之器。陈昭容先生指出，也有媵女母家为女儿与主嫁者共同作器，如伯狺父鬲(《集成》0615)："伯狺父作井姬、季姜尊鬲"，季姜是伯狺父之女，井姬是主嫁女，此类铭文"嫡先媵后，次序分明"，即使是媵女的母家作器，铭文次序仍遵循主嫁女居先的原则。②这种人名先后的排列次序，是礼法"明尊卑之等"(《礼记·祭统》)的具体体现。伯狺父鬲铭文中强调媵女"季姜"的辈次，突出主嫁女"井姬"的族属，与上述三器中主嫁女、媵女的称谓格式正好相反，大概由于伯狺父鬲是媵女父家铸造的缘故。

上述三件铜器中，上鄀公簠是唯一的一件楚国县公所作媵器，较为特殊。簠铭之"上鄀公"是作器者的具体官职，与另外两器的作器者为小国国君不同。涉及一器媵二女的许、黄、曾、番等国，均是春秋时期的楚系附庸，而秦国与楚国山水毗邻，春秋中期常与之联姻，③ 表明"一器媵二女"具有明显的地域性，李峰先生认为这反映了区域的政治关系④。春秋早期以降，周天子权力式微，处于汉淮地区的楚国，大肆对外扩张，周边小国悉数沦为其附庸。楚系附庸下的诸侯小国之间，诸侯小国与楚公族之间，出于政治共生关系的需要，织成了相互交错的婚姻网络，"一器媵二女"正是这种婚

① 陈絜先生指出家长对出嫁女子的称名形式中"'父家氏名'是绝对不用的"，参陈絜：《商周姓氏制度研究》，商务印书馆2007年版，第316页。

② 陈昭容：《两周婚姻关系中的"媵"与"媵器"——青铜器铭文中的性别、身份与角色研究之二》，台湾《"中研院"历史语言研究所集刊》第77本第2分，2006年。

③ 张鸿亮：《东周楚国联姻考述》，《江汉考古》2007年第2期。

④ 李峰：《再论周代女性的称名原则》，简帛网，2017年10月6日。

姻政治的具体体现。处于陪嫁地位的异姓媵女，不仅实现了父国与夫国的姻亲连结，① 并且巩固了父国与主嫁女父家的政治关系。值得注意的是，作为楚国地方长官的上鄀县公，亦参与楚系附庸体系下的婚姻往来。上鄀公簠中的“番已”为“叔芈”的媵女，表明上鄀公的政治地位，不亚于楚系附庸下的小国国君。楚国政治结构下的县公与楚系诸侯，其角色表现还见于以下记载：

(1)《左传》宣公十一年(前 598 年)，楚庄王“县陈”之后，“诸侯、县公皆庆”，前来庆贺的“诸侯”显系楚之附庸，其位次与楚国县公对等。

(2)《左传》宣公十二年，楚师围郑，郑伯“肉袒牵羊，示服为臣仆”②，请求楚王“使改事君，夷于九县”，“事君”之国与“九县”亦相提并论。

(3)《左传》昭公十二年(前 530 年)：“楚子狩于州来，次于颍尾，使荡侯、潘子、司马督、嚣尹午、陵尹喜帅师围徐，以惧吴。”杜预以“五子”乃“楚大夫”③，不甚确切。荡侯、潘子应是附属于楚的国君，地位近于楚国县大夫。

(4)《新序·杂事三》“楚庄王问于孙叔敖”章，楚庄王“愿相国(案：指令尹孙叔敖)与诸侯、士大夫共定国事”④。此处与相国、士大夫等楚贵族共商大事的诸侯，也即楚之附庸。

---

① 徐杰令：《春秋时期联姻对邦交的影响》，《东北师大学报》(哲学社会科学版)2004 年第 1 期。

② 《左传》宣公十二年“郑伯肉袒牵羊以逆”句杜注，参杜预注，孔颖达疏：《春秋左传正义》卷 23，《十三经注疏(附校勘记)》(影印阮元校勘缩印本)，中华书局 1980 年版，第 1878 页。

③ 杜预注，孔颖达疏：《春秋左传正义》卷 45，《十三经注疏(附校勘记)》(影印阮元校勘缩印本)，中华书局 1980 年版，第 2063 页。

④ 旧本皆“诸侯”连称，今本或以为“侯”是衍字(参刘向编著，石光瑛校释：《新序校释》，中华书局 2011 年版，第 271 页)，不可信。

不难看出，春秋中期以后，楚国政治体系的附庸诸侯、士大夫、县公，有着颇为相近的政治身份——拱卫楚王的义务，治理地方的责任。一器媵二女铜器反映出的楚系诸侯、县公之间的婚姻联络，不过是这一历史背景下它们相互依存的方式之一。

婚嫁相媵，是上古时期的重要制度。①《公羊传》庄公十九年(前675年)云："诸侯娶一国，则二国往媵之，以侄娣从。"说明送女之媵在当时颇为普遍。《左传》成公八年(前583年)云："卫人来媵共姬，礼也。凡诸侯嫁女，同姓媵之，异姓则否。"杜预注："必以同姓者，参骨肉至亲，所以息阴讼。"过去多以"媵必同姓"，否则不合礼法。《春秋》成公十年："齐人来媵。"杜预注："异姓来媵，非礼也。"然而，是否"媵必同姓"，自古便遭质疑。何休《左氏膏肓》："媵不必同姓，所以博异气。"②《白虎通·嫁娶》也说："不娶两娣何？博异气也。娶三国女何？广异类也。恐一国血脉相似，俱无子也。"均认为"媵不必同姓"，其依据是"异姓相媵"可"博异气"，有助于繁衍子嗣。而清人俞正燮认为："《左传》记载实事，言同姓当媵异姓不必凡嫁皆媵，非谓异姓不许媵。"③其说可能更近事实。上举几例一器媵二女的情况，均为异姓相媵，而同姓相媵之例，出土资料则颇为稀见，这当然不是当时媵制的真实状况。纵观史籍记载，同姓相媵显然占据多数，而"异姓不必凡嫁皆媵"，异姓相媵的数量则少得多。"异姓相媵"的产生原因，除了可"博异气"、有助生育外，从铜铭所见情况来看，政治因素恐怕是这种婚嫁形式背后的最重要推力。

综上分析，淅川下寺M8出土的上鄀公簠，时代属春秋中期早晚段之际，

---

① 杨筠如撰，李辉选编：《杨筠如文存·媵》，江苏人民出版社2015年版，第74~86页；陈昭容：《两周婚姻关系中的"媵"与"媵器"——青铜器铭文中的性别、身份与角色研究之二》，台湾《"中研院"历史语言研究所集刊》第77本第2分，2006年。

② 杜预注，孔颖达疏：《春秋左传正义》卷26，《十三经注疏(附校勘记)》(影印阮元校勘缩印本)，中华书局1980年版，第1905页。

③ 俞正燮撰，涂小马等校点：《癸巳类稿》卷2"武王女得适齐侯之子义答何休皇甫谧"条，辽宁教育出版社2001年版，第32页。

作器者是楚上鄀县县公薳以邓，叔芈是他的女儿，番己则是媵女。目前所见媵二女的铜器中，上鄀公簠的作器者是楚国县公，较为特殊，体现了县公在楚国政治体系下的重要地位。据青铜器铭文来看，一器媵二女的现象在周代江汉地区较为流行。一器媵二女的女性名字，次序上嫡先而媵后，遵守礼法等级，称谓格式则因作器者立场不同存在明显区别。

第四章　淅川和尚岭、徐家岭𨚵氏墓地

1990年至1991年，考古工作者在淅川下寺以北的和尚岭、徐家岭发掘大中型楚墓12座，其中和尚岭两座、徐家岭10座(其中M7被盗掘一空)，出土了大量珍贵文物，包括一批有铭青铜器。2006年至2007年，考古部门在徐家岭墓地又抢救清理了3座被盗楚墓，其中位于徐家岭M10南侧6米的M11尤为重要。①

和尚岭和徐家岭墓地均位于淅川龙城以西、下寺墓地以北的丘陵上(参见图4-1)，分别隶属淅川县仓房乡陈庄行政村东沟村和沿江村。两处墓

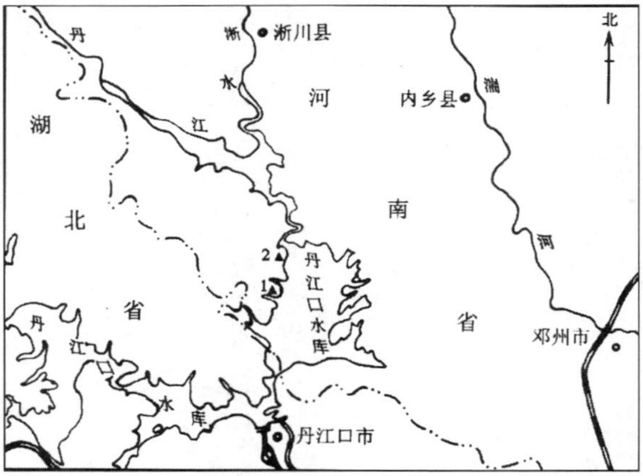

图4-1　淅川和尚岭、徐家岭墓地位置图(1. 和尚岭墓地；2. 徐家岭墓地)②

---

① 河南省文物管理局南水北调文物保护办公室等:《河南淅川县徐家岭11号楚墓》,《考古》2008年第5期。

② 采自河南省文物考古研究所等编著:《淅川和尚岭与徐家岭楚墓》，大象出版社2004年版，第3页。

地出土了大量倗氏铜器，器主有倗子辛、倗子受、倗子孟升嬭、倗子孟青嬭、倗子昃等。关于这些人物与各墓葬的关系、人物之间的辈分关系，过去有所讨论。① 由于徐家岭 M11、M12、M13 的发掘及对诸墓出土器物、年代等方面研究的深入，有必要对这些墓葬的年代、墓主身份、墓葬之间的关系、墓地布局等重新加以讨论，以期能对这批材料有更深入的了解和认识。

第一节　和尚岭 M1、M2 的墓主及族属

如第一章第二节所述，关于和尚岭两座楚墓的年代，学界基本达成一致认识，即 M1 年代略早于 M2，M1 为春秋晚期晚段，M2 为战国早期偏早。但是关于两座墓的墓主身份及其族属，目前还存在一些不同意见，尚需进一步讨论和辨析。

学界对和尚岭两座墓葬墓主身份的认识，是伴随着墓葬年代的讨论同时展开的。和尚岭墓地发掘者在最初简报中，主要依据 M1 出土的 2 件克黄升鼎（M1：2、M1：3）及收缴被盗方壶盖沿内壁上的“克黄”铭文（参见图 4-2、图 4-3），认为 M1 墓主为见于《左传》宣公四年（前 605 年）的楚庄王时期箴尹克黄（令尹子文之孙，属斗氏家族），M2 则是克黄夫人、曾国女子，两墓年代均属春秋中期后段。② 此论一出，旋即引发质疑，主要疑问是这两座墓葬的随葬品体现了春秋晚期到战国早期的特征，而《左传》记载的箴尹克黄活动在春秋中期，之间悬隔达百年之久。因此，后来正式出版的发掘报告也承认，和尚岭两座墓的随葬器物与下寺 M10、M11 接近，故将它们的年代修订为春

① 贾连敏：《淅川和尚岭、徐家岭楚墓铜器铭文简释》，河南省文物考古研究所等编著：《淅川和尚岭与徐家岭楚墓》附录一，大象出版社 2004 年版，第 363～364 页；田成方：《东周时期楚国宗族研究》，科学出版社 2016 年版，第 27～33 页。

② 河南省文物考古研究所等：《淅川县和尚岭春秋楚墓的发掘》，《华夏考古》1992 年第 3 期；河南省文物考古研究所等编著：《淅川和尚岭与徐家岭楚墓》，大象出版社 2004 年版，第 120～121 页。

图 4-2　克黄升鼎及其铭文

图 4-3　克黄壶及其铭文①

① 克黄壶及铭文照片采自淅川县博物馆编著:《淅川楚国青铜器精粹》，中州古籍出版社 2013 年版，第 68 页。

秋晚期，但是在墓主身份上，则依然坚持简报的意见。① 发掘者之所以坚持原来的意见，大概出于以下两方面的考虑：

一是很可能认为箴尹克黄一直活到了春秋晚期，所以特别强调“M1 的墓主是春秋中晚期楚国的高级贵族克黄”②，试图拉长箴尹克黄的活动下限，以解决与墓葬年代之间的冲突。据《左传》宣公四年（前 605 年）记载，当年箴尹克黄出使齐国，显然他业已成年。若和尚岭 M1 墓主果系箴尹克黄，按照墓葬年代为春秋晚期偏晚估算，则克黄卒年当在 120 岁左右，这几乎是不可能的。

二是发掘者认为“克黄升鼎是目前发现的最早的楚式升鼎，是春秋中期楚升鼎的标准断代器”，铸造于前 605 年克黄更名之前。③ 也就是说，这座墓葬既有年代为春秋中期的器物，也有春秋晚期的器物。主张 M1 年代为春秋晚期偏晚的高成林先生，也认为克黄升鼎的年代为春秋中期，指出“较晚墓中出现时代较早的器物，这种现象在考古发现中十分普遍，也很正常”④。不过，冯峰先生的类型学分析表明，和尚岭 M1 出土的克黄升鼎、盗自该墓的克黄壶、流散海外的楚叔之孙克黄豆等，在器型、纹饰、装饰、铭文字体等诸多方面均体现出了春秋晚期偏晚的作风，特别是“克黄鼎的纹饰貌似古朴，年代却不早”，“在楚式升鼎中，克黄鼎的形制与连迂升鼎、薳子受升鼎比较接近”，年代均为春秋晚期。⑤ 据此，下寺 M1 出土铸有“克黄”铭文的铜器，年代特征也就指向春秋晚期。

所以，楚庄王时期的箴尹克黄既非和尚岭 M1 的墓主，也不可能是 M1 出

---

① 河南省文物考古研究所等编著：《淅川和尚岭与徐家岭楚墓》，大象出版社 2004 年版，第 24、118~119 页。

② 河南省文物考古研究所等编著：《淅川和尚岭与徐家岭楚墓》，大象出版社 2004 年版，第 120 页。

③ 河南省文物考古研究所等编著：《淅川和尚岭与徐家岭楚墓》，大象出版社 2004 年版，第 121 页。

④ 高成林：《淅川和尚岭楚墓的时代问题》，《中原文物》1996 年第 4 期。

⑤ 冯峰：《克黄器与淅川薳氏墓群》，《湖南考古辑刊》第 11 集，科学出版社 2015 年版，第 280~283 页。

土克黄铜器的器主。近来有学者重拾和尚岭 M1 墓主为箴尹斗克黄的说法，并进一步申述下寺、和尚岭、徐家岭为楚斗氏的家族墓地，① 是不足为信的。

由于和尚岭 M1 出土了克黄升鼎、克黄壶及楚叔之孙克黄豆，并未见其他人作器，一般而言，器主“克黄”应当就是该墓的墓主了。那么，这位春秋晚期的“克黄”究竟是谁呢？然而史籍并无相关记载。这就需要结合和尚岭 M1、M2 出土资料加以综合考察。赵平安先生虽认为和尚岭 M1 墓主是“克黄”，但他根据和尚岭 M1 出土曾太师奠鼎，M2 出土闈尹輎鼎、曾仲邶君腱方形器座等有铭器物，提出这个“克黄”曾任曾国太师、闈尹，为姬姓曾国王族。② 将“克黄”认定为曾国王族，显然曲解了墓中所出曾国铜器的性质。下面结合这两座墓葬出土有铭器物，对墓主身份试作解析。

首先来看和尚岭 M2 的情况。M2 在和尚岭 M1 西北 9 米，墓穴为长方形竖穴土坑，朝东向，墓口东西长 7. 48、南北宽 7. 36 米，墓底有熟土二层台，葬具为一椁重棺，椁室内有两具殉人骨架。墓坑西部尽管有一盗洞，但因墓室较深、填土含水量大和保护及时，椁室未被盗开，使得绝大部分随葬品幸免于难。随葬铜礼器有鼎 7(繁鼎 4、盂鼎 2、闈尹輎鼎 1)、簠 2、仲姬敦 1(自名“盏”，参见图 4-4)、画像壶 2、浴缶 1、盘 1、匜 1、斗 2(其一原称

图 4-4　仲姬□敦及其铭文

① 陶亮、于璐：《淅川楚墓与楚国鬭氏》，《中原文物》2015 年第 4 期。

② 赵平安：《河南淅川和尚岭所出镇墓兽铭文和秦汉简中的“宛奇”》，《中国历史文物》2007 年第 2 期。

“勺”)，乐器有倗子受编钟 1 套(钮钟 9、镈钟 8)、编磬 12，以及车马器、玉石器、曾仲倗𦣻𦛨方形器座等。发掘报告根据墓中没有随葬兵器，认定墓主为女性，是非常正确的。该墓出土的方形器座(参见图 4-5)，过去一般认为是镇墓兽，但越来越多的资料表明，这类器物可能是藉陈衣物服饰的“首饰挂架”之底座，一般见于女性贵族墓中，① 这就又增添了徐家岭 M2 墓主为女性的证据。这件方形器座顶端有 8 字铭文：“曾仲倗𦣻𦛨之且埶。”“且埶”为器名，过去释读不一，现在来看，较可能读为“藉设”，即可凭藉之设施②。“𦣻𦛨”，贾连敏先生认为是“曾仲”私名，器主即曾国仲辈女子嫁于薳氏者，③ 当是。由于曾国为姬姓，曾仲倗𦣻𦛨也即仲姬□盏之仲姬，“仲姬”

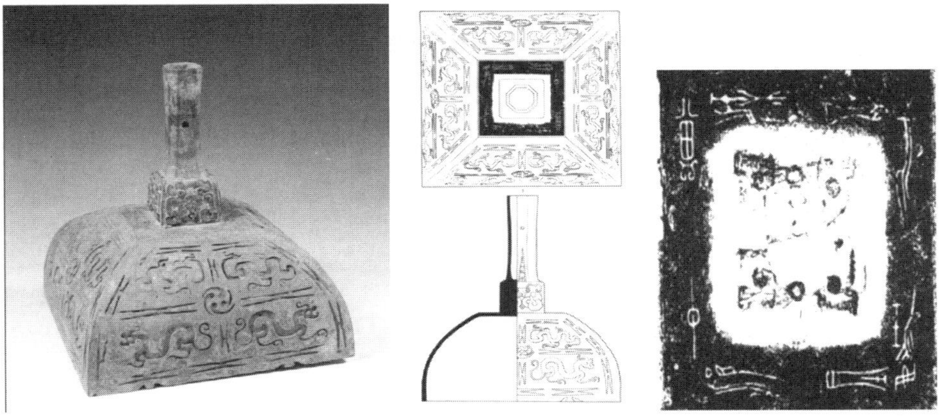

图 4-5 曾仲倗𦣻𦛨方形器座及其铭文

① 方辉：《东周时期的埶、硂与首饰挂架》，《东方考古》第 9 集，科学出版社 2012 年版，第 309~315 页。

② 石小力：《东周金文与楚简合证》，上海古籍出版社 2017 年版，第 134~139 页。

③ 贾连敏：《淅川和尚岭、徐家岭楚墓铜器铭文简释》，河南省文物考古研究所等编著：《淅川和尚岭与徐家岭楚墓》，大象出版社 2004 年版，第 359 页。

应为曾仲姬之省。有学者认为器主是陈国女子嫁入曾国者,① 或认为是楚国𠂤族女子嫁到曾者,② 均不确。“曾仲𠂤𦺇𦟜”的称谓结构是“母族氏+夫氏+私名”，例同苏卫妃鼎之“苏卫妃”(《集成》02381~02384)，将女子的母族氏称置前，以显尊崇之意。因此该器不会是作为嫁妆的媵器，很可能是仲姬嫁入𠂤氏后所作之器。𠂤子受编钟是𠂤子受送给仲姬用以助丧的一套编钟。冯峰先生说𠂤子受很可能是克黄之子，并且据编钟铭文“惟十又四年”的纪年，指出 M2 年代不会早于楚惠王十四年(前 475 年)，很有道理。③ 闒尹𩋎鼎很可能也是助丧之器。这件鼎自称“胵(厨)鼎”，与和尚岭 M1 曾太师鼎自名一致，大概也是曾国器物。所以，它可能是来自曾国、仲姬母家的助丧品。

和尚岭 M2 墓主身份明确之后，M1 墓主的身份便容易辨识了。既然 M2 墓主仲姬夫家族氏是𠂤，则 M1 墓主也即𠂤氏贵族。和尚岭 M1 墓穴亦为长方形竖穴土坑，朝东向，墓口东西长 6. 8、南北宽 6. 44 米，小于 M2，墓底有熟土二层台，葬具为一椁一棺。该墓多次被盗，椁内遭破坏严重，残存随葬品仅有铜鼎 6(克黄升鼎 2、曾太师奠鼎 1、飤鼎 2、繁鼎 1)、铜簠残片，乐器存编磬 9 件，以及车马器、兵器、玉石器若干。追缴盗自该墓的铜器有克黄铜壶、克黄豆等。流失海外的“楚叔之孙克黄”方豆(参见图 4-6)，据传也出自和尚岭 M1。这些克黄铜器，无疑是墓主𠂤克黄的自作器。上引冯峰先生文认为𠂤克黄是𠂤子受的父亲，和尚岭 M1 年代下限为楚惠王十四年(前 475 年)，那么这位“克黄”的主要活动年代就应在前 500 年左右。除克黄的器物外，和尚岭 M1 还出土一件曾太师奠鼎(M1：5)，应是姻亲方赗送的助丧品。

① 宋华强先生将曾仲𠂤𦺇𦟜方形器座中的“𠂤”读作“妫”，认为“曾仲妫”是陈国公族女子嫁入曾国者，值得商榷：(1)国族之姓在古文字中一般从“女”旁，而𠂤字从邑。(2)嫁入曾国的陈国女子之铜器出现在薳氏家族墓地，难以解释。参宋华强：《淅川和尚岭“镇墓兽座”铭文小考》，简帛网(http://www.bsm.org.cn/show_article. php? id = 1425)，2011 年 3 月 28 日。

② 赵平安：《河南淅川和尚岭所出镇墓兽铭文和秦汉简中的“宛奇”》，《中国历史文物》2007 年第 2 期。

③ 冯峰：《克黄器与淅川薳氏墓群》，《湖南考古辑刊》第 11 集，科学出版社 2015 年版，第 287 页。

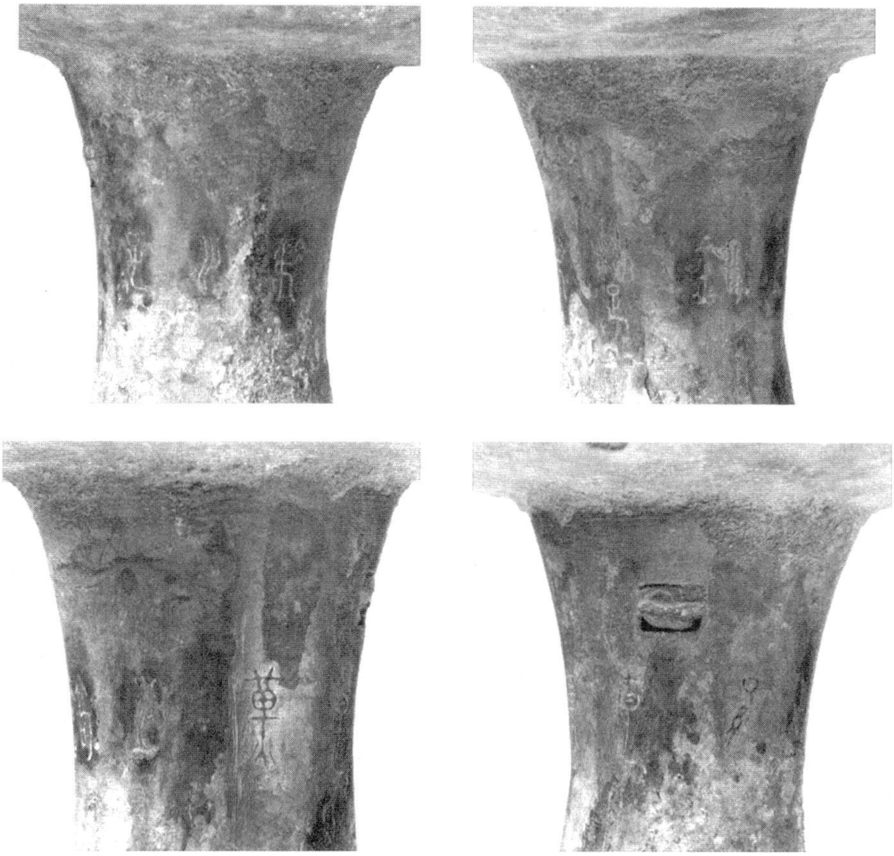

图 4-6　瑞士玫茵堂收藏的楚叔之孙克黄方豆

关于倗克黄的名字，冯峰先生推测与楚灭黄有关。① 楚国灭黄，见于《左传》僖公十二年，是年为楚成王二十四年(前 648 年)，而倗克黄为春秋晚期人，距离黄国被灭已经有相当长的时间，“克黄”当与楚人灭黄无关。关于倗克黄的身份，我们过去曾提出过一个大胆的意见，不妨摘录如下：

① 冯峰：《克黄器与淅川蒕氏墓群》，《湖南考古辑刊》第 11 集，科学出版社 2015 年版，第 287 页。

徐家岭M3出土有一件□子辛戈(M3：131)，与一件据传从和尚岭M1盗失海外的铜簠器主同名。该簠器铭作“鄬子辛之食簠”，李学勤、李零两位先生曾相继撰文介绍，李零文章中还附有该簠器形及铭文的图片。李学勤先生认为该簠“器铭较为粗劣，疑系仿刻”。从图片看，该器铭文笔道虽显轻浅，但笔法运用纯炼，字体纤柔婉转，不似仿刻所为。鄬子辛簠及徐家岭M3出土的□子辛戈，均鄬子辛所作之器。鄬子辛戈为短援长内，援和内上沿较平直，斜胡三穿，最上一穿半圆形，内下角有缺口，内上有一长方形穿，形制上与下寺M10出土的Ⅰ式铜戈(M10：85)接近。鄬子辛簠之年代，李零先生亦推定为春秋晚期。鄬子辛簠、戈之年代均在春秋晚期，与和尚岭M1的年代大约同时。我认为，铭文中的克黄与鄬子辛当是同一人，克黄是鄬子辛之字。众所周知，古人行弱冠之礼后因名定字，名、字之间一般存在某种联系，如楚令尹王子午，字子庚，午、庚是相应的天干和地支；太子建，字子木，建即某种树木。“辛”与“克黄”之间也可能存在关联，如《说文·辛部》“辛”条云：“秋时万物成而孰。金刚，味辛，辛痛即泣出。”天干“辛”对应的五行是金，而土生金，“土”对应的色泽正是黄。《释名·释天》：“辛，新也。物初新者皆收成也。”秋天万物长成时，金黄是最具代表的色彩。故以辛为名者，取其关联意象“克黄”作为字，顺理成章。再结合楚叔之孙克黄、鄬子辛同属一个家族，活动时间都在春秋晚期，则二者是同指一人的可能性大。①

这一推测能否成立，尚需更多资料来检验。

综上所述，和尚岭M1墓主应为鄬克黄，M2墓主为曾仲姬，两人均系春战之际的人物。只不过丈夫鄬克黄死亡较早，墓葬年代为春秋晚期偏晚。夫人曾仲姬享年略长，墓葬年代为战国早期初年。

---

① 田成方：《东周时期楚国宗族研究》，科学出版社2016年版，第30页。

第二节 淅川徐家岭㑇氏家族墓地

淅川徐家岭墓地位于和尚岭墓地以北 3 千米处，隶属淅川县仓房乡沿江村郭家窑小组。徐家岭是龙山的北部余脉，西南部即为龙山主体。1990 年至 1991 年，考古部门在徐家岭发掘了 10 座楚墓(编号 M1～M10)，其中 M2、M4、M5、M8 被盗严重，M7 几乎被盗一空。2006 年年底至 2007 年年初考古部门又在徐家岭抢救性发掘了 3 座被盗的楚墓，编号为 M11、M12、M13。徐家岭 M9 位于整个岭地的最高处，东南为 M12、M3、M2、M1、M13，东为 M4、M5，东北部为 M6、M8、M7，西北为 M10、M11 及 M9 的祔葬车马坑(参见后图 4-8)。根据出土铜器铭文的内容，我们认为这座墓地应是薳氏小宗——㑇氏的族墓地。① 下面结合后来发掘的三座墓葬的情况，在已有研究、探讨的基础上，主要就徐家岭诸墓的年代、墓主身份、墓葬之间的关系、墓地布局等问题进行探析。

一、徐家岭诸墓的年代和墓主

第一次发掘的徐家岭 10 座墓葬，发掘报告根据随葬器物的比较，将它们分为三期：第一期为春秋晚期，有 M3、M9，第二期为战国早期，有 M1、M5、M10，第三期为战国中期，有 M6，并将出土器物较少的 M2 定为战国早期，M8 定为战国中期。② 第二次发掘的 M11，简报定其年代为战国早期。③ 张昌平先生在研究曾国青铜器时，对徐家岭部分墓葬年代也进行了判断，认

① 田成方：《东周时期楚国宗族研究》，科学出版社 2016 年版，第 30～34 页。

② 河南省文物考古研究所等编著：《淅川和尚岭与徐家岭楚墓》，大象出版社 2004 年版，第 351～352 页。

③ 河南省文物管理局南水北调文物保护办公室等：《河南淅川县徐家岭 11 号楚墓》，《考古》2008 年第 5 期。

为徐家岭 M3、M9 年代为战国早期(偏晚)，徐家岭 M1、M10 为战国中期偏早。① 袁艳玲、张闻捷二位先生对楚系青铜器群进行了系统全面考察，认为徐家岭 M3、M9 铜器群年代为战国早期，徐家岭 M1、M10、M11 铜器群年代为战国中期早段，徐家岭 M6 铜器群年代为战国中期晚段,② 则对应墓葬的年代理应较铜器群稍晚。不难看出，关于徐家岭诸墓的年代，研究者之间尚存在较大分歧，但诸家在主要墓葬相对早晚的认识上基本一致，即 M3、M9 较早，M1、M10、M11 次之，M6 较晚。因此，只要确定其中几座墓葬的准确年代，便可解决徐家岭墓地年代序列问题。

徐家岭 M3、M9 是整个墓地年代最早的两座墓葬，这是研究者的共识。先来看 M9。该墓为长方形竖穴土坑，朝东向，墓口东西长 14.1、南北宽 12 米，五级台阶，葬具为一椁三棺，椁上平铺一层 0.8 米厚的河卵石。椁室西北角有一早期盗洞，导致一部分器物被盗，残存随葬品有鼎 4(邶子受升鼎 2、蟠螭纹升鼎 1、繁鼎 1)、鬲 3(邶子受鬲 1、云纹鬲 2)、曾媎孀朱姬簠 1、尊缶 2、浴缶 2、鉴 1、盘 1、匜 1、盆 1、斗 1 等，乐器仅存挂钩等附件，以及有大量车马器、兵器、玉石器等。徐家岭 M9 出土铜器与楚系铜器的类型学关系，上引诸家做了较多工作，都认为邶子受铜器群年代为战国早期偏早，但要稍晚于同为战国早期的和尚岭 M2、徐家岭 M3，大约是早期偏中阶段(前 450 年左右)，早于曾侯乙墓。墓中出土有铭铜器 5 件，包括 2 件邶子受升鼎(M9：9、M9：18)，1 件邶子受鬲(M9：7)，1 件曾媎孀朱姬簠(M9：15)，1 件许公戈(M9：61)。由于升鼎、铜鬲是贵族墓葬中最能代表身份的器类，说明邶子受应当是 M9 的墓主。铜簠铭文作(参见图 4-7)："穆₌曾媎(孟)孀朱姬之持。"贾连敏先生将"朱"读作邾，认为器主是姬姓曾国之女名媎孀嫁于邾国者,③ 值得商榷。我们认为，此处"媎"应读作孟，"孀朱"是私

① 张昌平：《曾国青铜器研究》，文物出版社 2009 年版，第 101～103 页。

② 袁艳玲、张闻捷：《楚系青铜器的分期与年代》，《考古学报》2015 年第 4 期。

③ 贾连敏：《淅川和尚岭、徐家岭楚墓铜器铭文简释》，河南省文物考古研究所等编著：《淅川和尚岭与徐家岭楚墓》附录一，大象出版社 2004 年版，第 360 页。

名，曾媎嫘朱姬即曾孟姬嫘朱，即名为嫘朱的曾国女子。曾媎嫘朱姬簠埋葬于㑥子受墓，表明两者存在密切关系。曾孟姬嫘朱或是㑥子受的夫人。㑥子受可能与其父克黄一样，都娶了曾国女子为妻。值得注意的是，㑥子受铜器还见于和尚岭 M2、徐家岭 M3，显示出㑥子受在家族中居于核心地位。

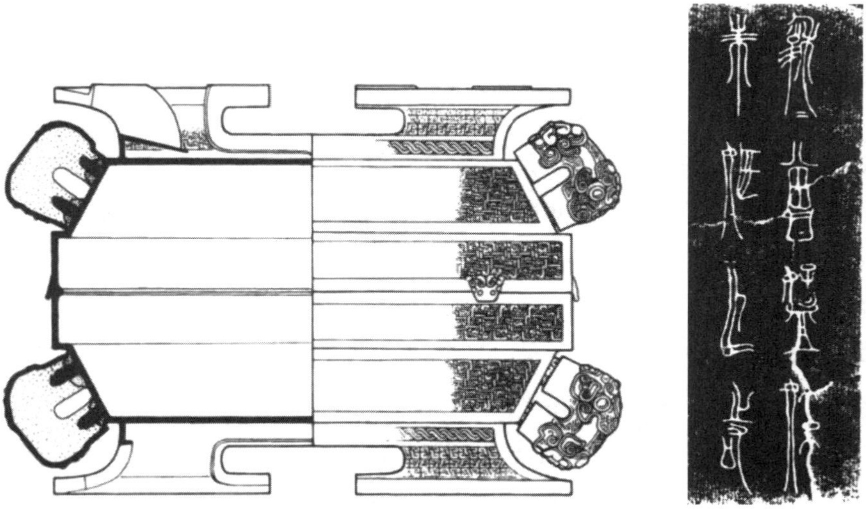

图 4-7　曾媎嫘朱姬簠(M9：15)线图及器内底铭文

2007 年发掘的徐家岭 M12，位于 M9、M3 之间，在 M9 以南不远，规模中等偏下，出土铜礼器有鼎、浴缶、盘、匜等。①《吉金墨影 · 南阳出土青铜器全形拓》公布了该墓出土的 2 件鸟嘴兽纹繁鼎和 2 件铜浴缶的器型照片。② 鸟嘴兽纹繁鼎与徐家岭 M9：21 鼎器型、纹饰如脱一范，浴缶盖立四环钮、假圈足外撇，明显晚于徐家岭 M9：41 浴缶。由此可见，和尚岭 M12 的年代大概与 M9 同时或稍晚。M12 与 M9 相距不远，东西向南北并列，且时代又相近，两墓墓主或可能是夫妇关系。但因 M12 资料尚未完全公布，墓

① 相关材料承南阳市文物考古研究所乔保同所长提供，在兹一并感谢。

② 南阳市文物考古研究所等编著：《吉金墨影 · 南阳出土青铜器全形拓》，河南美术出版社 2016 年版，第 118~121、170~173 页。

主性别等信息也不明确，这一推测尚需进一步验证。

徐家岭 M3 是战国早期偏早的墓葬。该墓在 M12 的东部偏南，海拔较 M9 低 2~3 米。墓葬形制为长方形竖穴土坑，朝东向，墓口东西长 10.6、南北宽 9.7 米，墓底有熟土二层台，葬具为一椁三棺(含两殉葬棺)。该墓遭盗掘严重，残存铜礼器有鼎 8(升鼎 4、佖子孟升嬭鼎 1、繁鼎 2、飤鼎 1)、浴缶 1、斗 1 等，乐器有钮钟 9、镈钟 8、编磬 12，以及车马器、兵器、玉石器等。其中有铭铜器 4 件：佖子孟升嬭鼎 1、佖子受戟 2、□(佖)子辛戈 1。如上所述，(佖)子辛、佖子受都不可能是 M3 的墓主，发掘报告认为佖子孟升嬭可能是该墓的墓主，① 可从。徐家岭 M3 的年代与和尚岭 M2 接近，属于战国早期偏早阶段。② 从年代来看，佖子孟升嬭很可能也是佖子辛(克黄)的子辈，他大概是佖子受的庶兄，因而稍早于佖子受，但宗族身份显然要低。和尚岭 M3 东南有一座中型墓 M2，墓穴亦为竖穴土坑，朝东向，墓口已残，尺寸不详，墓底有熟土二层台，葬具为一椁一棺。该墓的墓坑四角皆有生土柱，颇为少见。由于被盗严重，随葬铜礼器遭洗劫一空，仅存一些车马器、玉石器、陶豆等。未见兵器遗迹，表明墓主或为女性。发掘报告将墓主定为楚国的小贵族阶层，年代为战国早期，③ 大致可信。M2 在 M3 南侧不远，海拔相差不大，或可能是 M3 墓主之夫人。

徐家岭 M3、M9 之后是 M1、M10、M11。徐家岭 M1 位于墓地最南端，为一座甲字形墓地，墓道在墓室正东，有七级台阶。该墓墓穴近正方形，墓口东西长 9.2、南北宽 9.3 米，墓口至墓地有两级生土台，墓底有熟土二层台，葬具为一椁一棺，棺内存墓主骨架，经鉴定为男性。墓主脚端有一殉人，头朝南，经鉴定为儿童。该墓被盗严重，残存铜礼器的数量有鼎 5(飤鼎 4、盂鼎 1)、簠 2、敦 2、尊缶 2、浴缶 1、盘 1、匜 1，以及残存部分车马

---

① 河南省文物考古研究所等编著：《淅川和尚岭与徐家岭楚墓》，大象出版社 2004 年版，第 172 页。

② 张昌平：《曾国青铜器研究》，文物出版社 2009 年版，第 102~103 页。

③ 河南省文物考古研究所等编著：《淅川和尚岭与徐家岭楚墓》，大象出版社 2004 年版，第 343~344 页。

器、兵器和玉石器。仅 1 件铜簠铸有铭文(M1：8)，盖铭作：“𨙸子孟嬭青食簠。”器铭作：“𨙸子孟青嬭食簠。”𨙸子孟嬭青当即𨙸子孟青嬭，很可能是徐家岭 M1 的墓主。𨙸子孟青嬭与 M3 墓主𨙸子孟升嬭的名字都含有楚姓“嬭”，颇显特殊。贾连敏先生认为“从器主称‘𨙸(薳)子’看，应为男性”，可信，但他认为𨙸子孟升嬭与𨙸子孟青嬭为同一人，“升”通“青”，① 则不尽然。同一人名之古文写法一般比较稳定，如蒍子冯之“冯”，古文字均作“倗”；𨙸子受诸器，名均作“受”。𨙸子孟升嬭与𨙸子孟青嬭虽在称谓形式上近似，但名字显然不同，应是两个人。徐家岭 M1 随葬的部分器物具有战国早中期之际或战国中期偏早的特征(如 M1：3 鼎的“削足”作风)。墓葬年代应以最晚的随葬器物来定，故徐家岭 M1 的年代大概在战国早中之际或战国中期偏早。② 根据墓葬年代和墓主称谓，墓主𨙸子孟青嬭大概是𨙸子孟升嬭的下一代。在 M1 西南侧，考古部门 2007 年又发掘了一座规模较小的墓，出土了鼎、壶、缶、盉、盘、匜等陶礼器，年代应在战国中期。该墓与 M1 可能有密切联系。

徐家岭 M10、M11 位于 M9 的西北，都是甲字形大墓，方向朝东。两墓南北并列，相距仅 6 米，尽管海拔略存差程，但一般认为它们“关系密切”③。徐家岭 M10 墓道在墓穴东侧，墓口东西长 13.8、南北宽 13 米，墓底有生土二层台，葬具为一椁三棺(含两殉葬棺)。该墓保存较为完好，随葬品丰富，计有铜礼器鼎 11(升鼎 5、飤鼎 5、镬鼎 1)、鬲 5、簠 2、簋 4、敦 2、豆 4(方、圆各 2)、壶 4(方、圆各 2)、浴缶 2、尊缶 2、鉴 2、三足盘 1、盘 1、匜 1、匜形勺 1、匕 4，乐器钮钟 9、镈钟 8、编磬 13，以及车马器、兵器、玉石器等。据发掘报告，主棺和一殉葬棺内均存骨架，但由于未做鉴定，其性别、年龄等不详。由于该墓随葬兵器达 202 件，墓主骨架左侧还放有一把

① 贾连敏：《淅川和尚岭、徐家岭楚墓铜器铭文简释》，河南省文物考古研究所等编著：《淅川和尚岭与徐家岭楚墓》附录一，大象出版社 2004 年版，第 361 页。

② 张昌平：《曾国青铜器研究》，文物出版社 2009 年版，第 103 页。

③ 河南省文物管理局南水北调文物保护办公室等：《河南淅川县徐家岭 11 号楚墓》，《考古》2008 年第 5 期。

长剑，这说明墓主应为男性。该墓出土的有铭铜器有 2 件𨛬子昃鼎(M10：50、M10：55)，1 件沈㧈想簠(M10：80)，6 件错金玄镠戟(M10：56～59、M10：132、M10：236)。铜鼎主人𨛬子昃当是该墓的墓主。① 徐家岭 M10 随葬器物特征与徐家岭 M1 接近，其年代也当在战国早中之际或战国中期偏早。② 据墓葬规模、时代及墓主称谓，𨛬子昃很可能是𨛬子受之子。此外，流失海外的还有一件𨛬子昃簠盖，与𨛬子辛簠器拼合在一起，刊布在国外拍卖图录。③ 𨛬子昃簠盖的主人与徐家岭 M10 墓主应为同一人。

M10 南侧 6 米即徐家岭十一号墓。该墓墓道也在墓穴东侧，呈阶梯状，东端即为断崖。墓口东西长 11.5、南北宽 10 米，墓口至墓底有三级生土台，墓底有熟土二层台和腰坑，葬具为一椁重棺，椁和外棺之间还有两殉葬棺。该墓曾遭盗扰，已修复公布有铜礼器鼎 5、簠 3、浴缶 1、壶 2，乐器编钟 11、编磬 13，以及车马器、玉石器、少量兵器、陶器(陶豆 8、罐 2)。浴缶(M11：10)肩部有铭文 7 字(《吉金墨影》087)："𨛬夫人坙之让缶。"另出土 1 件有太岁纪年的小口铜鼎，肩部铸铭文两周：

唯正月初吉岁在涒滩，孟春在奎之际，𨛬夫人嬭择其吉金，作铸让鼎，以和御汤，长購其吉，永寿无疆，𨛬大尹赢作之，后民勿忘。

器主自称"𨛬夫人嬭"，嬭是私名，𨛬是女子夫家之氏。"𨛬大尹赢"，肖启荣、黄锦前先生认为是𨛬夫人嬭之夫，大尹为他的职官，④ 冯时先生认为是

① 河南省文物考古研究所等编著：《淅川和尚岭与徐家岭楚墓》，大象出版社 2004 年版，第 330 页。

② 张昌平：《曾国青铜器研究》，文物出版社 2009 年版，第 103 页；袁艳玲、张闻捷：《楚系青铜器的分期与年代》，《考古学报》2015 年第 4 期。

③ 李学勤：《海外访古续谈(四)》，《文物天地》1993 年第 2 期；李零：《化子瑚与淅川楚墓》，《文物天地》1993 年第 6 期。今按：𨛬子昃之昃过去或释作大，我们也采纳过这个意见，《新收》0541 释作昃是对的。

④ 肖启荣、黄锦前：《淅川徐家岭 M11 出土文字资料及相关问题》，《考古与文物》2019 年第 4 期。

郈工官之长①。既称“郈大尹”，说明他是郈地的地方官，而非楚中央之官，工官之长的意见是正确的。小口鼎与浴缶是配套使用的水器，但器主一为郈夫人垩、一为郈夫人嬬，让人费解。上引肖、黄二氏认为她们是徐家岭 M11 墓主(并认为墓主是男性)的两个夫人。我们更加倾向于垩、嬬为同一人，垩为自称，嬬是郈大尹对她的尊称。发掘简报认为郈夫人嬬是墓主，是可取的。这座墓规模与 M10 相近，却只出土了 5 件兵器，与 M10 出土两百多件兵器相差甚远，M10 墓主有佩剑而 M11 墓主并没有，这都暗示 M11 墓主应为女性。② 徐家岭 M11 出土的卧牛钮盖飤鼎(M11：14)、簠(M11：123)等与徐家岭 M10 出土的郈子昃鼎、沈敔想簠的形制接近，郈夫人垩浴缶在器形上早于徐家岭 M10 之 70 号、136 号浴缶。综合来看，徐家岭 M11 的年代与 M10 年代接近或略早，当属战国早中之际。需要说明的是，学者据郈夫人嬬鼎的太岁纪年，将其铸造年代推定在约前 507 年或前 6 世纪末至前 5 世纪初，③ 可能失之偏早。

徐家岭 M6 位于墓地东部，墓穴为长方形竖穴土坑，朝东向。因受丹江口水库库水冲刷破坏严重，墓口东西残长 7.08、南北宽 4 米，概非原貌，墓底有熟土二层台，棺椁数亦不详。墓中随葬品受破坏较小，有铜陶两类材质礼器，计有铜器飤鼎 2、敦 2、壶 2、盘 1，陶礼器飤鼎 3、敦 2、壶 2、鬲 1、小口鼎 1、盉 1、浴缶 1、鉴 1，以及少量车马器、兵器、玉石器。该墓出土铜礼器年代属战国中期偏晚，④ 陶礼器的器类、形制与纹饰，均与 M13 相类。发掘报告认为墓主为男性，身份相当于士。⑤

---

① 冯时：《郈夫人嬬鼎铭文及相关问题》，《中原文物》2009 年第 6 期。

② 据研究，在性别明确的楚国女性贵族墓中，约 70% 不随葬兵器，但也有一定比例的随葬兵器，参尚如春：《东周时期楚国社会变迁研究——以江汉淮地区墓葬为中心》，吉林大学博士学位论文，2019 年，第 124 页。

③ 王长丰、郝本性：《河南新出“阸夫人嬬鼎”铭文纪年考》，《中原文物》2009 年第 3 期；冯时：《郈夫人嬬鼎铭文及相关问题》，《中原文物》2009 年第 6 期。

④ 袁艳玲、张闻捷：《楚系青铜器的分期与年代》，《考古学报》2015 年第 4 期。

⑤ 河南省文物考古研究所等编著：《淅川和尚岭与徐家岭楚墓》，大象出版社 2004 年版，第 339 页。

此外，位于墓地东部的徐家岭 M5，亦为竖穴土坑墓，朝东向，残存墓口东西长 9、南北宽 7.34 米，有两级生土台，墓底有熟土二层台和腰坑。随葬品被盗严重，仅存陶鼎 7、鬲 2、簠 2、敦 2、豆 5、壶 2、罐 2，以及马衔、鹿角等。所出陶鼎(M5：15)盖立竖环钮，高蹄形足，形制较徐家岭 M6：1 鼎早，陶豆(M5：6)又比徐家岭 M11：104 陶豆晚，因而该墓年代大概为战国中期早段。徐家岭 M4、M8 分别位于墓地东部和北部，也都是长方形竖穴土坑墓，朝东向。M4 被盗严重，棺椁数亦不详，随葬品仅存编磬等数件，无法断代。M8 坑底有熟土二层台，葬具为一椁一棺，另有殉人 1 具。该墓也遭严重盗扰，仅存铜盆 1、铜匜 1、马衔 2、陶盂等器物。据铜盆侈口、环耳、折肩及薄胎铜匜的平流口等特征看，该墓年代应为战国中期偏晚。

除 M7 和 M4 无法分期外，上文对淅川徐家岭其余 12 座墓的大致年代和墓主身份进行了分析、考察，基本弄清了这个墓地的大致情况。该墓地总体年代为战国早中期，具体可分为四个时期：

第一期为战国早期或战国早期中段，核心墓葬为 M3、M9。徐家岭 M3 的年代属战国早期偏早，墓主为𨛬子孟升嬭，他可能是𨛬子受的庶兄。M2 年代为战国早期，可能是 M3 的夫人墓。徐家岭 M9 是战国早期偏中阶段(前 450 年左右)，早于曾侯乙墓，墓主是𨛬子受。徐家岭 M12 的年代大概与 M9 同时或稍晚，墓主可能是𨛬子受的夫人。

第二期为战国早中期之际或战国中期偏早，核心墓葬为 M10、M1。M10 墓主为𨛬子昃，M11 墓主为𨛬夫人嫘(疑即𨛬夫人坙)，两者为夫妇关系。徐家岭 M1 墓主为𨛬子孟青嬭，大概是𨛬子孟升嬭的下一代。

第三期为战国中期早段，主要墓葬有 M5。

第四期为战国中期偏晚，主要墓葬有 M6、M8。

二、徐家岭墓地的葬制葬俗和空间布局

徐家岭墓地是楚薳氏小宗——𨛬氏在战国早中期的家族墓地。这个墓地

开创自战国早期偏早，一直延续到了战国中期偏晚，大概存在了130年左右，是战国楚墓中具有标尺意义的墓地。总结徐家岭墓地的葬制葬俗和空间布局，可以为研究其他楚国墓地提供参照。

(一)徐家岭墓地的葬制葬俗

首先来看墓穴的情况。徐家岭诸墓均为竖穴土坑，墓道的出现在战国早中期之际，只有M10、M11为甲字形。但更晚的一些墓葬，大概由于等级较低的缘故，都未使用墓道。在墓口到墓底之间设置台阶，徐家岭墓地大概也始于战国中期偏早，如M11、M1、M5均在墓壁上置有二级或三级的生土台阶。生土台阶和墓道的出现时间大约相当，它们可能拥有相近的产生背景，即进入战国时代以后，列国贵族墓葬在规模上越来越大、随葬品也更加丰富奢华。随之而来的是对墓穴开口面积和埋葬深度的需求。当然，墓底的加深也是出于防盗的需求。就徐家岭墓地情况来看，有些墓葬大概在战国时期已遭到盗掘，如和尚岭M1、徐家岭M9。① 在徐家岭规模较大墓葬中还见有其他防盗措施，如M9椁室顶部摆放一层厚0.8米的河卵石，显然是为了防盗。徐家岭大多数墓葬的墓底都设置有熟土二层台，徐家岭M1和M2墓坑四角还发现了生土柱，这些设施大概都是为了便于安放棺椁和随葬品而置。徐家岭还有一些墓葬有腰坑，如M5和M11，但是并不普遍。

徐家岭墓地最为一致的葬俗是墓葬方向。十几座墓葬的朝向和墓主的头向全部朝东，与淅川下寺大中型墓葬，和尚岭M1、M2保持一致，这是芈姓贵族的身份象征，也是最能体现血统的葬俗特点。徐家岭诸墓规模大小不等，随葬品厚薄不一，墓主等级贵贱不同，但是在墓向上却保持了出奇的一致，反映出这些时代不同、规模不一、等级有别的墓葬，其主人都出自相同的家族，他们的身份是较为纯粹的，这个墓地没有杂入其他的族众。徐家岭墓地普遍采用了仰身直肢葬，也是楚地较常见的葬式。

---

① 河南省文物考古研究所等编著:《淅川和尚岭与徐家岭楚墓》，大象出版社2004年版，第5、173页。

徐家岭墓地的椁内殉人，承袭了自淅川下寺墓地、和尚岭墓地以来的家族传统，当然也是楚国在单独殉人墓以外最为常见的殉人方式。殉人一般有殉人棺，与主棺一同放置在椁内，但在椁内的位置则不固定，有时与主棺并排，有时放置在主人的脚端。研究表明，楚国人殉身份主要有妻妾、嬖人、家奴等。① 殉人棺的摆放位置，当与殉人的具体身份有关。徐家岭 M1 墓主脚端有一具人殉，经鉴定为儿童，其身份可能是墓主的童仆。徐家岭墓地的人殉现象一直存续到了战国中期偏晚，如徐家岭 M8 椁内南部偏西依然有一具人骨架，仰身直肢，头朝东，未见棺痕，发掘者推测是殉人。②

(二)徐家岭墓地的空间布局

徐家岭墓地是继和尚岭墓地之后，楚郮氏贵族新开辟的一处大型墓地。冯峰先生提出“薳子受去世时，薳氏已放弃和尚岭墓地，在徐家岭选择了新墓址”③，很有见地。现在来看，大概自战国早期偏早开始，徐家岭就成了楚郮氏贵族的墓地。最早埋葬于此的很可能是徐家岭 M3 墓主郮子孟升嬭，他大概是郮子受的庶兄。自此以后，历经至少四代，徐家岭墓地作为郮氏的专属墓地，一直使用到了战国中期偏晚。徐家岭墓地跨度虽然长达一百多年，但墓葬之间没有一例打破关系，排列井然有序，显然是经过精心规划的。不过，与前文提到楚国其他家族墓地相比，徐家岭墓地呈现出了一些特殊的布局特点。

在探讨徐家岭墓地布局之前，首先需要对徐家岭的地理情况作一了解。众所周知，楚国贵族墓地一般选择在丘陵岗地之上，特别是长条形的岗地，更受青睐。与绵延的岗地丘陵不同，徐家岭是龙山的余脉(海拔 156～167 米)，地势西高东低，其东端山势殆尽，即为丹江谷地。丹江口蓄水后，“远

① 杨茂：《楚国人殉研究》，西南大学硕士学位论文，2010 年，第 17 页。

② 河南省文物考古研究所等编著：《淅川和尚岭与徐家岭楚墓》，大象出版社 2004 年版，第 346 页。

③ 冯峰：《克黄器与淅川薳氏墓群》，《湖南考古辑刊》第 11 集，科学出版社 2015 年版，第 287 页。

远望去，徐家岭是一个伸到丹江的土包，上面平坦”①。从“淅川徐家岭墓地地形图”(参见图 4-8)来看，徐家岭各墓在埋葬海拔上落差颇大。考察徐家岭墓地的布局，需要充分重视这一特殊地理状况。

整体上，徐家岭墓地可分为西区和东区。西区地势较高，海拔在 150 米以上，包括 M9(𫑡子受墓)和 M10(𫑡子昃墓)两座主墓，以及对应的夫人墓 M12、M11(𫑡夫人嫘墓)和 M9 的祔葬车马坑。M9 和 M10 的年代相续，墓主应是连续的两代，年代早者在南，晚者在北，遵循了楚人尚左的习俗。这两座墓又占据徐家岭地势的最高处，表明墓主在宗族中拥有最高的地位，当属𫑡氏的首领，即宗子。尤其是徐家岭 M9，占据着岭地海拔最高地，又位于整个墓地的最中心，墓穴规模也最大，随葬品种类繁多、制作精致，西边还有车马陪葬坑。M9(𫑡子受墓)的地位，类似于下寺墓地的 M2(薳子冯墓)。因而𫑡子受所作铜器出现在和尚岭 M2 和徐家岭 M3，也就不足为奇了。

徐家岭墓地东区地势较低，主墓可能有 M3、M1、M5、M8。M3 年代为战国早期偏早，M8 为战国中期偏晚，总体上也是南边墓葬年代早，北边年代要晚。M3 墓主可能是𫑡子孟升嬭，M1 墓主可能是𫑡子孟青嬭，暗示徐家岭东区墓地属于𫑡氏家族中庶长(𫑡孟氏)这一支。𫑡子孟升嬭大概是𫑡子受的庶兄，宗族地位上贱于𫑡子受，因而在墓址上只能选择海拔相对较低的区域。𫑡子孟青嬭、𫑡子孟升嬭在墓葬规模、随葬品数量及等级方面较 M9 和 M10 逊色，大概也是由其宗族地位造成的。

位于东区的 M5、M8，由于没有发现文字资料，墓主身份难以确认。不过从海拔高程和墓葬规模看，尚不能排除 M5 墓主属于宗子序列的可能。M8 所在位置较低，墓葬规模也不大，墓主很可能也属于𫑡氏的支庶。

综上分析，徐家岭墓地布局体现出两方面的特点：一是宗族中的宗子和支庶在埋葬空间上存在分区，宗子占据地势较高的西区，支庶位于海拔较低的东区，这显然是事先规划的结果。二是西区和东区在埋葬顺序上基本一致，即南边墓葬年代早，北边墓葬年代晚。此外，徐家岭墓地夫妇墓的排列

① 乔保同：《淅川徐家岭楚墓考古发掘纪实》，《大众考古》2019 年第 3 期。

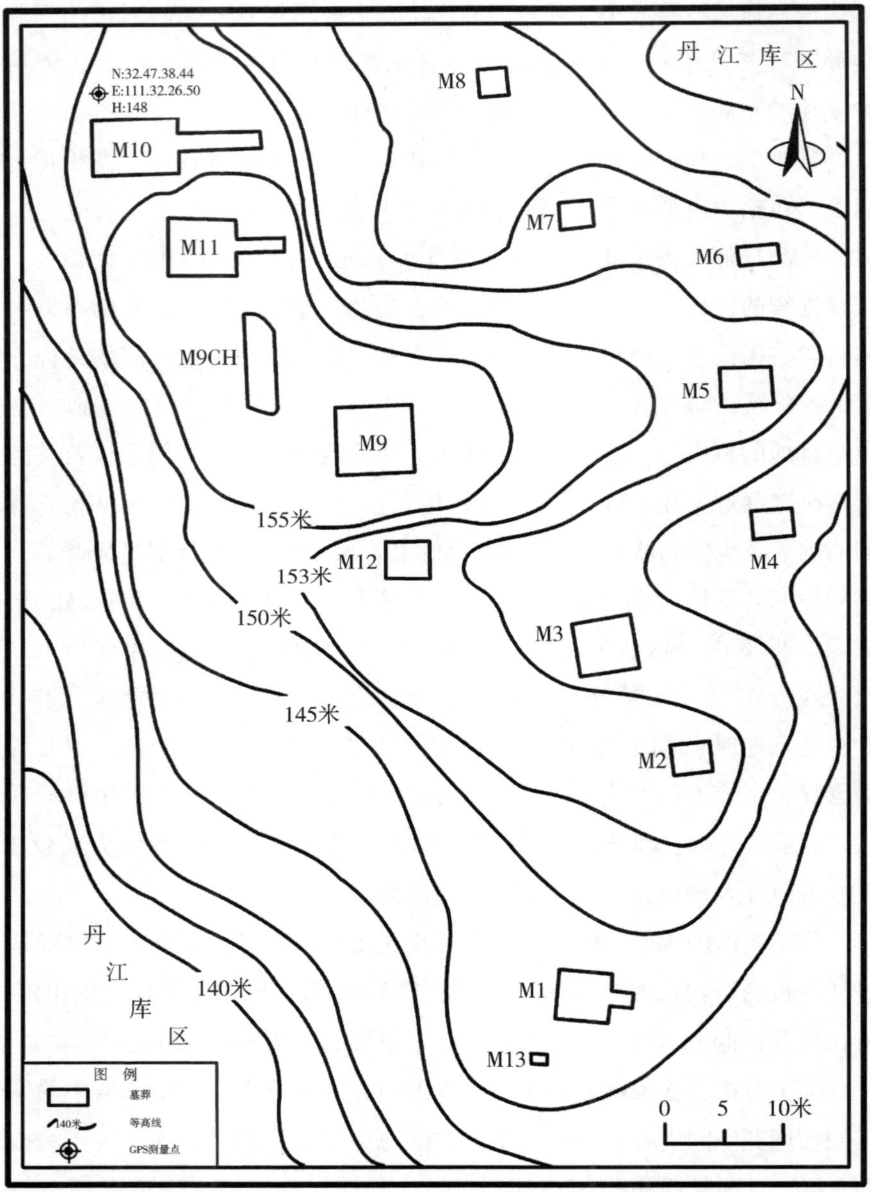

图 4-8 淅川徐家岭墓地地形图①

① 该图由南阳市文物考古研究所乔保同所长友情提供，特此感谢。

方式，呈现夫人墓在南、主墓在北的现象，如 M10 和 M11、M9 和 M12、M3 和 M2、M1 和 M13，这与通常所见芈姓贵族夫妇墓主墓在南、夫人墓在北的排列方式恰好相左。这一特殊的现象，很可能与徐家岭墓地的小的地貌环境有关。查看地形图可知，在 M10、M9、M1 等主墓北部，空间上已无法容纳同等规模的墓葬，因而将夫人墓的墓址选择在主墓以南，亦不失为权宜之计。

第五章　南阳西郊彭氏墓地

古彭国、楚彭氏是活跃于江汉地区的国族，史籍有载但语焉不详。1974年河南南阳西郊三里河与梅溪河之间发现申公彭宇墓(参图 5-1)，出土了青铜礼器、车马器、玉器及漆器等。① 2000 年，在申公彭宇墓以南约 80 米、160 米处的物资城工地，分别发现了彭(申)公之孙无所墓(又称物资城工地 1 号墓)和彭子寿墓(编号 2000M1，《吉金墨影》又称物资城 2 号墓)。② 铜铭中的申公彭宇、彭无所，与《左传》等典籍记载的彭国、彭氏及楚申县有关，引起了研究者的关注。

借助这些考古资料，徐少华先生撰写《彭器、彭国与楚彭氏考论》一文，从彭国地望、传世彭器的年代与族属、从新出彭器看彭国历史与楚的关系、楚系彭器与楚彭氏等方面展开讨论，提出较多新见，如认为“彭氏入申，当与春秋早期的兼并形势有关”；铭文中的“彭宇”“彭无所”“彭子中”及文献中的彭仲爽、彭名、彭生等，都属于“由彭入申，再由申入楚的彭氏家族”。③

---

①　最初报告为 1975 年发现，参王儒林、崔庆明：《南阳市西关出土一批春秋青铜器》，《中原文物》1982 年第 1 期。后修正为 1974 年发现，参尹俊敏：《南阳出土的彭伯壶》，《文物》1997 年第 12 期；《〈南阳市西关出土一批春秋青铜器〉补记》，《华夏考古》1999 年第 3 期。

②　这两座墓葬简报尚未正式刊布，部分铜器及铭文信息参董全生、李长周：《南阳市物资城一号墓及其相关问题》，《中原文物》2004 年第 2 期；南阳市文物考古研究所等编著：《吉金墨影·南阳出土青铜器全形拓》，河南美术出版社 2016 年版，第 98、100、122、130、142、144、162、164、218、264、266 页。今按：据《吉金墨影》，又经向李长周先生求证，这两座墓均发掘于 2000 年，《南阳市物资城一号墓及其相关问题》云“2003 年 3 月”有误。

③　徐少华：《彭器、彭国与楚彭氏考论》，《古文字与古代史》(第二辑)，台湾“中研院”历史语言研究所，2009 年，第 279~302 页。

该文还指出："申公彭宇墓发现于明清南阳城西关外，亦在故宛城、申城以西，说明其死后即葬于所任职的申县附近；彭无所墓与彭宇墓相近，位于同一墓地，该地或有可能是彭宇及其后人的家族墓地。"① 2008 年，南阳市文物考古研究所在物资城西侧仅一墙之隔的名门华府工地，又发掘了一批墓葬材料，其中东周墓葬 17 座(春秋晚期墓 15 座，战国中晚期墓 2 座)，出土了一批彭氏贵族铜器，证实申公彭宇墓、彭(申)公之孙无所墓和彭子寿墓所在之域，确实是楚彭氏的家族墓地。2009 年，在上述墓葬以南的八一路西段，又清理发掘了物资城 M3。

2008 年发掘的彭子射墓、彭启夫妇墓及祔葬车马坑资料业已公布，加上之前几座墓葬的资料、相关报道和图录，为全面讨论彭氏墓地的年代和墓主、诸墓之间的联系、葬俗特征及彭氏的世系、采邑等诸多问题提供了基本保证。

第一节　主要墓葬的年代、墓主及相关问题

彭氏墓地位于白河两条支流——三里河和梅溪河之间长约 350、宽约 150 米的岗地上，地势西北高东南低(参见图 5-1)。目前为止，南阳西郊彭氏墓地共经历了三次重要发现：一是 1974 年申公彭宇墓的发现；二是 2000 年在物资城工地发现彭无所墓和申公彭子寿夫妇墓，发掘了其中 2 座；三是 2008 年在名门华府工地发掘东周时期土坑墓 17 座，车马坑和马坑各 1 座，包括彭子射墓和彭启夫妇墓。总计来看，彭氏墓地范围内发现的东周时期墓葬有 24 座，发掘 21 座(M35、M39、M40 未发掘②)，获取了丰富的考古资料。

① 徐少华：《彭器、彭国与楚彭氏考论》，《古文字与古代史》(第二辑)，台湾"中研院"历史语言研究所，2009 年，第 296 页。

② M35、M39、M40 未发掘，参本书图 5-7。

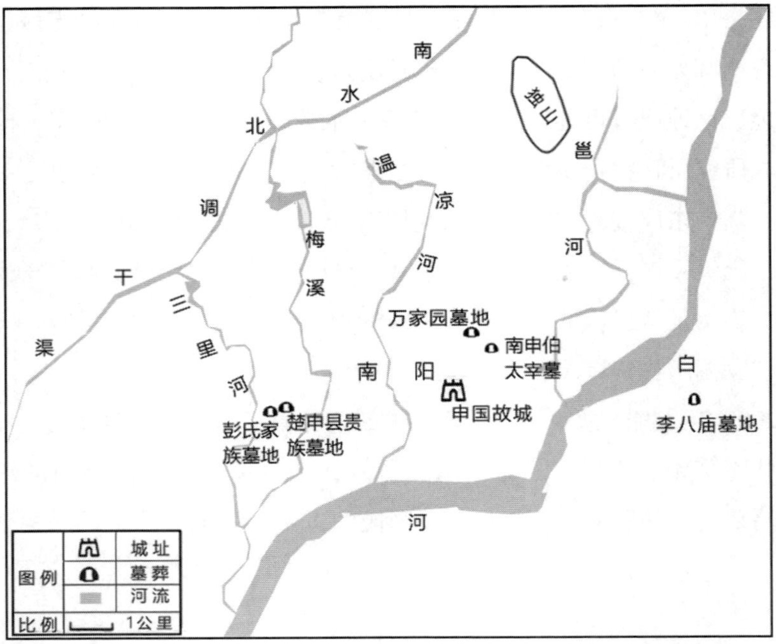

图 5-1　南阳彭氏墓地位置图(沈艳红绘)

1974 年，河南南阳西关煤场在施工挖地道时发现申公彭宇墓，施工导致墓室被破坏，随葬铜器也多被取出。据调查，该墓为长方形竖穴，墓底铺朱砂，出土小孩牙齿 4 枚、成人牙 7 枚,① 说明该墓可能有殉人。至于墓葬规模、棺椁、头向等关键信息，最初报道并未提及。该墓出土铜礼器 1 组(鼎 3、簠 2、壶 2)，及车马器、兵器、玉器若干。鼎有 1 件立耳聚足鼎和 2 件附耳鼎。2 件簠的盖、器内底均有铭文 5 行 32 字(《集成》04610～04611，参见图 5-2)：

唯正十又一月辛巳，醽(申)公彭宇自作饙𠤳，宇其眉寿，万年无疆，

① 王儒林、崔庆明:《南阳市西关出土一批春秋青铜器》，《中原文物》1982 年第 1 期。

子子孙孙永宝用之。

图 5-2　申公彭宇簠及其铭文①

由"宇其眉寿，万年无疆"来看，宇当是器主私名，"彭宇"之"彭"则是族氏。两件圆壶的盖口外和颈内壁亦铸铭文，其中一件盖铭清晰，有 4 行 15 字(重文 2，《新收》0315~0316，参见图 5-3)：

图 5-3　彭伯壶及其铭文②

① 申公彭宇簠图片采自中国青铜器全集编辑委员会编：《中国青铜器全集》10：22，文物出版社 1998 年版，第 22 页。

② 彭伯壶图片采自河南博物院编著：《群雄逐鹿：两周中原列国文物瑰宝》，大象出版社 2003 年版，第 312 页。

彭伯自作醴壶，其子子孙孙永宝用之。

圆壶的其他几处铭文第一行或第二行曾被锉刮，当与器物易主有关。① 从形制、纹饰和铭文格式来看，彭宇墓所出两件彭伯壶的年代约在两周之际，至迟在春秋初年,② 而由 2 件立耳聚足鼎和 1 件附耳蹄足鼎组成的铜列鼎，以及一对形制、纹饰都相同的铜簠，都显现出春秋中期前段的风格③。一般认为，铭文中的“彭伯”是彭国之君，彭宇是彭伯之后。④ “彭伯壶当系楚灭彭国后，将掠夺的彭国重器赠与彭宇，以笼络和威慑故申国贵族。”⑤从铭文受到破坏的情况来看，彭伯壶应该不是彭宇的家传重器，也就是说，彭宇似非彭伯之直系后人。过去或推测彭宇可能是彭仲爽的后裔,⑥ 若此，则彭仲爽、彭宇当出自故彭国公族的仲氏一支，为彭伯的小宗。申公彭宇可能是最早一批“由申入楚”的彭氏贵族，也是目前出土资料中所见最早的楚彭氏贵族。彭氏墓地所在的南北向岗地，地势上北高南低，申公彭宇墓埋葬于相对

---

① 学者认为彭伯壶铭文被刮掉存在两种可能：一是楚灭彭国后，将掠夺的彭国铜器赠与彭宇，以笼络和威慑故申国贵族，一是早年彭国公室内部因权力之争造成器物易主以致铭文受损。参尹俊敏：《南阳出土的彭伯壶》，《文物》1997 年第 12 期；《〈南阳市西关出土一批春秋青铜器〉补记》，《华夏考古》1999 年第 3 期；徐少华：《彭器、彭国与楚彭氏考论》，《古文字与古代史》(第二辑)，台湾“中研院”历史语言研究所，2009 年，第 289 页注 49。

② 尹俊敏：《南阳出土的彭伯壶》，《文物》1997 年第 12 期；《〈南阳市西关出土一批春秋青铜器〉补记》，《华夏考古》1999 年第 3 期；徐少华：《彭器、彭国与楚彭氏考论》，《古文字与古代史》(第二辑)，台湾“中研院”历史语言研究所，2009 年，第 287 页。

③ 徐少华：《彭器、彭国与楚彭氏考论》，《古文字与古代史》(第二辑)，台湾“中研院”历史语言研究所，2009 年，第 287 页。

④ 尹俊敏：《南阳出土的彭伯壶》，《文物》1997 年第 12 期；《〈南阳市西关出土一批春秋青铜器〉补记》，《华夏考古》1999 年第 3 期；徐少华：《彭器、彭国与楚彭氏考论》，《古文字与古代史》(第二辑)，台湾“中研院”历史语言研究所，2009 年，第 287~288 页。

⑤ 尹俊敏：《〈南阳市西关出土一批春秋青铜器〉补记》，《华夏考古》1999 年第 3 期。

⑥ 王儒林、崔庆明：《南阳市西关出土一批春秋青铜器》，《中原文物》1982 年第 1 期。

较高的岗地北部，大概与其埋葬年代、身份地位直接相关。

彭宇墓以南约80米即彭(申)公之孙无所墓，又称物资城工地1号墓。据初步报道，该墓出土铜器有鼎5、簠4、敦1、汤鼎1、缶2、盘1、匜1等。①《吉金墨影》公布了1件繁鼎、1件立耳盖鼎、汤鼎及1件浴缶的高清照片。汤鼎、1件盂鼎和4件铜簠上铸有铭文。汤鼎铭文在器盖和肩部，作：

彭公之孙无所自作汤鼎，眉寿无期，永保用之。

盂鼎铭文作：

申公之孙无所自作鼾鼎。

铜簠的盖和器之内壁亦铸有铭文，② 其中一件铜簠形制"为上下两半扣合，形制相同，皆作长方体，直口、斜腹、平底，上下各有四矩形足，足间有扁桃状缺口，器、盖的斜腹两端各附有兽首竖耳一个，盖口沿四边有6个兽首形边卡"③，铭文4行21字(参见图5-4)：

彭公之孙无所自作飤簠，其眉寿万年无期，羕(永)保用之。④

"彭公之孙""申公之孙"都是器主"无所"自报家门的用语，其中"彭公"是尊称，"申公"是官称。通过与淅川下寺M3、固始侯古堆一号墓、寿县蔡侯墓

① 该墓资料尚未全部刊布，铭文信息参董全生、李长周：《南阳市物资城一号墓及其相关问题》，《中原文物》2004年第2期。

② 其中一件簠的器形、铭文，参林丽霞、王凤剑：《南阳市近年出土的四件春秋有铭铜器》，《中原文物》2006年第5期。

③ 徐少华：《彭器、彭国与楚彭氏考论》，《古文字与古代史》(第二辑)，台湾"中研院"历史语言研究所，2009年，第294页。

④ 林丽霞、王凤剑：《南阳市近年出土的四件春秋有铭铜器》，《中原文物》2006年第5期。

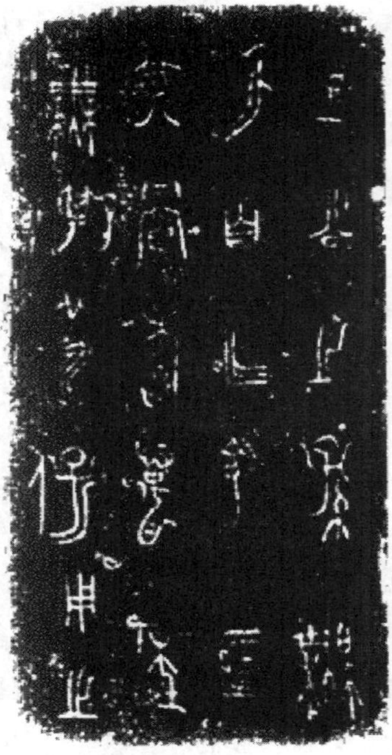

图 5-4　彭公之孙无所簠铭文

所出铜簠比较，徐少华先生认为“彭无所簠与侯古堆 1 号墓出土的两件簠基本一致，则其时代应相当，属于春秋晚期的后段”①。彭公之孙无所簠的形制和纹饰流行于春秋晚期，是可以确定的。此簠腹棱的倾斜程度及浮雕环耳的装饰，还与淅川下寺乙组中的 M1 之 44、45 号倗簠、M4 之 5 号簠接近，②其年代也可能到春秋晚期早段。该墓出土的 1 件立耳、兽足、带盖鼎，器型与桐柏月河一号墓（养子伯受墓）出土立耳鼎相近，腹部饰宽带窃曲纹，盖沿四周所饰的斜三角夔龙纹及略显粗疏的蟠虺纹，均体现出了春秋中期偏晚至春秋晚期早段的特点。所出繁鼎盖环捉手由 6 根弧形支柱撑起，兽面蹄足短

① 徐少华：《彭器、彭国与楚彭氏考论》，《古文字与古代史》（第二辑），台湾“中研院”历史语言研究所，2009 年，第 294 页。

② 河南省文物研究所等：《淅川下寺春秋楚墓》，文物出版社 1991 年版，第 60、64~66、240、243 页，图版九一之 1。

粗且内收，盖上和中腹均有两个对称的环纽，盖、腹均装饰三角蝉纹，足上部饰浅浮雕兽面纹，器型及纹饰介于下寺 M8：8 楚叔之孙以邓鼎与下寺 M1：67 鼎之间，与下寺 M4：1 鼎最为接近。彭公之孙无所汤鼎平盖之上立半环状纽，下腹饰一周三角蝉纹，足上部为浅浮雕兽面纹，略早于下寺 M2：56 倗鼎，接近于下寺 M1：70 鼎。浴缶为隆盖、深鼓腹、平底内凹，肩部和下腹饰一周三角蝉纹，上腹部尚未出现涡纹圆饼，晚于下寺 M7：3、M7：4 浴缶，早于下寺 M1：72 孟縢姬浴缶，与下寺 M36：3 浴缶最为接近。综上比较，彭无所墓出土铜器的形制和风格，与下寺甲组墓最晚的 M36，乙组较早的 M4、M1 同类器物较为接近，说明该墓的年代应该在春秋中晚之际，相当于楚共王（前 590—前 560 年在位）统治中期。有学者认为“从无所墓与彭宇墓同在一个墓地、时代上有早晚来看，无所很有可能是申公彭宇之孙”①。器主自称“申公之孙”，这应是“申公”子孙后代的宽泛称谓，此处的“孙”字难以确定是实指。在礼制上，墓主彭无所使用五鼎、四簠，显示其身份为大夫一级。有的学者认为申（彭）公之孙无所，即见于《左传》的申无宇（芋尹无宇）。② 申无宇属楚申氏家族，无所属于彭氏家族，两者族属不同，显然不会是同一人。

2008 年南阳市文物考古研究所在彭无所墓以南先后发现三组（六座）夫妻异穴合葬墓，发掘清理了其中的五座，由北到南依次为 M38（彭子射墓）和 M35（未发掘），申公彭子寿墓（又称物资城 M2）和 M44，M1（彭启墓）和 M2（参见图 5-5）。③ M38 为彭子射墓，位于彭无所墓西南六七十米处。墓葬形

---

① 林丽霞、王凤剑：《南阳市近年出土的四件春秋有铭铜器》，《中原文物》2006 年第 5 期。

② 董全生、李长周：《南阳市物资城一号墓及其相关问题》，《中原文物》2004 年第 2 期。

③ 乔保同等：《河南南阳楚墓发掘取得重大收获》，《中国文物报》，2008 年 8 月 29 日，第 2 版；柴中庆等：《南阳市新发现春秋楚国贵族墓》，《中国文物报》，2009 年 5 月 15 日，第 4 版；乔保同等：《南阳发现楚国贵族墓》，《文物天地》2009 年第 3 期；乔保同：《最新考古发现：南阳楚彭氏家族墓》，《文史知识》2009 年第 6 期；南阳市文物考古研究所：《河南南阳春秋楚彭射墓发掘简报》，《文物》2011 年第 3 期。

制为长方形竖穴土坑，方向朝南，有熟土二层台和腰坑①。其东侧7米即M35。M38与M35东西并列，应是夫妇异穴并葬。椁内西侧为一殉葬棺，东部为一主棺，皆悬底，棺底铺朱砂。该墓随葬品丰富，计有铜礼器、兵器、车马器、玉器等。铜礼器有鼎5(盂鼎2、繁鼎3)、簠4、尊缶2、盏1、汤鼎1、浴缶2、盘1、匜1等，其中盂鼎和繁鼎在出土时带有鼎实，经鉴定分别为牛骨和猪骨。铜器大多铸有“申公之孙彭子射儿”“彭子射儿”“彭子射”“彭射”“射”等铭文。② 作为氏称的“彭”，铭文或作□(彭射尊缶)，或作□(申公之孙彭子射儿盂鼎，参见图5-5)，后一种从口的写法，在战国简文中

图5-5　彭子射儿盂鼎(M38：41)及其铭文

① 据简报，腰坑南北长0.6、东西宽0.4、深0.2米，坑内残存部分朽甚的“人牙齿”，腰坑出现人牙齿，令人费解。

② 南阳市文物考古研究所：《河南南阳春秋楚彭射墓发掘简报》，《文物》2011年第3期。

省作“喜”。① 发掘简报指出，M38 出土的盂鼎、繁鼎、簠、盏、汤鼎、浴缶、盘、匜的形制、纹饰与南阳万家园 M181，淅川下寺 M1、M2、M3 相关铜器相近，认为其年代亦在春秋晚期早段，② 基本可信。从总体特征来看，彭子射墓铜器更接近或略早于下寺 M2 出土的同类器物。如彭子射墓出土的盂鼎（M38：41）、繁鼎（M38：43）、汤鼎（M38：58）分别与 M2：44 倗盂鼎、M2：43 倗繁鼎、M2：27 繁鼎、M2：56 倗汤鼎近似，匜的形制、纹饰与下寺 M2：53 号匜相近。③ 而彭子射墓的素面尊缶（M38：51）、浴缶（M38：57，盖为环形捉手）、兽足铜盘（M38：52），较下寺 M2：60、M2：61 薳子倗尊缶、M2：51 号薳子倗浴缶（盖上立 4 个竖环钮）、M2：52 号倗盘（兽面环形足）要早。④ 因此，彭子射墓的年代应稍早于下寺 M2（薳子倗墓）的年代（据《左传》记载，该墓的绝对埋葬年代在前 548 年）。彭子射随葬器物的制作年代应该比墓葬的埋葬年代早，大约在春秋晚期初年。

2000 年 9 月，在彭子射墓东南约 50 米处又发现申公彭子寿夫妇墓，其中彭子寿墓的资料尚未全面刊布。44 号墓东距彭子寿墓约 7 米，遭破坏严重，仅存铜礼器有鼎 2、簠 2、敦 2，其中 2 件铜簠均有“蔡侯申之飤簠”的铭文。⑤ 报道称，“根据随葬器物中未见兵器，结合与‘彭子寿’墓的相对位置判断，墓主为女性”⑥，可信。墓葬发掘者乔保同、李长周先生后来又分析说：“南阳出土的蔡侯申簠是蔡国与楚申县联姻的媵器，44 号墓墓主人为蔡

① 李守奎：《释包山楚简中的“彭”》，《简帛》（第一辑），上海古籍出版社 2006 年版，第 25~31 页。

② 南阳市文物考古研究所：《河南南阳春秋楚彭射墓发掘简报》，《文物》2011 年第 3 期。

③ 河南省文物研究所等：《淅川下寺春秋楚墓》，文物出版社 1991 年版，第 104~112、135 页，图版四四、五五之 2。

④ 河南省文物研究所等：《淅川下寺春秋楚墓》，文物出版社 1991 年版，第 130~134 页，图版五三、五四、五五之 1。

⑤ 乔保同、李长周：《南阳发现蔡侯申簠》，《中原文物》2009 年第 2 期。

⑥ 乔保同等：《南阳发现楚国贵族墓》，《文物天地》2009 年第 3 期。

国之女，也即是说申公的后人彭子寿娶了蔡女为妻……其铸造和陪送的时间应在公元前518年到公元前506年。”①这当然是一种可能。不过，蔡侯申簠是蔡侯申自作、自用的食器，很少见到将自作器用作陪嫁品的情况，此二簠是否为媵器、墓主人是否为蔡女，恐怕还要存疑。该墓的年代，结合随葬铜敦的情况，定在春秋晚期偏晚比较合适。M44以东7米即申公彭子寿墓（又称物资城2号墓）。该墓出土鼎5、簠4、浴缶2、错金钫2、盘1、匜1，以及兵器、车马器、玉器等。② 簠、盘、匜均有铭文，其中2件簠铭为：

彭子寿择其吉金，自作飤簠，其眉寿无期，永保用之。

另两件簠铭作：

申公寿择其吉金，自作飤簠，其眉寿无期，永保用之。

盘、匜铭文较为简略，盘铭作：“寿之浣盘。”匜铭为：“寿之会匜。”墓主显然为彭子寿，又称申公寿。申公彭子寿，疑即《左传》哀公四年（前491年）记载的“申公寿馀”。《左传》哀公四年载：

夏……左司马眅、申公寿馀、叶公诸梁致蔡于负函，致方城于缯关。

申公寿馀与申公彭子寿均活跃在春秋晚期，任官相同、名字相近，当是同一人。鲁哀公四年即公元前491年，申公寿馀参与了楚国“致蔡于负函”的活动，随葬于其夫人墓的蔡侯申簠，或许是得自这次“致蔡”的行动。申公彭子

① 乔保同、李长周：《南阳发现蔡侯申簠》，《中原文物》2009年第2期。

② 李长周：《从南阳申公寿墓的铭文说起》，《中国文物报》，2012年12月7日，第6版。

寿墓的年代，一定在前491年以后，大概接近春秋晚期末段。

2008年发掘的彭启夫妇墓位于彭子寿墓西南约30米处。① 彭启墓(编号M1)有熟土二层台，一椁两棺，两棺均悬底，东西并列，西北侧为殉葬棺，东北侧是主棺，头向均朝南。随葬铜礼器有鼎5(盂鼎2、繁鼎3)、簠4、尊缶2、盖豆1、浴缶2、斗1、盘1、匜1，乐器有钮钟9件、镈钟8件，另出土一些兵器、车马器和玉器。该墓西北部不远祔葬一车马坑(M1CHM)和一马坑(M1MK)，均为竖长方形，朝北向。车马坑葬两车，分别为二驾和四驾。马坑葬马共两匹。这也是目前彭氏墓地仅见的两座车马坑。彭启墓出土铜器中，4件铜簠、1件铜戈、2件铜戟上铸有铭文。除M1：102戟铭文为“玄镠之用”外，其余铭文均透露出墓主的身份信息。M1：82戈胡部铭文4字：

彭启之戈。

M1：104戟铭文为“彭启之行戟”。4件簠成套，形制、纹饰、大小相似，铭文亦大同小异，其中M1：19簠铭为：

正月孟庚，启自作飤簠，以征以行，献以飤士庶子及我父兄，永保用之，眉寿无疆。

这些铭文说明，墓主应为“彭启”，“启”是私名。彭启墓以西7.4米即M2，该墓亦为竖穴土坑，有熟土二层台，葬具为一椁一棺，仰身直肢葬，头向朝南，墓主为女性。随葬铜礼器有鼎3(大小相次的繁鼎)、簠2、敦1、尊缶2、浴缶1、斗2、盘1、匜1，另出土10件玉石器，未随葬兵器和车马器。根据M1、M2位置关系、年代、墓主性别等，发掘简报推测二者为夫妇异穴

① 河南省文物考古研究院、南阳市文物考古研究所：《河南南阳春秋楚彭氏家族墓地M1、M2及陪葬坑发掘简报》，《文物》2020年第10期。

合葬，是很正确的。两座墓葬出土器物，有较多相似之处，如繁鼎、簠、匜和斗等铜器，形制、纹饰如出一范，显示它们的铸造年代应该接近。彭启墓盂鼎(M1：21)，盖中央为八根弯柱支撑的圆环捉手，周围立四个半环状钮，盖沿下有四个盖扣，较之于淅川下寺 M3：10、M3：11 盂鼎，① 不仅盖钮增加，且三足更外撇。彭启墓出土的浴缶与彭子射墓出土浴缶相比，腹部最大直径上移，圈足较高，时代明显要晚，形态接近于安徽寿县蔡侯申墓浴缶，下寺 M10 之 39 号、M11 之 8 号浴缶②。彭启墓出土的铜敦，由器盖和器身扣合而成，盖、身均为平底盆状，敦盖口沿均匀分布四个环钮，顶部有两对称环钮，口沿下有四个等距的盖扣；器身口沿四周对应有四个环钮，下有两个短兽足。这种平底敦形态特殊，与楚系墓葬通常见到的圆体敦迥异，可能是由平底盏发展而来。除底部形态不同，该器与下寺 M10 出土的圆体敦在盖顶、器足上有共同特征。③ 彭启夫人墓出土尊缶(M2：2)，形态介于下寺 M10：47 尊缶、M11：1 尊缶之间。④ 彭启夫人墓出土铜敦(M2：3)，除足钮形态略有不同外，矮扁的作风与淅川和尚岭 M2：28 仲姬敦近乎相同。⑤ 综上来看，彭启墓的年代大略接近下寺 M10、M11 和寿县蔡侯申墓，彭启夫人墓年代似乎要晚一点，很可能已跨入战国初年了。

在彭启墓以南的八一路西段，2009 年还抢救性发掘了物资城 M3。该墓出土列鼎 3(均繁鼎)、簠 2，及尊缶、浴缶、盘、匜、戈、剑、车马器、玉器等。发掘者指出“该墓出土器物与彭启墓比较，特别是盘、匜，造型、纹

① 河南省文物研究所等：《淅川下寺春秋楚墓》，文物出版社 1991 年版，第 218 页、图版八十之 1、2。

② 安徽省文物管理委员会等编著：《寿县蔡侯墓出土遗物》，科学出版社 1956 年版，第 9 页，图版十二；河南省文物研究所等编：《淅川下寺春秋楚墓》，文物出版社 1991 年版，第 252~253、298~230 页，图版八十之 1、2、九五之 1、2。

③ 河南省文物研究所等：《淅川下寺春秋楚墓》，文物出版社 1991 年版，第 254、256 页，图版九六之 2。

④ 河南省文物研究所等：《淅川下寺春秋楚墓》，文物出版社 1991 年版，第 253、299、301 页，图版九六之 1、一〇九之 3。

⑤ 河南省文物考古研究所等编著：《淅川和尚岭与徐家岭楚墓》，大象出版社 2004 年版，第 30、38 页，彩版一五之 1。

饰更简约，呈平底、薄壁、素面，显然时代更晚”①。已公布的3件繁鼎，形制、纹饰接近，大小相次成列，其中位居中间的鼎（M3：7）盖内有5字铭文：“郑𠤳之盘（繁）鼎。”该鼎器主以郑为氏，𠤳是其名。发掘者分析这件鼎“来自战争所取或郑国赠送”，当是。该墓出土有戈、剑及车马器，墓主很可能是晚于彭启的一代彭氏男性贵族。

此外，《吉金墨影》著录了彭氏墓地M19出土的1件繁鼎、2件铜敦。这件繁鼎盖正中为半环形钮，周边立三个半环钮，蹄足较直，腹部的蟠虺纹亦不够细密，明显比彭启夫妇墓出土繁鼎要早，但晚于彭子射繁鼎（M38：43）。2件铜敦均呈扁圆形，一为兽形矮蹄足，腹部饰宽带夔龙纹，形制与下寺M10：46敦、湘乡何家湾M1：7敦接近，② 一为环钮兽足，均是楚地铜敦的早期形态。据“彭氏家族墓地墓葬分布图”（图5-5），M19位于M38（彭子射墓）的南部偏西，彭子寿墓的西北。在这个区域，分布图上标示已发掘的竖穴土坑墓还有M5～M12、M15、M22、M24等，从开口看均系小墓，可能是发掘者说的“小型殉葬墓”。③ 偏东还有M39、M40两座未发掘的中型墓。据上文考证，彭子射墓与彭子寿墓的年代，大概相差至少六十年，其间或有两代左右的缺环。过去我们认为“在彭子射和彭子寿之间，很可能还缺断一代”④，略显保守。再来看M19，该墓出土铜器的年代与下寺M10比较接近，很可能是介于彭子射与彭子寿之间的一代彭氏贵族。

彭氏墓地中，申公彭宇墓为春秋中期早段，彭无所墓乃春秋中晚之际，之间显然还有较大缺环，它们之间相隔一百多米的距离亦说明了这一点。中华人民共和国成立初期湖南省博物馆征集到一件铜盆盖，盖正中有圆形捉

① 李长周、乔保同：《南阳春秋楚彭氏家族墓地发现郑氏厨鼎》，《湘鄂豫皖楚文化研究会第十六次年会会议论文汇编》，2019年，第90-92页。

② 河南省文物考古研究所等编著：《淅川和尚岭与徐家岭楚墓》，大象出版社2004年版，第254、256页，彩版九六之2；湘乡县博物馆：《湘乡县五里桥、何家湾古墓葬发掘简报》，《湖南考古辑刊》第3集，岳麓书社1986年版，第41、43页，图版柒之3。

③ 乔保同：《南阳八一路楚申县贵族墓地埋葬制度初探》，《楚文化研究论集》第9集，上海古籍出版社2011年版，第292页。

④ 田成方：《东周时期楚国宗族研究》，科学出版社2016年版，第148页。

手，盖沿两侧有对称的两个方形缺口，盖面满饰粗疏蟠螭纹。① 盖内有铭文5行31字(重文2，《集成》10340，参见图5-6)：

图5-6　彭子中盆盖及其铭文②

唯八月初吉丁亥，彭子中(仲)择其吉金自作馈盆，其眉寿无疆，子子孙孙永宝用之。

此盆盖之捉手样式和纹饰特征，与洛阳中州路M2415、新野小西关M1、信阳平桥M1等所出同类器相近，其年代在春秋中期前段。③ 器主自称“彭子中(仲)”，“彭”是氏称，“子”可作为男子之美称、爵称，也可理解作宗子之子，徐少华先生认为：“春秋时期的铜器铭文，特别是与南方楚系相关的器

① 湖南省博物馆：《介绍几件馆藏周代铜器》，《考古》1963年第12期。

② 器物图片采自陈梦家：《西周铜器断代》未完稿29，中华书局2004年版，第899页。

③ 徐少华：《彭器、彭国与楚彭氏考论》，《古文字与古代史》(第二辑)，台湾“中研院”历史语言研究所，2009年，第290页。

铭中，称‘某子’者，前一字基本上是国名，‘某子’多为某国之君或王(公)室显贵。”①所以，彭子中可能是附庸于楚的彭国君长，抑或仕楚的彭氏贵族。“中(仲)”是器主之名或字，是表字的可能性更大，即彭子中(仲)是彭仲爽直系后代，他同样是臣楚的彭氏贵族。彭子中与彭宇同时而略晚，两人约为同辈之人，或父子、叔伯关系。因彭宇曾担任地位重要的申公，在家族中无疑是族长级的人物。而彭子中称“子”，也可能是宗子的身份。所以彭宇与彭子中当非同辈，前者是父辈的可能性或许更大。

综之，目前考古材料所见的彭氏贵族共有彭宇、彭子中、彭无所、彭子射、彭子寿、彭启，他们与诸墓葬的关系如表 5-1 所示：

表 5-1　彭氏贵族墓(器)主及年代表

墓葬	墓(器)主	年代
申公彭宇墓	申公彭宇	春秋中期早段
	彭子中	春秋中期早段
彭无所墓(物资城 M1)	申(彭)公之孙无所	春秋中晚之际
彭子射墓(M38)	申公之孙彭子射	春秋晚期早段
彭子射夫人墓(M35)	彭子射夫人	未发掘，可能为春秋晚期早段
彭氏墓地 M19	不详	春秋晚期晚段略早
彭子寿墓(物资城 M2)	申公彭子寿(即申公寿馀)	春秋晚期晚段
彭启墓(M1)	彭启	春秋末年
彭启夫人墓(M2)	彭启夫人	春秋末年或战国早期
物资城 M3	不详	战国早期

如上所述，彭氏墓地已发掘东周墓葬有 21 座，简报已刊者 4 座(彭宇墓、彭子射墓、彭启夫妇墓)，资料有披露者 5 座(彭无所墓、彭子寿夫妇

① 徐少华：《彭器、彭国与楚彭氏考论》，《古文字与古代史》(第二辑)，台湾“中研院”历史语言研究所，2009 年，第 290 页。

墓、M19、物资城 M3)，未发掘但墓主身份基本确定者 1 座(彭子射夫人墓)，其余墓葬的情况尚不清楚。身份比较明确的彭氏贵族墓共 5 组 8 座，由北至南依次为：申公彭宇墓、彭无所墓、彭子射夫妇墓(夫人墓未发掘)、申公彭子寿夫妇墓(夫人墓未发掘)、彭启夫妇墓。位置最北的申公彭宇墓，年代在春秋中期偏早，大略相当于楚成王(前 671—前 626 年在位)统治初年。彭无所墓的年代在春秋中晚之际，相当于楚共王(前 590—前 560 年在位)的统治后期。彭宇与彭无所相隔约有百年之悬，中间缺断当在三代以上，不知道彭子中是否就在其间①。彭无所墓东南即彭子射夫妇墓，年代大致在春秋晚期早段，晚于彭无所墓，相当于楚康王(前 559—前 541 年在位)统治前期。申公彭子寿即文献记载的“申公寿馀”，其墓葬年代大概到了春秋晚期偏晚，大约在楚惠王(前 488—前 432 年在位)统治初年。在彭子射和彭子寿之间，至少还有两代左右的缺环。彭启夫妇墓年代大概在春秋末年或战国初年，相当于楚惠王统治前期。彭子寿、彭启年代毗邻，应是相连续的两代人。物资城 M3 墓主更在彭启墓以南，当属于更晚的一代，其时代已进入战国早期。综之，彭氏墓地的排列状况大致如此：

> 申公彭宇墓……缺断三代以上……彭无所墓—彭子射夫妇墓……缺断两代左右……申公彭子寿夫妇墓—彭启夫妇墓—物资城 M3 墓主

自春秋中期偏早的申公彭宇墓，至春秋战国之交的彭启墓、战国早期物资城 M3，彭氏墓地沿用了两百多年。彭氏一宗，绵延十数代，可谓世族世家。若按古人三十年一世的说法计算②，从申公彭宇到彭启之间，大概至少存在

① 据这块墓地的埋葬密度推测，相距一百多米的彭宇墓与无所墓之间，应当还有其他彭氏贵族墓葬。由于两墓之间的地带目前被居民楼占据，墓葬的实际分布情况不清楚。

② 古者“三十年为一世”，参《说文·卅部》“世”条、《论语·子路上》“必世而后仁”何晏集解引孔安国曰、《孟子·离娄下》“君子之泽五世而斩”朱熹集注。参许慎撰，徐铉校定：《说文解字(附检字)》，中华书局 1963 年版，第 51 页上；程树德撰，程俊英、蒋见元点校：《论语集释》卷 26，中华书局 1990 年版，第 910 页；朱熹：《四书章句集注》，中华书局 1983 年版，第 295 页。

八代，当前考古发现仅仅揭示了约略一半。至于彭启之后的彭氏家族，其墓地是否仍然在此处延续，依然是需要探索的方向。但根据彭启夫妇墓简报公开的墓地墓葬平面分布图(参见图 5-7)，在彭子射与彭启墓之间、彭子寿墓以西区域，分布着一些战国形制的墓葬。有些墓葬带墓道，规模还比较大，如 M17、M18、M32、M45 等，或可能是战国时代的彭氏贵族墓。河南新蔡楚简载有贞人彭定，多次受公子虩之命为坪夜君成卜筮(简甲一 25、甲二 5、

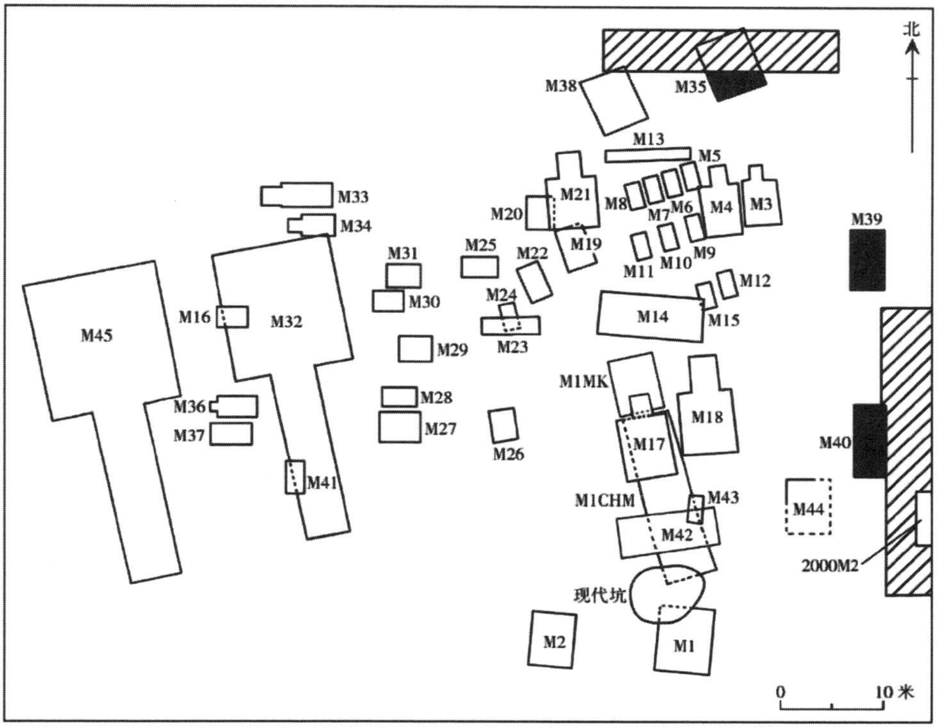

图 5-7　南阳彭氏墓地墓葬分布示意图①

① 改绘自河南省文物考古研究院、南阳市文物考古研究所：《河南南阳春秋楚彭氏家族墓地 M1、M2 及陪葬坑发掘简报》，《文物》2020 年第 10 期。今按：原图“2000M1”应是“2000M2”之误，该墓为彭子寿墓。

甲三41、甲三133等），说明他具备相当的文化素养和一定的社会地位。到战国晚期，彭氏后人已出现播散之态，并不囿于南阳一地。如包山简有“鄟司马彭怿”（简133），是鄟地的军事官；有“喜（彭）人□（之）州”（简163-164），“喜人”即“彭人”，① 与“昭无戠之州”（简95）、“邓军之州”（简173）、“景贾之州”（简180）、“昭上之州”（简181）等简文辞例相近，说明“彭人”很可能是彭氏贵族。

彭氏墓地在南阳西郊的开辟，起始年代已难以详知。据史书记载，彭氏是祝融八姓之一的彭祖、大彭国之后，② 与楚人血缘较近。商末周初时，彭国、彭族已迁至今鄂西北地区。《尚书·牧誓》载武王伐商前在牧野誓师和操练军队，提到的参战方国有“庸、蜀、羌、髳、微、卢、彭、濮人”，孔颖达《疏》云“此八国并非华夏……皆西南夷也”。③ 关于彭的地望，过去有四川、甘肃等多说，近人多认为商末周初的彭国在今湖北郧县以南邻近房县的南河流域。④ 西周时期的彭国状况，史籍失载，但从彭人参与武王伐商来看，彭国、彭族很可能受到周人册封。周平王东迁以后，诸侯大国蠢蠢欲动，趁势扩张各自

① 李守奎：《释包山楚简中的“彭”》，《简帛》（第一辑），上海古籍出版社2006年版，第25～31页。

② 林宝《元和姓纂》：“（彭）大彭为商诸侯，以国为姓，盖陆终第三子彭祖，即大彭也。”郑樵《通志二十略·氏族略二》夏商以前国“彭氏”条：“即大彭之国，在商时为诸侯伯。古祝融氏之后，有陆终氏六子，第三子彭祖，建国于彭，子孙以国为氏。又彭亦为姓。《国语》云，祝融之后八姓，己、董、彭、秃、妘、斟、曹、芈。周灭之。楚有大夫彭仲爽、彭名。”邓名世《古今姓氏书辩证》认为楚彭氏为祝融八姓中的彭姓之后，“唯大彭常为彭姓，商末，大彭氏失国，子孙处申。楚文王伐申，取彭仲爽以归，使为令尹。相楚有功……故仲爽家世为楚大夫”。参林宝撰，岑仲勉校记：《元和姓纂》卷5庚韵“彭”条，中华书局1994年版，第621页；郑樵撰，王树民点校：《通志二十略》，中华书局1995年版，第72～73页；邓名世著，王力平点校：《古今姓氏书辩证》卷16庚韵“彭”条，江西人民出版社2006年版，第229页。

③ 孔安国传，孔颖达疏：《尚书正义》卷11，《十三经注疏（附校勘记）》（影印阮元校勘缩印本），中华书局1980年版，第71页。

④ 顾颉刚、刘起釪：《尚书校释译论》（第三册），中华书局2005年版，第1137页；徐少华：《彭器、彭国与楚彭氏考论》，《古文字与古代史》（第二辑），台湾“中研院”历史语言研究所，2009年，第280～281页。

的势力。宣王时期徙封到今南阳市的南申国，大概也在谋求四处扩张。约在春秋早期，彭国、彭族被邻近的申国吞并或臣服。《左传》哀公十七年载楚大师子谷追叙楚国早期史事时说："彭仲爽，申俘也，文王以为令尹，实县申、息，朝陈、蔡，封畛于汝。"徐少华先生认为"彭仲爽为'申俘'，即被楚生俘的申人，从其以'彭'为氏推测，原应是彭国人，即彭公族之人入申者"①，颇有道理。这条史料说明，至少在彭仲爽之前，彭国、彭氏已经亡于申国了。彭氏进入申国以后，理应在申国附近寻求葬身之地，是否入申之后便把茔域选在三里河与梅溪之间的岗地之上，亦未可知。学界一般认为申公彭宇是彭仲爽之子，"彭仲爽协助楚文王取申、息以为县，楚文王则任用曾为申人的彭仲爽之子为申县县公，管辖申国故地，意在安抚申国的臣民，以便为楚所用，是完全可能的"②。因此，曾任楚国令尹的彭仲爽，其墓葬很可能也在彭氏墓地范围内。

自彭仲爽之后，彭氏主要贵族世代葬在楚申县的族墓地，大概与两方面的原因有关。一是彭氏采邑在申县附近。关于这一点，过去我们曾作过分析："彭仲爽在申国做官时，应当受到申君分封田地，只有这样，才能保持其经济来源和贵族身份。由申入楚后，彭仲爽及其子嗣彭宇立即受到楚文王赏识、重用，为楚国开疆拓土、稳定新领地立下赫赫功绩。那么，彭氏在故申国拥有之采邑，大概不会因'楚灭申'而丧失。相反，楚人为笼络、利用彭氏贵族，或有扩大其采邑面积的可能。彭氏在申国享有之采邑，不会远离故申国都城及其周边地区；入楚后的彭氏家族，主要在申县任职，其采邑概如从前。"③生前在采邑居住，死后葬于采邑附近，无疑是人生归宿的理想选择。二是彭氏贵族世代在申县任职。明确担任过申县县公的有彭宇和彭子寿。其他贵族任职不详，从使用五鼎四簋的礼器级别看，他们应当也属于大

① 徐少华：《彭器、彭国与楚彭氏考论》，《古文字与古代史》(第二辑)，台湾"中研院"历史语言研究所，2009年，第288页。

② 徐少华：《彭器、彭国与楚彭氏考论》，《古文字与古代史》(第二辑)，台湾"中研院"历史语言研究所，2009年，第293页。

③ 田成方：《东周时期楚国宗族研究》，科学出版社2016年版，第150~151页。

夫一级。由此来看，除了彭仲爽担任过楚令尹外，彭国后代在楚国主要活跃于申县的政治舞台，这当然也直接决定了彭氏贵族死后葬处的选择。

第二节　彭氏墓地的文化特征及政治意涵

彭氏与芈姓楚人都属祝融八姓之后，但由于发展历程、立足环境的不同，他们在物质文明、生活方式、文化习俗等方面，自然产生了不同的表现形式。彭氏墓地材料作为“物”的存在，是当时彭氏家族创造并留给后人的重要遗产，不仅代表着彭氏在物质文明上的发展程度、丧葬文化上的基本习惯，也能动态展现其文化上的嬗变与坚守，不啻为汉淮地区族群融合的典型案例。彭氏墓地是彭氏族人两百多年的葬身场所，尽管绵延长久，但从墓葬分布状况来看，墓地由北到南依次埋葬，不同代系之间相隔一定的距离，排列井然有序，几乎没有打破关系，这显然在开创之初就经过了精心擘划和周密设计。

主持彭氏墓地2008年发掘的乔保同先生总结这些墓葬的特点为：多为夫妇异穴合葬，头向一律朝南，墓内多有殉人，男性墓葬多陪葬有车马坑等。① 后来，他又指出彭氏墓地大多随葬五鼎或三鼎，主要铜器组合为鼎、簠或鼎、敦以及浴缶、尊缶、盏、盘、匜等，车马坑呈竖长方形，车竖列放置，车构件多拆置于墓葬之中。② 乔先生总结说：“楚国埋葬制度在春秋中期以前基本沿袭周王室的一套礼制，从春秋中期开始逐渐形成楚国的礼制。”③毋庸置疑，这些方面都是彭氏墓地能够直接体现出的基本特征。

彭氏墓地的主墓大致呈线形一字排列，夫妇异穴合葬，女性墓较男性墓降等埋葬，棺内铺朱砂，葬俗上仰身直肢、有殉人，这是当时楚国贵族墓葬的共性特征。除此之外，我们尚须注意到彭氏墓地的个性化特点，以及隐藏

① 乔保同：《最新考古发现：南阳楚彭氏家族墓》，《文史知识》2009年第6期。

② 乔保同：《南阳八一路楚申县贵族墓地埋葬制度初探》，《楚文化研究论集》第9集，上海古籍出版社2011年版，第292页。

③ 乔保同：《最新考古发现：南阳楚彭氏家族墓》，《文史知识》2009年第6期。

在深处的历史背景或文化身份的表达。

除了申公彭宇墓头向不明外，彭氏墓地其余墓葬的头向一概朝南，这与楚国芈姓贵族头向一律朝东迥然有别，最能标示彭氏的血缘身份特征。如上所说，彭氏是由申入楚的外来宗族，尽管族姓尚不明确，但与芈姓楚人显非同族。尽管春秋中期以后彭氏已入楚为臣，数代担任过申县县公，在地方政治上最受楚王倚重，在物质面貌上亦全面楚化，特别是棺椁葬具、随葬器物，与同时期的楚国王族墓葬别无二样。但是，彭氏墓葬在墓向、头向上保持了固有习惯，且历久不变。头向是区分古人族属、血缘身份的重要标志，诚如学者所言："头向这种民族的观念习俗是最难予以改变的，即令国破家亡也不易消除。"①彭氏贵族墓地头南朝向，大概与该族早年在江汉地区的经历有关。② 由于墓葬方向的缘故，直接影响到了一系列葬制的安排。比如夫妇异穴合葬的方式，彭氏贵族为两两呈南北向、东西并列。男性墓在东，女性墓在西，男右而女左。而我们熟知的芈姓贵族夫妇墓多呈东西向、南北并列，并按男左女右的方式埋葬。此外，墓葬头向也影响到车马坑的埋葬方位和车马排列方式。出于面对墓主脚蹬之向的需要，彭氏墓地的车马祔葬坑挖在主墓的北侧，车马坑或马坑都呈南北向，车辕和马头均指向北面，与芈姓贵族附属车马坑在主墓以东、车辕及马头都朝西的埋葬方式完全不同。由此来看，彭氏墓地葬制葬俗上体现出的特点，本质上是由墓主头向引生出来的。从以"申俘"身份始入楚国，到发展为楚国世族名家，彭氏贵族历经两百年，始终以头向朝南作为血缘身份的重要标签，坚守如一，彰显了文化习惯"顽固"的一面。

与头向朝南的一以贯之不同，彭氏族墓地随葬器物的文化风格，经历了从周文化体系向楚文化体系的转变，也即物质层面彭氏贵族的"楚化"过程，这是彭氏融入楚国社会的重要表征。彭氏墓地年代最早的申公彭宇墓，徐少

---

① 宋公文、张君：《楚国风俗志》，湖北教育出版社 1995 年版，第 243 页。

② 宋公文、张君二先生认为："东周时期地处楚国统治中心的江汉地区及江南一带，众多的小型墓葬头向之所以从南，显然是土著楚蛮承继其先民固有埋葬习惯的结果。"(《楚国风俗志》，湖北教育出版社 1995 年版，第 243 页)

华先生指出该墓出土的Ⅰ式铜鼎的形制、纹饰特征与洛阳中州路M2415所出Ⅰ式鼎接近，所出铜簠与新野曾国墓葬M1所出铜簠接近。① 洛阳中州路位于周文化的腹心地带，新野曾国墓葬M1也属于姬周文化墓葬。由此判断，申公彭宇墓随葬的青铜礼器，无论是器物形制、纹饰还是器类组合，主要体现了周文化的特点。墓主彭宇担任楚国申县的一县之长，掌控赫赫有名的申县军队(申师)，其地位不可谓不突出。但由于此时楚文化还处在萌芽、酝酿阶段，并无代表性的器物出现，因而彭宇在制作铜礼器时，主要还是模仿周文化的器类和造型。这种情况到了春秋中晚之际的彭无所墓，已经发生了很大变化。声势浩大的楚文化及其典型器物，重塑着彭氏贵族的器用铸造。彭无所墓出现了盂鼎、敦、汤鼎、浴缶等代表性器类，都是楚国贵族习用的器型。不过，彭无所墓同时还使用了带盖、立耳、聚足鼎，这类鼎是彭宇墓Ⅰ式鼎的延续形态。彭宇墓拿它与繁鼎、盂鼎共同凑成五鼎之数。由此来看，彭无所墓随葬器物主要体现了方兴未艾的楚文化特征，但也保留了一些旧有的元素。从申公彭宇墓到彭无所墓，适逢楚国强大、楚文化崛起的关口。这两座墓葬随葬铜器的差异，无疑昭示着这段历史的新动向。到了更晚的彭子射墓、彭子寿墓及彭启夫妇墓、物资城M3，更是彻底使用了诸多典型楚器(参见表5-2)，说明这一家族在物质层面上已完全楚化。就彭氏墓地情况来看，族群融合最主要体现在物质文化的认同和同化。物质文化是器用制度、政治秩序、礼仪规范的外在表现。物质层面的全面楚化，本质上是政治身份的自我认同，这是楚人深层次改造、融合外来宗族的结果。

彭氏墓地的另一项重要特点是，不同世代的主要墓葬在规模、等级上保持了相当长久的稳定。墓葬开口方面，目前仅见彭子射墓、彭启夫妇墓的数据，前者为7米×5米，彭启墓为5.8米×4.5米，面积均大于25平方米。彭启夫人墓开口为5.2米×3.2米，规模明显要小。葬具方面，彭子射墓、彭启墓、彭启夫人墓均为一椁一棺，前两者在椁室内都有一殉葬棺。彭无所墓和彭子寿墓的材料尚未刊布，据“南阳彭氏墓地墓葬分布示意图”(参见图5-7)，

---

① 徐少华：《周代南土历史地理与文化》，武汉大学出版社1994年版，第33页。

表 5-2　彭氏墓地出土铜器分类对比表

	鼎	簠	盏	敦	壶	尊缶	汤鼎	浴缶	盘	匜
彭宇墓	 Ⅰ式鼎  Ⅱ式鼎	 《青全》10:22			 《逐鹿中原》第 312 页					
彭无所墓（物资城M1）	 （《吉金墨影》049）  （《吉金墨影》050）						 （《吉金墨影》061）	 （《吉金墨影》081）		

续表

	鼎	簠	盏	敦	壶	尊缶	汤鼎	浴缶	盘	匜
彭子射墓（M38）	 （M38:41）  （M38:43）	 （M38:45）	 （M38:49）			 （M38:51）	 （M38:58）	 （M38:57）	 （M38:52）	 （M38:53）
彭氏墓地 M19	 （《吉金墨影》052）			 （《吉金墨影》092）  （《吉金墨影》093）						

续表

	鼎	簠	盏	敦	壶	尊缶	汤鼎	浴缶	盘	匜
彭子寿墓（物资城M2）		 （《吉金墨影》071）  （《吉金墨影》072）			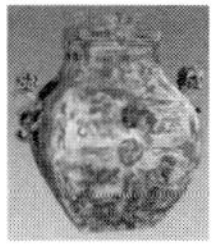 （《吉金墨影》065）			 （《吉金墨影》082）		
彭启墓（M1）	 （M1:21）  （M1:22）	 （M1:19）		 （M1:28）		 （M1:16）		 （M1:23）	 （M1:30）	 （M1:31）

续表

	鼎	簠	盏	敦	壶	尊缶	汤鼎	浴缶	盘	匜
彭启夫人墓（M2）	 （M2:6）	 （M2:5）		 （M2:3）		 （M2:2）		 （M2:8）	 （M2:11）	 （M2:12）
物资城M3	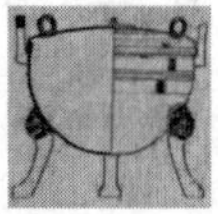 （M3:7郑氇鼎）									

它们在墓葬开口、棺椁数目上，很可能与彭子射墓、彭启墓不会有太大差别。随葬铜礼器方面，彭宇墓为三鼎二簠，无所墓为五鼎四簠，彭子射墓为五鼎四簠，彭启墓为五鼎四簠。彭宇作为一代申公，仅随葬三鼎，而彭氏子孙未担任申公者，都能享用五鼎之礼，为何？我们认为，这大概与他们所处时代不同有关。西周建统以来形成的礼制规范，在春秋早中之际余威尚存。《春秋公羊传》桓公二年何休注："礼祭：天子九鼎，诸侯七，卿大夫五，元士三也。"①一般认为，这是反映西周用鼎情况的古制。② 东周初年，势力尚不足僭越礼制的楚国，很可能也还遵循这一用鼎制度。作为申县之长，彭宇属于诸卿之下的大夫阶层，等级、爵位在楚国次于令尹、大司马、莫敖等中央官员，享用三鼎之制是理所当然的。彭无所等彭氏贵族享用鼎簠数量的增加，大概与楚人崛起后，突破用鼎古制有关。楚君称王后，僭用天子九鼎之数，顺次以降，楚国大夫阶层便能享用五鼎之礼。申公彭宇之后，只有彭子寿再次担任了申公，其余如彭无所、彭子射和彭启，均不署官称，很可能没有担任申公。不过他们大概亦是嫡长子，庇荫世爵，进而沿袭了五鼎之制。战国早期的物资城 M3 随葬三鼎二簠，或有两种可能，一是 M3 墓主并非彭氏嫡子，不能享受五鼎之礼；二是与彭氏政治地位下降有关。无论如何，战国以后的彭氏家族，不复春秋时期的地位和荣光，则是比较显而易见的。

从典籍记载看，世居申县的彭氏贵族，也经常参与楚国的军事、政治活动。例如经历邲之战和鄢陵之战的彭名。《左传》宣公十二年(前 597 年)楚、晋邲之战时，庄王之师分作左、右两广，"许偃御右广，养由基为右，彭名御左广，屈荡为右"。鲁成公二年，楚、鲁、齐等国在蜀地会盟，"彭名御戎，蔡景公为左，许灵公为右"。成公十六年(前 575 年)，楚、晋鄢陵之战时，"彭名御楚共王，潘党为右"。鲁襄公四年(前 569 年)，"楚师为陈叛故，犹在繁阳……夏，楚彭名侵陈，陈无礼故也"。彭名最初为楚庄王、楚

① 何休注，徐彦疏：《春秋公羊传注疏》卷 4，《十三经注疏(附校勘记)》(影印阮元校勘缩印本)，中华书局 1980 年版，第 2214 页。

② 俞伟超、高明：《周代用鼎制度研究》(上)，《北京大学学报》(哲学社会科学版)1978 年第 1 期。

共王的近臣，后来担任军事将领，亲自率兵侵“陈”，地位不低。在活动时间上，彭名与彭无所较为接近，难以确定二者是否为同一人。此外，春秋晚期还有彭生，见诸《左传》昭公四年(前 538 年)：“楚子欲迁许于赖，使斗韦龟与公子弃疾城之而还……东国水，不可以城，彭生罢赖之师。”杜注：“彭生，楚大夫。”其活动时间大约介于彭子射和申公彭子寿之间。无论彭名还是彭生，均不知其具体官职，但亦属“楚大夫”等级，应无异议。总的来看，不管是墓葬资料所见彭氏贵族，还是典籍记载的彭名、彭生，都属于楚国贵族体系的中间阶层。基于此，彭氏贵族墓葬在埋葬规模、随葬品丰富程度上，与淅川下寺同时期墓葬存在较大差距，也就不难理解了。

综上所述，彭氏在楚国有着双重身份，一是相比于芈姓楚人，他们属于“非我族类”，这就决定了他们在政治上只能游走于核心与边缘之间，最终发展为地方性的大族，世代居葬于申县附近；二是作为有着较高文化素养的古旧部族，他们在楚国壮大、称霸过程中功勋卓著，因此能够享受“楚大夫”的爵位，历世而不坠。彭氏墓地资料同样表明，在历史潮流挟裹之下，该族在器用上虽不断更新，逐渐完成全面的“楚化”，但在某些文化传统上坚守如一，始终未变。

第六章　荆门昭氏墓地

昭氏与屈氏、景氏并称战国时期楚国三大家族。《史记·项羽本纪》载楚南公语："楚虽三户，亡秦必楚。"关于"三户"的解释，以韦昭"楚三大姓"的说法"最得之"①。战国以至秦末，楚昭氏的名声和影响都是非常大的。然关于该族的源起、发展及兴盛过程，因史籍语焉不详，过去了解得并不多。

1986年至1987年，考古工作者在湖北荆门市十里铺镇王场村包山岗地上发掘了五座战国楚墓，其中的包山二号墓，出土了大量珍贵文物，特别是四百余枚竹简，更是引起了广泛关注。据简文可知，墓主为楚怀王时期（前328—前299年在位）的左尹昭𧻚，属昭氏家族。以二号墓为核心的包山楚墓，是昭氏的家族墓地。1994年河南新蔡李桥镇葛陵古城东北部发掘了一座战国时期的大型楚墓（编号M1001），由于多次被盗，该墓遭到极大扰乱。从残存随葬器物及铭文、竹简文字分析，该墓墓主为平夜君成，亦属于楚昭氏贵族，墓葬年代约在楚悼王（前401—前381年在位）初年。② 这两处墓地的发现，特别是保存比较完好的包山楚墓，为探讨昭氏家族墓地的特点、昭氏家族的历史、楚国的分封制度等，提供了非常重要的资料。

---

① 钱穆：《先秦诸子系年（外一种）》，河北教育出版社2002年版，第427~428页。

② 关于新蔡葛陵楚墓的年代，过去主要有楚肃王、楚悼王时期两说，清华简《楚居》证明新蔡简中年代最晚的纪年"王徙于鄩郢之岁"应当发生在楚悼王初年，可能为悼王四年（前398年），参宋华强：《新蔡葛陵楚简初探》，武汉大学出版社2010年版，第113~135页；《清华简校读散札》，简帛网，2011年1月10日。

第一节　从出土资料看昭氏的族源和早期世系

包山 M2 和葛陵楚墓(M1001)出土竹简中关于墓主祭祷先人的记录，是探讨昭氏立族、早期世系的最基本资料。下文结合其他文字资料及传世典籍记载，尝试对楚昭氏家族的早期面貌进行复原。

一、楚昭氏之昭

东汉王符《潜夫论·志氏姓》在楚公族中列有“昭氏”①，未言其所出。宋代邓名世《古今姓氏书辩证》明确讲道：“(昭氏)出自芈姓。楚昭王熊轸，有复楚之大功，子孙蕃衍，以谥为氏。与旧族屈景皆为楚大族。《战国策》有昭衍、昭过、昭奚恤，皆楚大臣。”②郭沫若先生据《庄子·庚桑楚》“公族也，昭景也，著戴也，甲氏也，著封也”，进一步指出：“昭是楚昭王的支庶，所以说是‘著戴’，戴是代的假借。”③姜亮夫先生也认为“昭为楚昭王之后，受姓于昭，世系相承，不别为宗，故曰著戴，戴者戴其首也”④。所谓“戴其首”，通俗来讲，就是以宗族先祖的名(谥)号为族氏用字。

昭氏出自楚昭王的观点，在金文及竹简材料中屡有反映。⑤ 楚昭王之

① 王符著，汪继培笺，彭铎校正：《潜夫论笺校正》，中华书局 1985 年版，第 416 页。

② 邓名世撰，王力平点校：《古今姓氏书辩证》卷 10 宵韵“昭”条，江西人民出版社 2006 年版，第 151 页。按：昭衍为游士，曾游说魏国与秦结约(《战国策·秦策五》“楼啎约秦、魏”章)，其国属不详，可能出自楚昭氏。另《战国策·魏策四》“秦攻韩之管”章有说客昭衍，国籍亦不明。

③ 郭沫若：《屈原研究》，《郭沫若全集·历史编》，人民出版社 1982 年版，第 13 页。

④ 姜亮夫：《史记屈原列传疏证》，《姜亮夫全集八·楚辞学论文集》，云南人民出版社 2002 年版，第 4 页。

⑤ 李零、巫雪如等学者就昭氏源自楚昭王有过一些论证，我们结合新蔡简的有关记载，将他们的论证作了进一步梳理和补充，参李零：《“三闾大夫”考——兼论楚国公族的兴衰》，《文史》第 54 辑；巫雪如：《包山楚简姓氏研究》，台湾大学中国文学研究所硕士学位论文，1996 年，第 66~67 页。

昭、昭氏之昭在古文字中均写作，隶定作卲。上海博物馆所藏卲王之諻鼎（铭文参见图 6-1）、簋（《集成》02288，03634~03635），卲王即楚昭王。2013 年荆州李家堰 M113 出土一件昭王之諻戈，援部及胡部铸有 12 字铭文："卲王之諻择其吉金，乍持𨌲戈。"①戈铭"昭王之諻"当与昭王之諻鼎、簋的器主是同一人。鄂君启节（《集成》12110 ~ 12113）和包山楚简大事纪年材料都有"大司马卲阳败晋师于襄陵之岁"（包山简 103、115，参见图 6-2），"卲阳"即

图 6-1　卲王之諻鼎铭文

图 6-2　包山简中的大司马卲阳

① 云南省博物馆、荆州博物馆编著：《南方霸主——庄蹻故国楚文物大展》，云南美术出版社 2016 年版，第 59~60 页。

《战国策》《史记》等记载的带兵伐魏之楚军统帅昭阳，① 证明文字材料中的卲氏就是典籍中的昭氏。“卲”是本字，典籍通假作“昭”。楚昭氏既是楚国公族、楚王之后，又以先王谥号为氏，那么昭氏之昭无疑应该出自楚昭王的谥号，因为楚王中只有昭王是以“昭”字为谥。传世古籍及出土资料中所见的楚昭氏成员，均出现在楚昭王之后，亦反映了昭王、昭氏之间的源流关系。在包山、葛陵卜筮祭祷简文中，墓主都将昭王作为重点祭祷对象。包山简文中，墓主昭㐌在祭祀直系先辈时，一般以昭王为首，其次是文坪夜君、郚公子春、司马子音、蔡公子家及夫人(包山简 200、简 203、简 214 等)。新蔡简中，墓主坪夜君成祭祀先辈时，也以昭王、惠王、文君、文夫人、子西君为次(新蔡简甲三 213)，其中的文君是坪夜文君(新蔡简甲三 121)、坪夜文君子良(新蔡简甲三 242)的简称，即昭㐌的高祖。所以，坪夜君成也是楚昭王的后代。包山简整理者说：“先秦时期有以王号为后代之氏的习惯，昭王应是卲(昭)㐌这一支的始祖。”②结合《庄子·庚桑楚》《古今姓氏书辩证》等典籍记载，这个判断无疑是正确的。

昭氏以王谥为氏，除昭王“有复楚之大功”外，可能还有其他两个原因。一是春秋晚期以后，以“谥”为氏逐渐成为王室后裔命氏的主要方式。以楚国为例，景、悼、怀等强宗大族皆是以所出之君的谥号为族氏。这种现象大概与当时爵禄制度、封邑政策的变化有关。二是“卲”是美谥。《说文·卩部》：“卲，高也。”《小尔雅·广诂》：“卲，美也。”又《说文·日部》：“昭，日明也。”《诗经·大雅·既醉》：“君子万年，介尔昭明。”郑玄笺：“昭，光也。”卲、昭通假，均有光明、美好之意。昭王后人以先祖美德为荣光，遂借其谥以为氏。先秦以谥为氏的宗族中，极少见到以灵、幽、厉、隐等恶谥为氏的，③

① 徐少华：《包山二号楚墓的年代及有关问题》，《江汉考古》1989 年第 4 期；收入(略有删改)《荆楚历史地理与考古探研》，商务印书馆 2010 年版，第 293~304 页。

② 湖北省荆沙铁路考古队：《包山楚简》，文物出版社 1991 年版，第 53 页注[360]。

③ 据《逸周书·谥法解》，死而志成、乱而不损、极知鬼事、不勤成名、死见鬼能曰灵，不显尸国、隐拂不成曰隐，早孤有位、壅遏不通、动祭乱常曰幽，致戮无辜曰厉。参黄怀信等撰，李学勤审定：《逸周书汇校集注》卷 6《谥法解》，上海古籍出版社 2007 年版，第 722~723、725、731~732、740 页。

说明情感倾向在命氏行为中也有相当影响。

二、昭氏的早期世系

葛陵、包山简的祭祷简文中传递了昭氏早期世系的一些信息。为讨论方便，将几条主要简文抄写如下：

有祟见于昭王、蕙王、文君、文夫人、子西君，就祷☐①葛陵甲三213

举祷于盛武君、命(令)尹之子叡各大牢②葛陵乙一13

祭王孙厌一冢，酒食葛陵乙三42

一祷于昭王特牛，馈之；一祷文坪夜君、部公子春、司马子音、蔡公子家各特豢、酒食；一祷于夫人特豬包山200

举祷东陵连嚣肥冢、酒食包山202-203

举祷于殤东陵连嚣子发肥冢，蒿祭之包山225

举祷兄弟无后者昭良、昭乘、县貉公各冢豕、酒食，蒿之包山227

根据与墓主的亲疏关系，上述受祭对象可分成二类：一是祭祀者的直系先人，如新蔡简中的昭王、文君、文夫人，包山简中的昭王、文坪夜君、部公子春、司马子音(亲王父)、蔡公子家(亲父)③、夫人(亲母)。另一类是旁系先辈或同胞兄弟，如新蔡简中的惠王、子西君、盛武君、令尹之子叡，包

① 类似简文又见葛陵简甲三176、344-1、乙一29-30、零445等。

② 整理者在盛武君、令尹之子叡之间未断读，认为是一个人(河南省文物考古研究所编著：《新蔡葛陵楚墓》，大象出版社2003年版，第184页)。简文祭祀对象在两个及以上才用“各大牢”，所以盛武君、令尹之子叡应是两个人。

③ 吴郁芳先生认为蔡公子家即《战国策・楚策四》《荀子・强国》等记载的楚臣子发(名舍)，曾在楚威王时任“上蔡令”(《淮南子・人间训》)，子发是子家之误，参《包山二号墓墓主昭佗家谱考》，《江汉论坛》1992年第11期。

山简中的东陵连嚣子发、昭良、昭乘、县貉公。

关于昭阩直系近祖的次序，包山简整理者认为昭王与文坪夜君之间“在辈分上应有缺环，因与墓主关系不大而略记”①。何浩、吴郁芳先生认为文坪夜君与曾侯乙墓遣册中的坪夜君是同一人，即《左传》哀公十七年记载的楚昭王子、惠王弟子良。② 文君又称坪夜文君、坪夜文君子良，与曾侯乙简中的“坪夜君”、包山简中的“文坪夜君子良”应当是同一人,③ 这证明昭王、文坪夜君之间是连续的世系，并不存在辈分上的缺断。从昭王至蔡公子家，正是昭阩的“五世王父以逾至亲父”(秦家嘴 M1 简 2)④。此外，昭良、昭乘、县貉公等旁系亲属的身份也可确定。简文称此三人是“兄弟无后者”“继无后者”(简 227、简 250)，说明他们是邵阩绝无后嗣的同胞兄弟。至于东陵连嚣，彭浩先生认为：“简文中还有数次祭祷东陵连嚣的记录，他排在‘新父’与‘新母’之后……他在先辈之列，不是邵阩的同辈。邵阩之父是蔡公子家，东陵连嚣很可能是邵阩的叔父或伯父。”⑤吴郁芳先生也有类似看法,⑥ 当可信。

关于新蔡简所载坪夜君成的世系，学界主要有两种意见：一是昭王→文

① 湖北省荆沙铁路考古队编：《包山楚简》，文物出版社 1991 年版，第 13 页。

② 何浩：《文坪夜君的身份与昭氏的世系》，《江汉考古》1992 年第 3 期；吴郁芳：《包山二号墓墓主昭佗家谱考》，《江汉论坛》1992 年第 11 期。

③ 河南省文物考古研究所编著：《新蔡葛陵楚墓》，大象出版社 2003 年版，第 184 页。

④ 秦家嘴 M13 简 1 有“赛祷五世以至新父母”、简 5 有“祷特牛于五世王父王[母]”，秦家嘴 M99 简 10 有“祷之于五世王父王母训至新父母”、简 11 有“赛祷于五世王父王母”等，均为祭祷五世之例，一并参晏昌贵：《秦家嘴“卜筮祭祷”简释文辑校》，《湖北大学学报》2005 年第 1 期，收入氏著《简帛数术与历史地理论集》，商务印书馆 2010 年版，第 156~165 页。

⑤ 彭浩：《包山二号楚墓〈卜筮祭祷〉竹简的初步研究》，《楚文化研究论集》第 2 集，湖北人民出版社 1991 年版，第 346 页；后收入发掘报告，论文题目和文字略有改动，参《包山二号楚墓卜筮和祭祷竹简的初步研究》，湖北省荆沙铁路考古队：《包山楚墓》，文物出版社 1991 年版，第 562~563 页。

⑥ 吴郁芳：《包山二号墓墓主昭佗家谱考》，《江汉论坛》1992 年第 11 期。

君→王孙厌→坪夜君成。① 二是昭王→文君→坪夜君成，认为王孙厌是坪夜君成的“嫡庶兄弟或叔伯兄弟”②。争议的焦点是王孙厌与坪夜君成之间的关系。宋华强先生从祭祀次数、祭品等级的角度，判断文坪夜君是坪夜君成的父亲，是正确的。下面从称谓角度加以补充。包山简中的“夫人”指墓主“亲母”(简202)③，无异议，那么是否能够把新蔡简“文夫人”也直接理解作墓主坪夜君成的母亲呢？我们认为是可以的。古人称呼女性先人时，只有母亲有资格享受“夫人”一词，如史籍常见的大夫人、太夫人、母夫人、泰夫人、家夫人、堂上夫人、尊夫人等，都是母亲的专有称谓，而祖母及其以上的女性先辈并不称作“夫人”。④ 新蔡简中的“文夫人”与上举“太夫人”等称谓相类，只是此处多出了一个谥号。“文”是坪夜君死后的谥号，先秦时期有妇随夫谥的习惯，⑤ 坪夜君之妻当然可以被称作“文夫人”。包山简的“夫人”与新蔡简的“文夫人”虽在等级身份上存在差别(有无谥号)，但在时人称谓系统的位次是相同的，都指祭祀者的母亲。所以，上述第二种意见是正确的，即文君与坪夜君成是父子关系。王孙厌不是坪夜君成的父亲，只可能是其他的亲属。宋华强先生比较王孙厌、文夫人、包山简东陵连嚣等人受祭次数、祭品的异同后，指出：“王孙厌应该不是平夜君成的叔父或伯父，而更有可能是平夜君成的兄弟辈。事实上，王孙厌在葛陵简中的地位，正和包山简中

---

① 河南省文物考古研究所编著：《新蔡葛陵楚墓》，大象出版社2003年版，第184页。

② 宋华强：《平夜君成的世系及新蔡简年代下限的考订》，《简帛》(第二辑)，上海古籍出版社2007年版，第371~377页；《新蔡葛陵楚简初探》，武汉大学出版社2010年版，第113~121页。

③ 湖北省荆沙铁路考古队：《包山楚简》，文物出版社1991年版，第54页注[379]。

④ 杨应芹、诸伟奇：《古今称谓词典》“亲属辈次”部分，黄山书社1989年版，第28~60页。

⑤ 郑武公夫人武姜(《左传》隐公元年，前722)，卫庄公夫人庄姜(隐公三年，前720)，卫宣公夫人宣姜(桓公十六年，前696)，郑文公夫人文芈(僖公二十二年，前638)，晋怀公夫人怀嬴(僖公二十三年，前637)，晋文公夫人文嬴(僖公三十年，前630)等。

‘兄弟无后者’的地位相当。”①我们注意到，新蔡简中盛武君、令尹之子叡与王孙厌是分开祭祀的，盛武君、令尹之子叡是坪夜君成的从叔父（见下文），而王孙厌只可能是坪夜君成的同辈兄弟。此外，从称谓上看，王孙厌称作“王孙”，最有可能是昭王之孙，与坪夜君成的辈分是相同的。

需要重点探讨的是盛武君、令尹之子叡的身份。整理者误将二者视为一人，说：“盛武君令尹之子叡在祭祷中位列文夫人之后，他与墓主平夜君成应有密切的关系，是何种关系不易推断。”②盛武君、令尹之子叡不与王孙厌同祭，且在祭祷位次上排在文夫人之后，表明两人不会是王孙厌和平夜君成的兄弟辈。郑威先生根据平夜君成祭祷的先祖中有子西君（今按：子西是楚平王之子、昭王之兄，前505年至前479年任令尹③），怀疑“令尹之子叡或是子西之子，平夜始封君子良的堂兄弟”④。这个推测不无道理：一方面，若两人是平夜君成的从祖父，也就是子西君的兄弟辈。在受祭时理当与身份相近的文君、子西并列。实际上，他们在受祭次数、祭祀等级上与文君、子西都存在明显差异。盛武君、令尹之子叡受祭次数只有一次，子西有近十次，文君则更多，达到十余次。祭祀子西用特牛（新蔡简甲一27）、荆牢（新蔡简乙一21），此外还使用钟乐（新蔡简甲三200），祭祀文君用大牢（新蔡简甲三419）、钟乐（新蔡简甲三242）、玉璧（新蔡简甲三121），祭祀盛武君、令尹之子则各用大牢。所以，盛武君、令尹之子叡与文君、子西不大可能是同辈之人。另外，昭王至惠王早期的令尹序列清晰，先后有囊瓦（子常）、子西、叶公子高（沈诸梁）、公孙宁（子国）。囊瓦是楚庄王的曾孙、子囊之孙，与平夜君成的亲属关系疏远。叶公子高是沈尹戌之子，属于沈尹氏家族。公孙宁是楚昭王之孙，坪夜君成同辈，后者不可能祭祀同辈人之子。因此，

① 宋华强：《平夜君成的世系及新蔡简年代下限的考订》，《新蔡葛陵楚简初探》，武汉大学出版社2012年版，第113~121页。

② 河南省文物考古研究所编著：《新蔡葛陵楚墓》，大象出版社2003年版，第184页。

③ 宋公文：《楚史新探》，河南大学出版社1988年版，第38、321页。

④ 郑威：《楚国封君研究》，湖北教育出版社2012年版，第129页。

“令尹之子叡”之“令尹”只可能是子西君。盛武君与令尹之子叡合祭且排位在前，说明他很可能是子叡的兄弟辈，且位次高于子叡。根据活动时间，郑威先生推测盛武君与擂鼓墩二号墓出土的盛君萦簠之器主是同一人,① 颇有道理。盛武君是否也是子西之子，或是子西同辈兄弟之子，目前还不能定论。②

盛武君、令尹之子叡与平夜君成仅是从堂叔侄的关系，在血缘上较王孙厌疏远，然而他们享受的祭品却是大牢，规格明显高于王孙厌的“一冢酒食”，为何？我们认为这与三人政治身份的贵贱有关。盛武君是封君，子叡是令尹之子，爵级显然高于没有任何官职的王孙厌，因而在祭祀规格上存在差别也就不足为奇了。需要指出的是，子西、盛武君、令尹之子叡是楚景平王的后代，当归入景氏宗族。坪夜君成之所以祭祀他们，一方面因为子西在昭王继位、执政过程中发挥了关键作用，另一方面在于坪夜君是昭王之孙，与子西(王子)、盛武君、令尹之子叡(王孙)都是王室成员。王室内部成员之间的祭祀关系在过去是含混不清的，新蔡简提供了非常珍贵的资料。

通过以上分析，可以将新蔡简、包山简所反映的昭氏家族谱系书写如下：

昭王→文平夜君→平夜君成、王孙厌
→部公子春→司马子音→蔡公子家→昭庀、昭良、昭乘、县貉公
→东陵连嚣子发

三、昭氏的始封和命氏范围

在简文材料中，昭庀以上的直系先祖均未冠以昭氏，但这并不意味着昭氏的出现始于昭庀时代。最早见诸文献的昭氏贵族是昭奚恤，曾担任楚宣王

① 郑威：《楚国封君研究》，湖北教育出版社2012年版，第127~131页。

② 结合子西与楚昭王及其后人的特殊关系，盛武君是子西之子的可能性更大一些。关于子西君与楚昭王及其子嗣间的微妙关系，宋华强先生曾有精彩论述，参看氏著：《新蔡葛陵楚简初探》，武汉大学出版社2012年版，第120~121页。

(前369—前340年在位)后期的令尹。包山楚墓发掘报告根据简文纪年材料，判断包山M2墓主昭𬨎卒于前316年，又经过对遗骨科学鉴定，认为墓主“个体接近于四十岁左右，或属于35~45岁的中年男性”①。假设昭𬨎出生时蔡公子家约25岁，昭𬨎死亡年龄以40岁计，那么蔡公子家出生的时间大约在前380年，其活动时间晚于昭奚恤。由此来看，昭奚恤与昭𬨎祖父司马子音可能是同辈人。事实上，昭氏宗族得氏的时间可能远早于昭奚恤。新蔡葛陵墓出土的一件骨质弓帽(N：260，参见图6-3)的外表两侧线刻有四字，连读为“卲之良之”，“卲之良”即上文提到的文坪夜君子良,② 他是楚昭王之子、坪夜君成之父、昭𬨎的高祖。“卲之良之”弓帽是平夜君成的家传之物，估计是子良生前所作，暗示子良在世时已获立氏。子良被称作“卲之良”，一定出现在前489年楚昭王卒殁且被追谥号以后，大概不会晚于前433年，因为子良在为曾侯乙助丧时已被尊称为“坪夜君”。很有可能在子良生前，昭氏已获

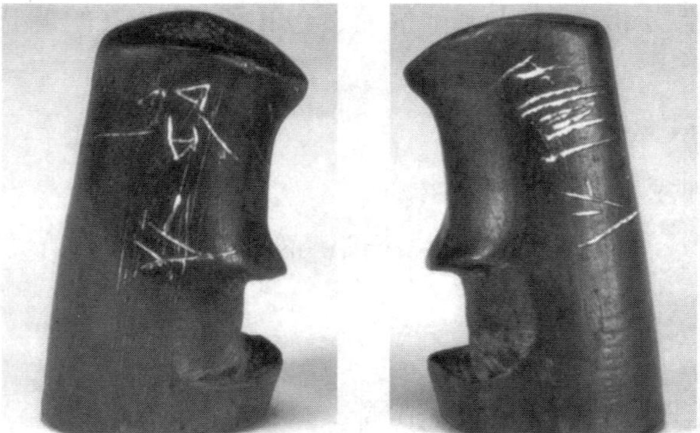

图6-3　卲之良之弓帽

① 湖北省荆沙铁路考古队编：《包山楚墓》，文物出版社1991年版，第330~333、406~407页。

② 董珊：《出土文献所见“以谥为族”的楚王族——附说〈左传〉“诸侯以字为谥因以为族”的读法》，《出土文献与古文字研究》第2辑，复旦大学出版社2008年版，第118页。

氏立族了。纵览春秋时代，公孙之子在世时得氏是诸侯列国的普遍做法(即《左传》隐公八年杜注说的“公孙之子以王父字为氏”)，公子在世时得氏是比较罕见的。① 从景氏、昭氏的情况来看，楚人在命氏立族的时间上与中原地区有一定区别。

除继承王位的惠王及其后嗣外，楚昭王的其他后代是否都能以昭为氏呢？这涉及春战之际姓氏制度的变革问题，有必要加以探讨。众所周知，春秋晚期以前，周代有一套比较严格的姓氏制度。受氏者需要经过国君的册封，“胙之土而命之氏，诸侯以字为谥，因以为族，官有世功，则有官族，邑亦如之”(《左传》隐公八年，前715年)。春秋时期，径直以国君谥号为族者甚少，所谓的鲁国三桓，宋国戴族、武族、桓族，郑国穆族，楚国若敖氏，都不是实体性的宗族。以郑国“七穆”为例，包括七族：良氏、游氏、国氏、罕氏、驷氏、印氏、丰氏。之所以称“七穆”，是因为这七族均出自郑穆公，而并非实际存在“穆族”。谢维扬先生将三桓、七穆、若敖氏等非实体性的宗族称作“近缘氏集团”②，就是考虑到了“七穆”称谓与良氏、游氏等实体宗族的不同。至春秋晚期，以先君谥号为族者逐渐增多，有些还发展成为名门望族，如楚国的景氏、昭氏、悼氏、怀氏等。出现这种变化的原因，大概与周代社会形态的演变有关：一是由血缘性社会向地域性社会的过渡。血缘性社会强调“嫡子继位，别子分封”，即《左传》桓公二年(前710年)所说的“天子建国，诸侯立家，卿置侧室，大夫有贰宗”，所以郑穆公之后可以衍生出七大宗族。春秋晚期以后，分封制地位下降，别子分封立氏的现象也在减少，由此导致了景氏、昭氏等“以谥为氏”之大族的诞生。这些大族在宗族组织体系上可能是比较松散的。二是禄田制逐渐取代采邑制，即每个族氏享有的世代占有、俨然一小国的采邑正在减少，封君对于食邑只有世代承袭权，却没有了不断分封给别子的权力。这在一定程度上也抑制了新族氏的产生。

① 谢维扬：《周代家庭形态》(修订版)，黑龙江人民出版社2005年版，第154~158页；陈絜：《商周姓氏制度研究》，商务印书馆2007年版，第274~278页。

② 谢维扬：《周代家庭形态》(修订版)，黑龙江人民出版社2005年版，第227~235页。

总之，春秋晚期以后出现的类似昭氏的宗族，其族氏的享有者必定是相当宽泛的。作为封君的昭之良、昭奚恤可以享有，昭㡭及其宗支也能够享有，平夜君成的后人大概也是要称昭氏的。在这种形势下，氏称作为“名贵贱”的符号，其功能在一定程度上遭到削弱。

第二节 包山昭氏墓地析论

包山昭氏族墓地的发掘，丰富了楚国族墓地研究的资料。昭氏家族墓地与淅川薳氏族墓地、南阳彭氏族墓地相比有哪些共同特征，又有哪些不同的特点，下面作一简要分析。

一、包山墓地所反映的家族形态及相关问题

包山墓地是经过系统调查和全面揭示的楚国族墓地，发掘报告指出：“从已经发掘墓葬坑壁的原生堆积观察，除岗西的小墓墓口局部被破坏外，其余墓葬墓口以至封土都保存较好，表明该墓地地形没有经过大的变化……可以认为包山楚人墓地已整个被揭示出来了。”①若此，则包山楚墓是经过系统考古调查、科学发掘的一处完整的家族墓葬，是研究当时家族墓葬的难得资料。分析墓葬的年代和墓葬之间的关系，不难发现包山墓地是经过事先规划的。发掘报告指出：“从下葬年代的角度观察，包山墓地墓穴的安排是由南向北；从等级高低的角度来看，墓穴的安排是由东往西排列。这应是当时定穴安葬所遵循的规则。”②这种墓葬位置的分布(参见图 6-4)，不仅体现了时间上的先后关系，也反映了墓主之间的亲属关系。

关于各墓之间的亲属关系，发掘报告也进行了探讨，认为包山 M1 和 M2、M4 和 M5 是夫妇异穴合葬墓，M2 和 M4 为父子关系，故包山墓地是一

① 湖北省荆沙铁路考古队编：《包山楚墓》，文物出版社 1991 年版，第 330 页。
② 湖北省荆沙铁路考古队编：《包山楚墓》，文物出版社 1991 年版，第 338 页。

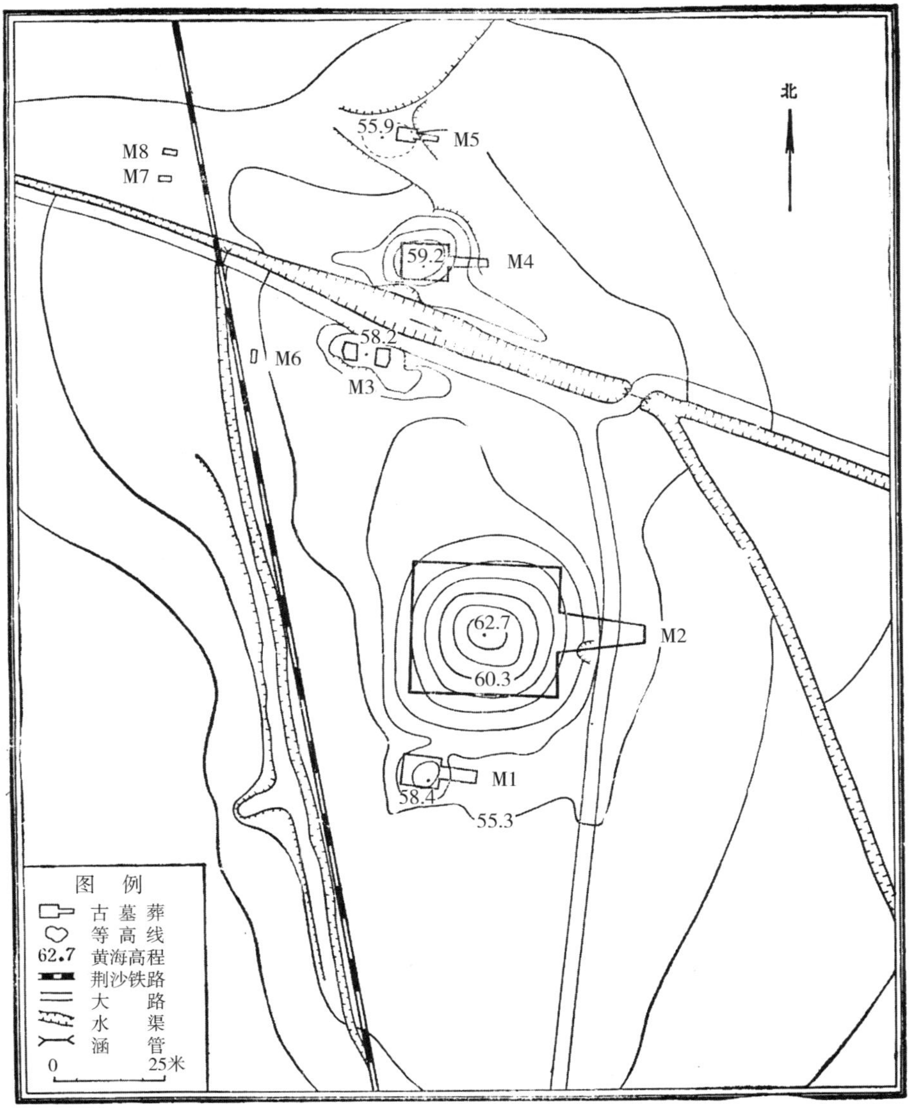

图 6-4　包山墓地墓葬分布图①

① 采自湖北省荆沙铁路考古队编:《包山楚墓》, 文物出版社 1991 年版, 第 3 页。

处以核心家庭成员为主体的墓地，而 M6 的坑位、方向与其他墓葬都不同，墓主不属于上述家庭成员。① 应该说，发掘报告对于墓葬之间亲属关系的分析是准确可靠的。但包山墓地属于昭氏的墓葬仅有四座，且各墓葬之间的规模和等级差别很大，特别是作为父子两辈的 M2 墓主和 M4 墓主，应如何看待这些现象呢？

与淅川薳氏族墓地和南阳彭氏墓地相比，包山墓地的数量仅有四座两代，应当只是核心家庭墓地。这是否说明了，从过去有规制的代代相袭的家族墓地，开始向核心家庭墓地过渡了呢？大概未必如此。从上文论述可知，包山 M2 墓主左尹昭𬤊祖父是司马子音，父亲为蔡公子家。从人物的称呼来看，司马子音担任的应该是中央一级的司马，蔡公子家担任的蔡县县公，应当是他的最高职位。很有可能，蔡公子家卒于任职蔡公之时。既然任职蔡县，按照当时习惯，蔡公子家在卒后很可能葬在任职之地附近，这也就导致在包山楚墓范围内并没有埋入昭𬤊先辈的坟茔。包山 M4 的年代约为前 290 年，此后该墓地亦未能延续，当与前 278 年白起拔郢有直接关系。

从墓葬等级和随葬器物来看，包山 M4 与昭𬤊墓差距较大。发掘报告根据《礼记·王制》所谓“大夫不世爵，使以德，爵以功。未赐爵，视天子之元士”，认为 M4 墓主死时仅二十余岁，当因年轻无功而未得赐爵。② M4 墓主虽然是左尹昭𬤊之子，但他的身份只是元士，可见并没有袭承父亲的爵职和地位。父子之间这种巨大的身份落差，与楚国社会由世官世爵向以功爵选官转变的历史背景有关。这种转变大概始于楚悼王统治时期(前 401—前 381 年在位)的吴起变法。《史记·吴起列传》：“(吴起)明法审令，捐不急之官，废公族疏远者，以抚养战斗之士。”③《韩非子·和氏》记载吴起游说楚悼王时说：“大臣太重，封君太众……不如使封君之子孙三世而收爵禄，绝灭百吏之禄秩，捐不急之枝官，以奉选练之士。”④楚悼王死后，吴起在前 381 年被

① 湖北省荆沙铁路考古队编：《包山楚墓》，文物出版社 1991 年版，第 338～340 页；王红星：《包山楚墓墓地试析》，《文物》1988 年第 5 期。

② 湖北省荆沙铁路考古队编：《包山楚墓》，文物出版社 1991 年版，第 340 页。

③ 《史记》卷 65《孙子吴起列传》，中华书局 1982 年版，第 2168 页。

④ 王先慎撰，钟哲点校：《韩非子集解》，中华书局 2003 年版，第 96～97 页。

反扑的旧贵族射杀，变法被迫中止。但根据包山墓地等反映的情况来看，楚人在任官授爵制度方面的改革在吴起变法失败后并未停歇，“大臣太重、封君太众”的局面在战国中晚期有所改观。

二、包山楚墓与淅川薳氏墓地、南阳彭氏墓地的比较

包山楚墓为昭氏家族墓，昭氏为楚昭王之后，与楚薳氏同属楚国公族。而彭氏是楚国的外来宗族，显然属于异姓家族。三个家族的族墓地有一些共同特点，也有不同之处。首先，从墓地空间布局上看，以薳氏和昭氏为代表的楚国公族，与以彭氏为代表的外来宗族，有着显著的差别。淅川下寺、和尚岭及徐家岭薳氏家族墓，包山昭氏墓葬，主要墓葬基本上都是以东西向、夫妇异穴合葬的方式埋葬，代系顺序由南到北排列。① 由于楚国公族头向均为东向，且有尚左习俗，所以薳氏、昭氏尽管是楚国公族的不同宗支，但在墓地空间布局上，尤其是墓葬排列方式上较为一致。这种现象是否为楚国公族墓地的普遍规律，还需要将来更多的材料来验证。楚公族墓地的布局方式，与楚国外来宗族有着巨大差别。彭氏家族墓地虽然也是夫妇异穴合葬，但墓葬呈南北方向，且代系排列方式为由北到南。

其次，殉葬制度由殉人到人俑的改变。从已公布的资料看，彭氏墓地与淅川下寺、徐家岭和和尚岭墓地，主墓都以一椁多棺的形式，将殉葬者(多为女性或仆佣，可能是墓主的小妾、侍女或随从)随墓主人一起下葬(参见本书附录)。殉葬者是一人、两人，甚至多人，殉葬者的身份可能是墓主的妻妾、嬖宠或奴隶。② 这种现象在战国中期偏早的新蔡葛陵平夜君成墓中表现尤为突出，这座墓的殉葬者达 7 人之多，均为年轻女性。③ 到了战国晚期的

① 也有学者认为这种埋葬序列与先秦时期的昭穆制度有关，参湖北省荆沙铁路考古队编：《包山楚墓》，文物出版社 1991 年版，第 339 页。

② 杨茂：《楚国人殉研究》，西南大学硕士学位论文，2010 年，第 13~14 页。

③ 河南省文物考古研究所编著：《新蔡葛陵楚墓》，大象出版社 2003 年版，第 38~39 页。

包山楚墓，以活人殉葬已不复流行，取而代之的是以木俑殉葬，如包山 M1、M2、M4、M5 都出土了木俑，却没有人殉的现象。由人殉向人偶殉葬的转变，是丧葬文化的巨大进步，这与社会风气的转变和人本意识的兴起有很大关系。孔子曾批评以人殉葬的现象，见于《孟子·梁惠王上》：“始作俑者，其无后乎？”①《礼记·檀弓下》补充道：“涂车刍灵，自古有之，明器之道也。孔子谓为刍灵者善，谓为俑者不仁，殆于用人乎哉！”②所以，孔子批评将活人殉葬的做法，这些舆论的确对各国贵族的丧葬行为起到了制约作用。

综上所述，昭氏虽为楚国大族，但并未像薳氏、彭氏那样，形成家族专属、绵延数百年的族墓地。就目前情况来看，无论是新蔡葛陵墓地，还是荆门包山墓地，持续时间都不长。究查背后的原因，大概可能有以下几条：

一是与昭氏家族的性质有关。昭氏是楚昭王的后代，以谥为氏。楚昭王的后裔，若无封邑，均可以昭为氏。如上文所论，以谥为氏的“家族”，其族氏享有者必定是相当宽泛的，同氏之间的亲属关系是比较松散的。根源在于昭氏并非是以采邑为中心、聚族居葬，因而难以形成数世不迁的世族。

二是昭氏兴起于战国早期，当时分封制和采邑制正在走向没落。虽然封君制在楚国方兴未艾，但封君的食邑并不是牢固的，由于政治方面的冲击，很难出现世代袭承的现象。这与西周和春秋时期，贵族世代享有采邑的情形有很大区别。因而，即使平夜君成贵为封君，但这种情形维持时间并不长久。

三是郡县制和选官制的推行，促使贵族流动做官的情况愈加频繁，这也导致很难出现世居某地、世官某地的大家族，从而难以形成连续不断的家族墓地。

其他以谥为氏的楚国显族，如景氏、悼氏等，可能同样没有形成规模庞大、世代相继的族墓地，大概亦缘于此。

---

① 赵岐注，孙奭疏：《孟子注疏》，《十三经注疏（附校勘记）》（影印阮元校勘缩印本），中华书局 1980 年版，第 2667 页。

② 郑玄注，孔颖达疏：《礼记正义》，《十三经注疏（附校勘记）》（影印阮元校勘缩印本），中华书局 1980 年版，第 1303 页。

结　语

《左传》襄公十八年记载楚康王对令尹子庚说："国人谓不谷主社稷，而不出师，死不从礼。"杜注："不能承先君之业，死将不得从先君之礼。"这里包含两层意思，一方面楚人在葬制上具有一套自身的礼仪规范，是为"先君之礼"，另一方面楚礼葬制并不是固化的，个人生前的作为会影响到墓葬的级别及相应设置。因此，在研究丧葬文化时，我们除了要细致观察墓地本身的特征外，还需要结合大的历史背景和小的史事场景，作具体的分析和解读，这样才有可能无限接近历史的真实和先人的想法。

楚国是春秋霸主、战国七雄，长期占据南中国的大部，为后人留下了丰富的物质遗存。目前考古发现的楚国墓地资料，主要集中在东周时期。东周时代，楚"灭"国甚多。楚灭国的一个重要特点是在形式上武力降服诸小国，不立即亡其国、绝其祀、编其民，但在其附近置"县"，县公由楚王直接任命，实质上占有其地、劳役其民。春秋中期以后，楚国逐渐构建起一套独具特色的二元统治体系——同盟名义下的附庸国系统和以"县"为基础的内政运作系统。所以，本书对楚系家族墓地的探讨，也主要分作两大部分：附庸国的族墓地和楚国的族墓地。

一

楚系附庸国的墓葬材料，近年考古揭示较多者有应国、黄国、曾国、邓国、申国、养国、蔡国等。文中以申国、养国已刊布的材料为基础，探讨了它们族墓地年代、布局、葬制葬俗、随葬器物等方面的情况。这两个南阳盆地的小国，墓葬形态上有相似之处，即公族墓葬和庶民墓葬共葬一处，内部存在分区。墓葬形制和葬俗上自始至终保持了固有特点，但随葬品种类、器物组合、器物形态(装饰、形制、纹饰、铸造工艺)等，在不同等级墓葬中体现了相异的变化趋势。贵族墓葬在随葬礼器上有一个明显的楚化过程，而平民墓葬则受之影响较小。

从更宏观的角度来看，楚系附庸国墓地的发展演变，均以楚国势力的进入为分水岭，存在一个被动变化的过程。在灭于楚之前，诸小国墓地呈现出多样化的存在特点。根据物质文化面貌的不同，这些小国大致可归为两系：一是周文化体系下的国族，如应、曾、邓、申、许、陈、蔡等。葬制上，通常以竖穴土坑为茔穴，高等级墓葬带墓道呈甲字形，多为南北向。铜礼器以鼎簋组合为核心，依墓主等级，鼎、簋施以相应的奇、偶之数。贵族墓葬常会随葬一件陶鬲(或一件陶罐，如枣阳郭家庙曾国墓地①)。公族墓地通常选在都邑附近的南北向丘陵岗地。岗地中心位置埋葬等级最高的贵族，这些贵族通常按照代系早晚，由南向北或由北向南依次排列。另一是周文化体系外的土著邦国，如养、黄、樊、番等，但尚未发现这些国族春秋早期以前的墓地。春秋早期以后，这些国族墓地的地方性特点仍然显著存在。如墓葬排列不如周系墓地规整秩序，墓向多朝东(这一点可能还影响到了曾国墓葬的朝向)，较早使用封土(如光山宝相寺黄君孟夫妇墓、桐柏月河养伯受墓②)等。铜礼器组合以鼎壶为核心，不见簋。地方特色的器物有平盖鼎、带盖盆、甗形盉等。由此溯推，春秋早期以前姬周系统以外土著邦国的族墓地，其地方性因素和区域性特点只可能更为突出。

---

① 随葬一件陶鬲的情形，参本书第二章第二节。随葬一件陶罐的墓葬有 GM20、GM16、GM12 等，参襄樊市考古队等编著：《枣阳郭家庙曾国墓地》，科学出版社 2005 年版，第 111、120、136、139、166 页。

② 河南信阳地区文管会、光山县文管会：《春秋早期黄君孟夫妇墓发掘报告》，《考古》1984 年第 4 期；南阳市文物研究所、桐柏县文管办：《桐柏月河一号春秋墓发掘简报》，《中原文物》1997 年第 4 期。

春秋中期以后，降为楚附庸的国家在族墓地上呈现出新的特点：一是部分国家的族墓地出现收缩态势，由分散多处到集中一地，如曾国、黄国、养国等。这显然是楚国势力扩张和逼迫的结果。二是附庸国墓地继续沿用，而进入该地的楚人另外开辟墓地。两者界线分明，互不混杂，如邓国、申国等。这种情形主要出现在楚人置县的地方。三是遭楚人不断迁徙的国族，墓地难以形成规模，且较为分散，如许国、番国等。不过，这些附庸国从春秋中期晚段开始，物质文化面貌都经历了向楚文化转变的过程，但在墓向等葬俗上则保持着固有传统。大约到了战国中期，随着楚人陆续将附庸国一一灭亡，楚系附庸统治宣告终结，附庸国墓地也就彻底转变成编户齐民后的楚人墓地了。

相比之下，晋、齐、秦等诸侯大国的扩张方式与楚人显然不同。他们在灭亡他国(族)之后，往往直接占领其土地，或就地设县，或赏封于贵族，极少采用相对温和的附庸政策。因此，在整个东周时期楚之附庸国墓地都是富有特色的，它是楚系墓葬的重要组成部分。

二

楚国的家族墓葬，根据等级和墓地规模，可划分为楚王陵园、世族墓地、一般贵族墓地、核心家庭墓地等。目前发现的楚王陵园，集中于战国时代，战国以前的楚王陵墓分布在哪里，是何状况，依旧是一团迷雾。战国时代楚国王陵一般选址在独立的岗地之上，由主墓、陪葬墓、殉葬墓、车马坑、祭祀坑、封土、墓上建筑等组成。这种陵园布局显然已经非常成熟，可能已经制度化了。楚王陵的埋葬形式，影响到了楚国高级贵族的埋葬行为。楚王以下的高级贵族，除了墓葬规模不能僭越外，墓园布局上往往比照楚王陵，但是罕有独立陵园。

据研究，商周时期帝王陵园经历了从商周“集中公墓制”到秦汉“独立陵园制”的演化过程，“‘独立陵园制’是一种新的墓地形态，就目前的发现来看，春秋时期的雍城秦公墓地是其萌芽形态，战国时期的秦东陵、中山国王陵等进一步发展，而秦始皇陵及汉代帝陵最终得以确立并完善化”①。战国“独立陵园制”的代表有河北平山中山国王陵、河南辉县固围村魏国王陵、河北邯郸赵国王陵等。与此同时，洛阳金村东周王室墓地、河北易县燕下都九女台-虚粮冢燕国公墓地等仍实行集中公墓制，而秦国的“独立陵园制”尚有“集中公墓制”的特征。② 目前所见楚王陵园，都是以某位楚王为中心的独立陵园，显然走在了“独立陵园制”的前列。

楚王陵园与战国时期其他国家的独立陵园，既有一些共同的时代特征，也有不少葬俗上的差别。仅以河南辉县固围村大墓为例，一般认为它是战国中期魏王和王后的陵园。③ 这个陵园坐落在一个经人工整治的岗地之上，中心是3座东西并列的大墓，M2规模最大居中，墓主应是魏王，两侧有规模略小的M1和M3，当是王后。大墓均为中字形，坐北朝南。最西侧还有2座小墓，可能是殉葬墓。三座大墓上都有享堂建筑，享堂散水下还发现2个瘗埋玉器的小坑，原报告称作“埋玉制度”，实应为祭祀坑。与固围村魏王陵相比，楚王陵朝向不同，有大型车马坑，有规整的殉葬墓群，有密集的祭祀坑，但罕见中字形大墓，墓上享堂建筑似乎也不如固围村魏王陵普遍。作为南方地区独立陵园代表的楚王陵园，无疑宣示着强烈的地域风格。

三

在世族墓地和核心家庭墓地方面，楚文化考古成绩卓著。相比而言，东

---

① 赵化成：《从商周“集中公墓制”到秦汉“独立陵园制”的演化轨迹》，《文物》2006年第7期。

② 赵化成：《从商周“集中公墓制”到秦汉“独立陵园制”的演化轨迹》，《文物》2006年第7期。

③ 中国科学院考古研究所编著：《辉县发掘报告》，科学出版社1956年版，第69~109页；中国大百科总编辑委员会《考古学》编辑委员会编：《中国大百科全书·考古学》，中国大百科全书出版社1986年版，第145页。

周时期列国贵族们的族墓地，北方地区发现的相对较少，这大概有两方面的原因：一是北方地区墓葬被盗情况比南方楚地更为严重，自古以来即是如此；二是北方诸国某些政治因素不利于催生世家大族墓地。以秦国、晋国为例。秦国盛行人殉，包括以贵族殉葬，如《诗经》《史记》等记载秦穆公以良臣三人殉葬，“从死者百七十七人”。《战国策·秦策二》记载秦宣太后将死时，还想以宠臣魏丑夫为殉。陕西凤翔雍城秦公大墓 M1（秦景公墓）共有人牲 20 具、殉葬者 166 人，既有被杀殉的奴隶，也有殉葬的大臣、近亲和姬妾。① 这种自上而下的殉葬风气，无疑会影响到贵族墓地的形成和延续。晋国殉人风气虽不及秦国，但晋国自献公开始“尽杀群公子”，实行无公族之制，加之国内六卿之间攻讦斗争激烈，② 显然也会影响世族墓地的存续。

楚国是特别讲求世族政治的国度，所谓“内姓选于亲、外姓选于旧”（《左传》宣公十二年）。淅川下寺、和尚岭、徐家岭楚薳氏墓地自春秋中期延续至战国中期偏晚，南阳西关彭氏墓地从春秋中期偏早使用到战国早期，便是楚国世族政治发达的极好注脚。文中列举的几处世族墓地，显然只是楚国世族墓地的一部分，未来应会有更多这方面的材料被揭示。此外，战国时期楚地的核心家庭墓地是世族墓地的一种特殊形式，产生于特定的历史背景之下，并非正常发展和延续的族墓地。

总的来看，楚国绵延长久的世族墓地，多分布在楚都以外的宗族采邑附近，当然也可能独立于“世官”的城邑旁边，这与他们生前居住在采邑或任职之地有关。世家大族的独立墓地通常占据一条南北向山岗，不同代系的贵族呈南北向有序排列，地位崇高者占据最高处。低等级贵族的族墓地，有的没有独立墓园，而是与其他家族葬在一处，同族之人则集中于某个区域。世系较少的核心家庭墓地，出现在世官世禄制遭到破坏的战国中晚期。战争的频繁、政局的动荡及社会的革新，都对以往世家大族形成强烈冲击，这自然也

① 中国社会科学院考古研究所编著（张长寿、尹玮璋主编）：《中国考古学·两周卷》，中国社会科学出版社 2004 年版，第 325 页。

② 宋玲平：《晋系墓葬制度研究》，科学出版社 2007 年版，第 56~58 页。

体现在族墓地的空间选择和埋葬形式上。但无论何种形式的族墓地，都遵循着“生相近、死相迫”的基本原则。只是族属差异、血缘亲疏、官爵高低、福寿长短等具体因素，都会在细节上塑造着墓地的具体表现形态。

附录　楚国贵族墓葬统计表

说明：

1.本表只收录具备一定规模或有代表性的楚国贵族墓葬，楚系附庸贵族墓未在统计范围。

2.表格以世族墓地开辟先后为次，同一墓地的墓葬按年代早晚为序。零星墓葬也大致按年代早晚排列。

3.凡本书讨论过的墓葬，其年代、墓主等断语均出自书中结论。

4.其他墓葬的年代和墓主等，若非注明，则采自发掘报告(或简报)。

地点	墓葬	年代	身份	墓道	棺椁	头向	殉葬	葬式	铜器组合及其他主要随葬品	备注
南阳	彭宇墓	春秋中期早段	申公彭宇	无	不详	不详	1人?	不详	鼎3、簠2、壶2，兵器及车马器	破坏严重；成年牙7枚，小孩牙4枚
	彭无所墓(物资城M1)	春秋中晚之际	申(彭)公之孙无所	无	不详	不详	不详	不详	鼎5、簠4、敦1、汤鼎1、缶2、盘1、匜1等	该墓资料未完全刊布

续表

地点	墓葬	年代	身份	墓道	棺椁	头向	殉葬	葬式	铜器组合及其他主要随葬品	备注
南阳	彭射墓(M38)	春秋晚期早段	申公之孙彭子射	无	一椁一棺、1殉人棺	南	1	仰身直肢	鼎5、簠4、尊缶2、盏1、汤鼎1、浴缶2、盘1、匜1	保存较好
	彭射夫人墓(M35)	春秋晚期早段	彭射夫人							未发掘
	彭氏墓地M19	春秋晚期晚段略早	不详	不详	不详	不详	不详	不详	鼎1、敦2	仅公布3件铜器
	彭子寿墓(物资城M2)	春秋晚期晚段	申公彭子寿	无	不详	南	不详	不详	鼎5、簠4、浴缶2、错金钫1、盘1、匜1,及兵器、车马器、玉器等	该墓资料未完全刊布
	彭子寿夫人墓(M44)	春秋晚期晚段	彭子寿夫人	无	不详	南	不详	不详	仅存鼎2、簠2、敦2	该墓资料未完全刊布
	彭启墓(M1)	春秋末年	彭启	无	一椁一棺、1殉人棺	南	1	仰身直肢	鼎5、簠4、尊缶2、盖豆1、浴缶2、勺1、盘1、匜1,钮钟9、镈钟8,兵器、车马器及玉器	椁室东偏北为主棺,西侧为殉葬棺
	彭启夫人墓(M2)	春秋末年或战国早期	彭启夫人	无	一椁一棺	南	无	仰身直肢	鼎3、簠2、敦1、尊缶2、浴缶1、盘1、匜1、斗2	随葬品未被盗扰;墓室内发现鹿角

续表

地点	墓葬	年代	身份	墓道	棺椁	头向	殉葬	葬式	铜器组合及其他主要随葬品	备注
淅川	下寺 M7	春秋中期晚段	仲己卫	无	一棺一椁	东	无	不详	鼎 2、簠 2、浴缶 2、盘 1、匜 1、盏 1、勺 1，玉石器	保存较好；墓主当为女性；椁分 3 室
	下寺 M8	春秋中期晚段	上鄀公以邓	无	一椁一棺、1 殉人棺	东	1	仰身直肢	残存鼎 1、簠 4、匜 1、盉 1、浴缶盖握手 1，车马器、兵器、生活用具及玉器等	多次盗扰；西 5 米有车马坑；南棺为主棺，葬 50 岁男性
	下寺 M36	春秋中晚之际		无	不详	东	不详	不详	残存鼎 2、簠 2、浴缶 2、盘 1、匜 1，车马器、兵器、生活工具及玉器等	遭破坏严重；棺椁情况不明；墓西有车马坑
	下寺 M1	前 548 年左右	孟縢姬	无	一椁二棺	东	1	不详	鼎 13、鬲 2、簠 2、簋 1、浴缶 2、尊缶 2、盘 1、匜 1、方壶 2、盏 1、盉 1、斗 1、带流勺 2，钮钟 9、石磬 13，其他玉石器等	保存较好；墓主当为女性
	下寺 M2	前 548 年	薳子倗	无	一椁一棺、1 殉人棺	东	1	不详	鼎约 19、鬲 2、簠 1、俎 1、禁 1、簋 2、浴缶 2、尊缶 2、盘 1、匜 1、鉴 1、盆 1 等，甬钟 26、石磬 13，车马器、兵器、生活工具及其他玉石器等	遭盗扰；南棺为主棺；墓西 33.5 米有车马坑
	下寺 M3	前 548 年左右	蒍仲姬丹	无	一椁一棺、1 殉人棺	东	1	仰身直肢	鼎 6、簠 4、浴缶 2、尊缶 2、盘 1、匜 1、盉 1、提链壶 1、鉴 1、盏 1，铜镜 1，玉石器等	保存较好；北棺疑为主棺；墓主当为女性

续表

地点	墓葬	年代	身份	墓道	棺椁	头向	殉葬	葬式	铜器组合及其他主要随葬品	备注
淅川	下寺 M4	前 548 年左右	薳子倗妾	无	单棺(?)	东	不详	仰身直肢	鼎 1、簠 1、浴缶 1、盘 1、匜 1，铜削，绿松石管	遭破坏；墓主疑为女性
	下寺 M10	春秋晚期晚段		无	一椁一棺、1 殉人棺	东	1(?)	不详	鼎 4、簠 2、浴缶 2、尊缶 2、盘 1、匜 1、敦 1、斗 1、勺 2，吕𪔠镈 8、吕𪔠钟 9、石磬 13，车马器，兵器，其他玉石器等	保存较好；墓西 7 米有车马坑；墓主当为男性
	下寺 M11	春秋晚期晚段		无	一椁一棺、1 殉人棺	东	1	仰身直肢	鼎 2、食鼎 1、簠 2、浴缶 1、尊缶 2、盘 1、匜 1、敦 1、斗 1、勺 2，车马器，兵器，带钩及玉石器等	保存较好；墓西 8.5 米有车马坑；北棺为主棺；墓主当为男性
	和尚岭 M1	春秋晚期晚段	克黄	无	一棺一椁	东	无	不详	残存鼎 6、簠残片，编磬 9，车马器，兵器，其他玉石器	多次被盗；墓西或有车马坑
	和尚岭 M2	战国早期早段，晚于前 475 年	曾仲姬，克黄夫人	无	一椁二棺	东	2	仰身直肢	鼎 7、簠 2、敦 1、画像壶 2、浴缶 1、盘 1、匜 1、斗 1、勺 1，郘子受钮钟 9、镈钟 8、石编磬 12，车马器，方形器座，其他玉石器等	椁内保存较好；两人殉在椁内，无葬具，一侧身直肢，头向北，一侧身屈肢，头向东
	徐家岭 M3	战国早期早段	郘子孟升嬭	无	一椁一棺、2 殉人棺	东	2	仰身直肢	残存鼎 8、簠残片、浴缶 1、斗 1、匕 1，钮钟 9、镈钟 8、编磬 12，车马器，兵器，其他玉石器等	被盗严重；主棺位于椁室中北部，两殉葬棺位于椁室，一头向北，一头向东

续表

地点	墓葬	年代	身份	墓道	棺椁	头向	殉葬	葬式	铜器组合及其他主要随葬品	备注
淅川	徐家岭M9	战国早期中段，晚于前475年	𨚵子受	无	一椁一棺、2殉人棺	东	2	不详	残存鼎4、鬲3、簠1、尊缶2、浴缶2、鉴1、盘1、匜1、盆1、斗1等，乐器残件，编磬14，车马器，兵器，玉石器	被盗；主棺在椁室中北部，殉葬棺在椁内，头向一东、一北；车马坑在墓西北11.3米
	徐家岭M12	战国早期偏晚	𨚵子受的夫人	无	一椁一棺	东	无	不详	残存鼎2、浴缶2、盘2、匜1，车马器等	被盗严重
	徐家岭M1	战国中期偏早	𨚵子孟青嬭	有	一椁一棺	东	1	仰身直肢	残存鼎5、簠2、敦2、尊缶2、浴缶1、盘1、匜1，车马器，兵器，玉石器等	被盗严重；墓主鉴定为男性；椁内殉葬一未成年人，头向南，仰身直肢，性别不详
	徐家岭M2	战国早期		无	一棺一椁（?）	东	不详	不详	残存陶豆2，车马器，玉石器等	被盗严重
	徐家岭M5	战国中期早段		无	一椁一棺	东	无	不详	残存陶鼎7、鬲2、簠2、敦2、豆5、壶2、罐2等，铜车马衔	被盗严重；椁底有腰坑。盗洞有碎铜片
	徐家岭M10	战国早中之际或战国中期偏早	𨚵子昃	斜坡向东	一椁一棺、2殉人棺	东	2	仰身直肢	鼎11、鬲5、簠2、簋4、敦2、豆4、壶4、浴缶2、尊缶2、鉴2、盘2、匜1、匜形勺1、匕4，钮钟8、镈钟9、石编磬13，车马器，兵器，带钩，其他玉石器等	保存完好；主棺位于北部正中，椁内两殉葬棺，其一头向东，仰身直肢，其一南北向

续表

地点	墓葬	年代	身份	墓道	棺椁	头向	殉葬	葬式	铜器组合及其他主要随葬品	备注
淅川	徐家岭M11	战国早中之际或战国中期偏早	�夫人嫘	阶梯向东	一椁二棺、2殉葬棺	东	2	仰身直肢	残存鼎5、簠3、浴缶1、壶2，陶豆8、罐2，车马器，兵器，玉石器等	被盗扰；有腰坑；椁室内两殉葬棺，一头向东，一头向南，均仰身直肢
淅川	徐家岭M6	战国中期偏晚		无	不详	东	不详	不详	鼎2、敦2、壶2、盘1等，陶鼎3、鬲1、敦2、壶2、盉1、浴缶1、鉴1，车马器，兵器，玉石器	被盗；墓主当为男性
淅川	徐家岭M4	战国中期		不详	不详	东	不详	不详	残存陶壶盖2，石编磬6，铅器2等	被盗严重；性别不详
淅川	徐家岭M8	战国中期偏晚		不详	一椁一棺	东	1	不详	残存铜盆1、匜1，陶盂1，车马器	被盗严重；性别不详；椁内一殉人，仰身直肢，头向东，无棺
钟祥	黄土坡M35	春秋中期晚段（前600—前580年）	男性	无	一椁一棺	南	2	仰身直肢	鼎1、盏2、浴缶2，兵器，车马器，玉石器等	西南角被M36打破；椁有头箱；殉人在椁外两侧
钟祥	黄土坡M31	约前580年	女性	无	不详	南	不详	不详	鼎1、盏2、盘1、匜1等	保存较好；葬具上有殉狗1；与M35为夫妇异穴合葬

续表

地点	墓葬	年代	身份	墓道	棺椁	头向	殉葬	葬式	铜器组合及其他主要随葬品	备注
钟祥	黄土坡M4	春秋晚期初年		无	不详	东	不详	不详	鼎2、簠2、浴缶1、斗1	存椁痕
	黄土坡M3	春秋晚期前段	男性	无	一椁一棺	东	不详	不详	鼎2、簠1、尊缶1、鉴1、浴缶1、盘1、匜1、斗1、勺1，车马器	保存较好；椁分3室
	黄土坡M6	春秋晚期前段		无	一椁一棺	东	不详	仰身直肢	盆1、盏1、锡浴缶1，玉管	保存较好
郧县	乔家院M4	前580—前560年	鴋子圻	无	一椁一棺、1殉人棺	东	1	仰身直肢	鼎2、簠2、缶2、盏1、盘1、匜1、勺1，兵器，玉石器，绿松石、鱼串饰等	保存较好；椁分3室。
	乔家院M3	前580—前560年	鴋子圻夫人	无	一椁一棺	东	1	不明	残存铜残片、铜削，骨簪、骨饰，绿松石、玛瑙珠等	被盗严重；椁分2室；与M4是夫妇合葬；墓主应为女性
	乔家院YXM1	前540—前520年	鴋子仲濒儿	无	一椁一棺	东	无	不详	鼎1、鈚1、盏1、盘1、匜1，兵器等	遭破坏
	乔家院XM	前520—前500年	叔姜	无	一椁一棺	南(?)	不详	仰身直肢	鼎2、簠2、缶2、盘1、匜1，兵器，玉器等	遭破坏严重
	乔家院M5	前490—前470年		无	一椁一棺	东	1	仰身直肢	鼎2、簠2、缶2、盥缶1、盘1、匜1、勺2，兵器，玉石器，陶器，鹿角器等	保存较好；椁分3室；殉人在棺室内墓主脚端

续表

地点	墓葬	年代	身份	墓道	棺椁	头向	殉葬	葬式	铜器组合及其他主要随葬品	备注
郧县	乔家院M6	前490—前470年		无	一椁一棺	东	1	仰身直肢	鼎2、簠2、缶2、盥缶1、盘1、匜1、勺2、匕1，玉石器，骨簪1，纺轮1等	保存较好；椁分3室；殉人在棺内墓主脚端
信阳	城阳城M1（原称长台关M1）	战国中期偏早		斜坡向东	一椁二棺	东	无	不详	鼎5、敦3、壶5、盘2、盉1、匜1，编钟13，仿铜陶礼器，漆木器（瑟、鼓、木俑等），车马器和工具；竹简148	遭破坏，但未被盗；椁分7室；有腰坑，内葬小鹿1；墓主疑为男性
	城阳城M2（原称长台关M2）	战国中期偏早	40岁左右女性①	斜坡向东	一椁二棺	东	无	不详	陶鼎4、盒1、壶4、方壶3、盉2、盘2、匜2、鉴3、匕9、高足壶6、鬲5、尊1，车马器，漆木器（木编钟13、瑟、俑等）等	被盗，未出铜礼器；椁分为7室
	城阳城M4	战国中期		无	一椁一棺	东	1	不详	残存铜镞、凿、锛、铁镞，残木瑟等	被盗严重；椁分3室；椁室西北有一南北向圆木，内殉1未成年人，头向南
	城阳城M7	战国中期偏晚	不详	斜坡向东	一椁二棺	东	无	不详	鼎4、圆盒及酒器组合39、铜扁壶及组合器23，仿铜陶礼器，漆木器（编钟、木俑等）等；竹简若干	遭盗掘；椁分7室

① 周立刚：《信阳城阳城等地东周贵族人骨稳定同位素分析》，《华夏考古》2020年第5期。

续表

地点	墓葬	年代	身份	墓道	棺椁	头向	殉葬	葬式	铜器组合及其他主要随葬品	备注
信阳	城阳城M8	战国中期偏晚	45岁左右男性	斜坡向东	一椁二棺	东	无	仰身直肢	陶鼎15、鬲10、敦1、簋6、豆16、尊2、圆鉴2、方壶2、圆壶2，兵器，车马器，漆木器(俑)等	遭盗掘；椁分7室
南阳	李八庙M1	春秋中期偏晚	男性	无	不详	东	不详	不详	平盖鼎2、甗1、盆1、浴缶1、盘1、匜1，兵器20	遭破坏严重
当阳	当阳曹家岗M5	春秋晚期晚段	王孙霖(？)	无	一棺二椁、2殉人棺	东	2	仰身直肢	乐器、车马器、兵器、竹木器等；东祔葬器物坑有鼎4、簠2(王孙霖簠1)、浴缶1、鉌1、勺1、匜勺1	被盗；2殉葬棺在椁内，主棺南侧；墓坑东侧置器物坑
固始	固始白狮子地M1	战国早期		无	二椁一棺、13殉人棺	东	13	不详	鼎2、壶2、匜2、熏炉1，车马器，兵器，玉石器，陶器等	遭扰乱；外椁内有头箱；椁外殉8人，均40岁男性，内外椁之间殉5人，性别、年龄不详
长沙	长沙浏城桥M1	战国早期偏晚		无	二椁一棺、1殉人棺	东	1(？)	仰身直肢	鼎4、勺1，仿铜陶礼器，兵器，车马器，乐器，漆木器，玉石器等	保存较好；殉葬棺在内外椁之间，但未见骨痕

续表

地点	墓葬	年代	身份	墓道	棺椁	头向	殉葬	葬式	铜器组合及其他主要随葬品	备注
新蔡	葛陵M1001	前401—前395年(楚悼王初年)	平夜君成	斜坡向东	二椁二棺、7殉葬棺	东	7	不详	残存簠1、豆1、匕2，钮钟1，漆木器(含簠、豆、壶等)，兵器，车马器，玉石器等;竹简1571	遭盗扰;疑有墓上建筑;墓西15米有一车马坑;外椁分五室;外椁内有7殉人棺，葬年轻女子，随葬玉石器
江陵	天星观M1	前350年左右	邸阳君潘胜	斜坡向南	一椁三棺	南(?)	无	仰身直肢	残鼎附件、小口鼎1、壶2、盉1、盥缶1、盘1、匜1、勺1、斗1;大量兵器，车马器	被盗严重;南室盗洞底发现一人头骨
江陵	天星观M2	前350—前330年	潘胜夫人	斜坡向南	二椁二棺	南	无	不详	残存鼎15、簠5、鬲5、豆5、敦2、盘2、匜2、盉1、缶1(原称"罍")、匕11，钮钟22、镈钟10、磬1，兵器，车马器，竹木漆器(含瑟、木俑等)，玉石器等	被盗;椁分5室;墓主鉴定为40~46岁女性
老河口	安岗M2	前330—前320年	女性	斜坡向南	一椁两棺	北	无	仰身直肢	鼎2、敦2、壶2、盘1、匜1，车马器，竹木漆器(乐器、生活用器等)，玉石器等，竹简5	保存较好;墓主为女性
老河口	安岗M1	约前320年	男性	斜坡向南	一椁两棺	北	无	仰身直肢	鼎6、敦2、壶4、盉1、盘1、匜1、匕2，兵器，车马器，竹木漆器(乐器、生活用器、俑等)，玉石器等，竹简44	保存较好;墓主为约36岁男性

续表

地点	墓葬	年代	身份	墓道	棺椁	头向	殉葬	葬式	铜器组合及其他主要随葬品	备注
临澧	九里M1	战国中期偏早	楚国封君	斜坡向东	二椁三棺	东		不详		被盗严重，不见大件铜礼器
荆州	望山桥M1	战国中期偏晚，宣王时期	中厩尹（悼王之孙）	斜坡向东	二椁二棺	东	无	不详	残存簠1、簠盖6、鬲6、壶盖2、缶盖1、匜1、斗2、勺2、匕15等，木质乐器，兵器，车马器，竹木器，玉石器，陶器等；竹简15枚	被盗；在望山M1北500米；有腰坑，葬羊1只，头向南；椁分5室
江陵	望山M1	前332年，战国中期偏晚	悼固（悼王曾孙）	斜坡向东	一椁二棺	东	无	仰身直肢	鼎9、敦2、尊缶2、壶4、盉1、盥缶1、盘2、匜2、勺3、炉1、箕1，仿铜陶礼器，兵器，车马器，木竹器，玉石器，丝织品，文书工具及竹简207	未被盗掘
	望山M2	战国中期偏晚	50岁以上女性	斜坡向东	一椁三棺	东	无	仰身直肢	铜鼎5、敦4、尊缶1、壶4、樽1、盘2、匜2、勺6、灯2（人骑骆驼灯1），仿铜陶礼器，兵器，漆木器，车马器，玉石器等	棺椁及绝大多数随葬器物保存较好
	沙冢M1	战国中期偏晚	中年男性	斜坡向东	一椁二棺	东	无	仰身直肢	仿铜陶礼器，兵器，车马器，漆木器等	被盗

续表

地点	墓葬	年代	身份	墓道	棺椁	头向	殉葬	葬式	铜器组合及其他主要随葬品	备注
江陵	藤店 M1	战国中期晚段	男性	斜坡向东	一椁二棺	东	无	仰身直肢	鼎 2、豆 2、壶 2、盘 1、匜 1、勺 4，兵器（越王州句剑 1），车马器，漆木器（含乐器），仿铜陶礼器有鼎、敦、壶、豆、盘、匜等；竹简 24 枚	保存尚好；椁分 3 室；墓主贴身放兵器，应为男性
荆门	左冢 M1	战国中期偏晚（前 330—前 300 年）	42 岁左右男性	斜坡向东	一椁三棺	东	无	仰身直肢	鼎 5、壶 1、缶 3、盒 2、盘 1，兵器，车马器，漆木器，玉器，骨器等	被盗；椁分 5 室
	左冢 M2	战国中期偏晚	男性	斜坡向东	一椁二棺	东	无	仰身直肢	鼎 2、壶 3、缶 2、盘 1，兵器，车马器，漆木器	被盗；椁未见分室
	左冢 M3	战国中期偏晚	女性	斜坡向东	一椁一棺	东	无	仰身直肢	鼎 2、壶 2、盘 1、匜 1，兵器（楚王孙渔矛 1），车马器，竹木器（有字棋盘、木俑等），玉石器等	保存完好；椁内分室不明
沙洋	严仓 M1	前 307—前 299年①	悼滑	斜坡向东	一椁三棺	东	无	不详	残存兵器，工具，竹木器等；竹简 700 多枚，有字签牌	被盗严重；西侧有 2 座车马坑，南北向，车辕和马头朝西；椁分 5 室

① 李天虹：《严仓 1 号墓墓主、墓葬年代考》，《历史研究》2014 年第 1 期。

续表

地点	墓葬	年代	身份	墓道	棺椁	头向	殉葬	葬式	铜器组合及其他主要随葬品	备注
枣阳	九连墩M1	战国中晚期	男性	斜坡向东	二椁二棺	东	无	不明	鼎29、甗1、鬲19、簋8、簠4、敦2、盒2、方壶8、尊缶3、尊1、盘1、盖豆2、盖方豆2、豆8、高柄壶形杯2、圆鉴3、方鉴2、匕9、案1、俎1、汤鼎1、盉1、壶3、卣1、盥缶2、盆1、盘6、匜3等，漆木器(包括仿铜礼器)，乐器，兵器，车马器，玉石骨器等	被盗；椁分五室；墓主50~60岁男性
	九连墩M2	战国中晚期	慎克(?)	斜坡向东	二椁二棺	东	无	仰身直肢	鼎25、簋4、敦2、盒2、壶4、方壶2、尊缶1、盖豆2、豆10、鉴2、勺1、匕9、盉1、匜鼎1、盥缶2、盆1、盘2、匜3，漆木器(包括仿铜礼器)、兵器、车马器、乐器、玉石器、陶器、竹麻器及1359枚漆画简等	保存较好；椁分五室；有腰坑；墓主45~50岁女性
沙洋	塌冢M1	战国中晚期	男性	斜坡向东	一椁二棺	东	无	仰身直肢	残鼎、盉、盆、勺、匕等，兵器，车马器，漆木器(含乐器)，玉石器，陶器等	遭盗掘；墓西12.8米有车马坑，马头朝西；墓主为男性，年龄为30~35岁

续表

地点	墓葬	年代	身份	墓道	棺椁	头向	殉葬	葬式	铜器组合及其他主要随葬品	备注
荆门	包山 M1	与包山 M2 同时或略早	昭舵夫人	斜坡向东	一椁二棺	东	无	不详	残存仿铜陶鼎 5、簠 1、敦 2、壶 2、尊缶 2、盉 1、匜 1，乐器，生活用器，木俑及玉器等	有盗扰；椁分三室；残存牙齿 5，亡年约 20 岁
	包山 M2	前 316 年或稍晚	左尹昭舵	斜坡向东	二椁三棺	东	无	仰身直肢	铜鼎 19(升鼎 2、鐈鼎 2、带盖圆腹鼎 14、汤鼎 1)、甗 1、簠 2、敦 2、壶 6、缶 6、鉴 2、盉 1、盒 3、盘 4、匜 1、勺 1、匕 6 等，乐器 14(铜铙 1，木质 13 件)，生活用器、兵器、车马器、木俑及玉器、封泥等，竹简 448	有盗洞，但未打入椁内；有腰坑，内葬山羊头朝东；椁内分五室；人骨保存较好，死者亡年 35~40 岁
	包山 M4	前 290 年左右	昭舵之子	斜坡向东	一椁二棺	东	无	仰身直肢	残存铜盒 1、壶盖 1、盉 1、勺 1、匕 2 等，生活用器，兵器，车马器，木俑及玉器等	有盗扰；椁分三室。人骨保存较好，死者为男性，亡年 25~30 岁
	包山 M5	前 290 年左右	昭舵之子的夫人	斜坡向东	一椁二棺	东	无	不详	铜鼎 1、盘 1、匜 1，陶鼎 3、簠 2、壶 2、豆 2，乐器，生活用器，车马器，木俑及玉器等	未被盗；椁分 3 室
	郭店 M1	前 300 年左右①		斜坡向东	一椁一棺	东	无	仰身直肢	盘 1、匜 1、耳背 1，兵器，车马器，陶器，漆木器等；竹简 804 枚	被盗；椁分 3 室；墓主或是怀王太子的老师②

① 徐少华：《郭店一号楚墓年代析论》，《江汉考古》2005 年第 1 期。

② 罗运环：《论郭店一号楚墓所出漆耳杯文及墓主和竹简的年代》，《考古》2000 年第 1 期。

续表

地点	墓葬	年代	身份	墓道	棺椁	头向	殉葬	葬式	铜器组合及其他主要随葬品	备注
江陵	马山 M1	战国晚期早段	女性	斜坡向东	一椁一棺	东	无	仰身直肢	铜鼎 1、壶 1、舟 1、匜 1、勺 1、匕 1 等，陶鼎 2、敦 2、壶 2、鐎壶 1、盘 1、匜 1、勺 1、斗 1，竹木器(木俑、木辟邪等)，大量丝织品	保存较好；椁分 3 室；墓主为 40~45 岁的女性
淮阳	马鞍冢北冢	战国晚期晚段	顷襄王的王后	斜坡向东	不详	不详	不详	不详	车马坑内西北角随葬有陶明器鼎、敦、盒、钫、盒、簠、簋、豆、匜等	被盗严重。车马坑位于北冢西边，南北向，马头朝西
淮阳	马鞍冢南冢	战国晚期晚段	楚顷襄王	东西均有斜坡墓道	不详	不详	不详	不详		该墓呈中字形，被盗严重；车马坑位于南冢西边，木车泥马
寿县	楚幽王墓	战国晚期晚段	楚幽王	斜坡向东	不详	不详	无	不详	铜升鼎 9、箍口鼎 4、子口鼎 10(?)、簋 8、簠 8、鬲 8、尊缶 3、方壶 2、圆壶 8、盏 4 等①	多次被盗，详况不可考

① 这些铜器分为考烈王器、王后太后器、太子器、幽王器、其他铜器，参张闻捷：《寿县楚王墓的礼器组合研究》，《江汉考古》2014 年第 1 期。

主要参考文献

A

安徽省文物工作队：《安徽长丰杨公发掘九座战国墓》，《考古学集刊》第2集，中国社会科学出版社，1982年。

安徽省文物管理委员会等编著：《寿县蔡侯墓出土遗物》，科学出版社，1956年。

安徽省文物考古研究所：《安徽长丰战国晚期楚墓》，《考古》1994年第2期。

B

北京大学考古文博学院编著：《洛阳王湾：田野考古发掘报告》，北京大学出版社，2002年。

北京大学考古系、山西省考古研究所：《1992年春天马—曲村遗址墓葬发掘报告》，《文物》1993年第3期。

北京大学考古系、山西省考古研究所：《天马—曲村遗址北赵晋侯墓地第二次发掘》，《文物》1994年第1期。

北京大学考古系、山西省考古研究所：《天马—曲村遗址北赵晋侯墓地第三次发掘》，《文物》1994年第8期。

北京大学考古系、山西省考古研究所：《天马—曲村遗址北赵晋侯墓地第五次发掘》，《文物》1995 年第 7 期。

北京大学考古系、山西省考古研究所：《天马—曲村遗址北赵晋侯墓地第六次发掘》，《文物》2001 年第 8 期。

北京大学考古学系商周组、山西省考古研究所编著(邹衡主编)：《天马—曲村(1980—1989)》，科学出版社，2000 年。

北京市文物研究所编著：《琉璃河西周燕国墓地(1973—1977)》，文物出版社，1995 年。

C

曹桂岑：《淮阳楚墓论述》，《楚文化研究论集》第 1 集，荆楚书社，1987 年。

柴中庆：《南阳市新发现春秋楚国贵族墓》，《中国文物报》，2009 年 5 月 15 日，第 4 版。

陈絜：《商周姓氏制度研究》，商务印书馆，2007 年。

陈立撰，吴则虞点校：《白虎通疏证》，中华书局，1994 年。

陈伟：《淅川下寺二号楚墓墓主及相关问题》，《江汉考古》1983 年第 1 期。

陈伟：《包山楚简初探》，武汉大学出版社，1996 年。

陈跃钧：《荆州地区楚文化调查与探索》，《楚文化研究论集》第 1 集，荆楚书社，1987 年。

陈昭容：《两周婚姻关系中的“媵”与“媵器”——青铜器铭文中的性别、身份与角色研究之二》，台湾《“中研院”历史语言研究所集刊》第 77 本第 2 分，2006 年。

程树德撰，程俊英、蒋见元点校：《论语集释》，中华书局，1990 年。

常德市文物处：《湖南常德寨子岭一号楚墓》，《湖南考古 2002》，岳麓书社，2004 年。

楚皇城考古发掘队：《湖北宜城楚皇城战国秦汉墓》，《考古》1980 年第 2 期。

崔庆明：《南阳市北郊出土一批申国青铜器》，《中原文物》1984年第4期。

陈梦家：《西周铜器断代》，中华书局，2004年。

D

邓名世撰，王力平点校：《古今姓氏书辩证》，江西人民出版社，2006年。

邓峙一：《李品仙盗掘楚王墓亲历记》，《安徽文史资料选辑》第1辑，安徽人民出版社，1964年。

丁兰：《湖北地区楚墓分区研究》，民族出版社，2006年。

董全生、李长周：《南阳市物资城一号墓及其相关问题》，《中原文物》2004年第2期。

董全生、张晓军：《从金文羕、郝看古代的养国》，《中原文物》1996年第3期。

董全生、赵成甫：《桐柏月河一号春秋墓相关问题研究》，《中原文物》1997年第4期。

董珊：《出土文献所见"以谥为族"的楚王族——附说〈左传〉"诸侯以字为谥因以为族"的读法》，《出土文献与古文字研究》第2辑，复旦大学出版社，2008年。

杜预：《春秋释例》，《四库全书》第146册，台湾"商务印书馆"影印文渊阁本，1983年。

F

方辉：《东周时期的执、硟与首饰挂架》，《东方考古》第9集，科学出版社，2012年。

方勤：《曾国历史与文化——从"左右文武"到"左右楚王"》，上海古籍出版社，2018年。

冯峰：《郧县乔家院春秋墓初识》，《南方文物》2009 年第 4 期。

冯峰：《克黄器与淅川薳氏墓群》，《湖南考古辑刊》第 11 集，科学出版社，2015 年。

冯时：《郳夫人嫘鼎铭文及相关问题》，《中原文物》2009 年第 6 期。

G

高成林：《淅川和尚岭楚墓的时代问题》，《中原文物》1996 年第 4 期。

高崇文：《东周楚式鼎形态分析》，《江汉考古》1983 年第 1 期。

高崇文：《试论先秦两汉丧葬礼俗的演变》，《考古学报》2006 年第 4 期。

高崇文：《古礼足征：礼制文化的考古学研究》，上海古籍出版社，2017 年。

高亨著，董治安整理：《古字通假会典》，齐鲁书社，1989 年。

高明：《中原地区东周时代青铜器研究（上）》，《考古与文物》1981 年第 2 期。

高明：《中原地区东周时代青铜器研究（中）》，《考古与文物》1981 年第 3 期。

高明：《中原地区东周时代青铜器研究（下）》，《考古与文物》1981 年第 4 期。

高至喜：《商周青铜器与楚文化研究》，岳麓书社，1999 年。

高至喜：《湖南楚墓与楚文化》，岳麓书社，2012 年。

葛亮：《玫茵堂藏中国铜器有铭部分校读》，复旦大学出土文献与古文字研究中心网站，2009 年 12 月 11 日。

固始侯古堆一号墓发掘组：《河南固始侯古堆一号墓发掘简报》，《文物》1981 年第 1 期。

谷朝旭：《中国古代青铜器整理与研究 · 青铜敦卷》，科学出版社，2017 年。

顾德融、朱顺龙：《春秋史》，上海人民出版社，2001 年。

顾颉刚、刘起釪:《尚书校释译论》，中华书局，2005年。

顾铁符:《有关信阳楚墓铜器的几个问题》,《文物》1958年第1期。

顾炎武著，黄汝成集释，栾保群校注:《日知录集释(校注本)》，浙江古籍出版社，2013年。

管东贵:《周人“血缘组织”和“政治组织”间的互动和互变》,《燕京学报》2008年新24期。

管东贵:《从宗法封建制到皇帝郡县制的演变》，中华书局，2010年。

郭宝钧等:《一九五四年春洛阳西郊发掘报告》,《考古学报》1956年第2期。

郭德维:《关于寿县楚王墓椁室形制复原问题》,《江汉考古》1982年第1期。

郭德维:《江陵楚墓论述》,《考古学报》1982年第2期。

郭德维:《楚系墓葬研究》，湖北教育出版社，1995年。

郭德维:《楚都纪南城复原研究》，文物出版社，1999年。

郭德维:《楚王陵初论》,《荆楚文物》第2辑，科学出版社，2015年。

郭沫若:《郭沫若全集·历史编》，人民出版社，1982年。

郭沫若:《两周金文辞大系图录考释》，科学出版社，2002年。

国家文物局主编:《中国文物精华大辞典·青铜卷》，上海辞书出版社，1995年。

国家文物局主编:《中国文物地图集·安徽分册》，中国地图出版社，2014年。

H

韩建业:《殷墟西区墓地分析》,《考古》1997年第1期。

何浩:《楚灭国研究》，武汉出版社，1989年。

何浩:《文坪夜君的身份与昭氏的世系》,《江汉考古》1992年第3期。

河北省文物管理委员会:《河北武安县午汲古城的周、汉墓葬发掘简报》,《考古》1959年第7期。

河南省博物馆、新野县文化馆:《河南新野古墓葬清理简报》,《文物资料丛刊(2)》,文物出版社,1978年。

河南省博物馆:《河南三门峡市上村岭出土的几件战国铜器》,《文物》1976年第3期。

河南博物院编著:《群雄逐鹿:两周中原列国文物瑰宝》,大象出版社,2003年。

河南省文化局文物工作队编:《河南信阳楚墓出土文物图录》,河南人民出版社,1959年。

河南省文化局文物工作队第一队:《郑州碧沙岗发掘简报》,《文物》1956年第3期。

河南省文物管理局南水北调文物保护办公室等:《河南淅川县徐家岭11号楚墓》,《考古》2008年第5期。

河南省文物局编著:《南阳镇平程庄墓地》,科学出版社,2011年。

河南省文物局编著:《淅川马川墓地东周楚墓》,科学出版社,2016年。

河南省文物考古研究所:《信阳长台关四号楚墓的发掘》,《华夏考古》1997年第3期。

河南省文物考古研究所编:《信阳楚墓》,文物出版社,1986年。

河南省文物考古研究所编:《郑韩故城兴弘花园与热电厂墓地》,文物出版社,2007年。

河南省文物考古研究所编著:《新蔡葛陵楚墓》,大象出版社,2003年。

河南省文物考古研究所编著:《固始侯古堆一号墓》,大象出版社,2004年。

河南省文物考古研究所等:《淅川县和尚岭春秋楚墓的发掘》,《华夏考古》1992年第3期。

河南省文物考古研究所等编著:《淅川和尚岭与徐家岭楚墓》,大象出版社,2004年。

河南省文物考古研究所、平顶山市文物管理局编:《平顶山应国墓地》,大象出版社,2012年。

河南省文物考古研究所、三门峡市文物工作队编著：《三门峡虢国墓》，文物出版社，1999 年。

河南省文物考古研究所、桐柏县文物管理委员会：《河南桐柏月河墓地第二次发掘》，《文物》2005 年第 8 期。

河南省文物考古研究所、信阳市文物工作队：《河南信阳长台关七号楚墓发掘简报》，《文物》2004 年第 3 期。

河南省文物考古研究所、周口地区文化局文物科：《河南淮阳马鞍冢楚墓发掘简报》，《文物》1984 年第 10 期。

河南省文物考古研究院：《河南淮阳平粮台战国楚墓 M17 发掘简报》，《中原文物》2019 年第 5 期。

河南省文物考古研究院：《河南信阳市城阳城址 2009～2011 年考古工作主要收获》，《华夏考古》2014 年第 2 期。

河南省文物考古研究院：《河南信阳市城阳城址八号墓发掘简报》，《华夏考古》2020 年第 4 期。

河南省文物考古研究院等：《南阳李八庙东周墓地发掘简报》，《中原文物》2020 年第 5 期。

河南省文物考古研究院、南阳市文物考古研究所：《河南南阳春秋楚彭氏家族墓地 M1、M2 及陪葬坑发掘简报》，《文物》2020 年第 10 期。

河南省文物研究所、淮阳县文物保管所：《河南淮阳平粮台十六号楚墓发掘简报》，《文物》1984 年第 10 期。

河南省文物研究所、周口地区文化局文物科：《河南淮阳马鞍冢楚墓发掘简报》，《文物》1984 年第 10 期。

河南省文物研究所等：《淅川下寺春秋楚墓》，文物出版社，1991 年。

河南信阳地区文管会、光山县文管会：《春秋早期黄君孟夫妇墓发掘报告》，《考古》1984 年第 4 期。

湖北省博物馆：《襄阳蔡坡战国墓发掘报告》，《江汉考古》1985 年第 1 期。

湖北省博物馆：《襄阳山湾东周墓葬发掘报告》，《江汉考古》1983 年第

2 期。

湖北省博物馆：《秭归官庄坪遗址试掘简报》，《江汉考古》1984 年第 3 期。

湖北省博物馆编：《曾侯乙墓》，文物出版社，1989 年。

湖北省荆沙铁路考古队编：《包山楚墓》，文物出版社，1991 年。

湖北省荆州博物馆编著：《荆州天星观二号楚墓》，文物出版社，2003 年。

湖北省荆州地区博物馆：《江陵天星观 1 号楚墓》，《考古学报》1982 年第 1 期。

湖北省荆州地区博物馆：《江陵雨台山楚墓》，文物出版社，1984 年。

湖北省文物局、湖北省南水北调管理局：《沙洋塌冢楚墓》，科学出版社，2017 年。

湖北省文物考古研究所：《黄州龙王山砖厂 5 号墓发掘简报》，《江汉考古》1993 年第 1 期。

湖北省文物考古研究所：《江陵望山沙冢楚墓》，文物出版社，1996 年。

湖北省文物考古研究所：《湖北麻城市李家湾春秋楚墓》，《考古》2000 年第 5 期。

湖北省文物考古研究所：《湖北枣阳市九连墩楚墓》，《考古》2003 年第 7 期。

湖北省文物考古研究所编著：《江陵九店东周墓》，科学出版社，1995 年。

湖北省文物考古研究所编著：《2013 年湖北省文物考古研究所考古工作主要收获》，《江汉考古》2014 年第 1 期。

湖北省文物考古研究所等：《湖北郧县乔家院春秋殉人墓》，《考古》2008 年第 4 期。

湖北省文物考古研究所等：《湖北随州叶家山 M65 发掘简报》，《江汉考古》2011 年第 3 期。

湖北省文物考古研究所等：《湖北随州叶家山西周墓地发掘简报》，《文物》2011 年第 11 期。

湖北省文物考古研究所等：《湖北随州叶家山西周墓地第二次发掘的主要收获》，《江汉考古》2013 年第 3 期。

湖北省文物考古研究所等：《湖北随州叶家山 M28 发掘简报》，《江汉考古》2013 年第 4 期。

湖北省文物考古研究所等：《湖北随州叶家山 M107 发掘简报》，《江汉考古》2016 年第 3 期。

湖北省文物考古研究所等：《湖北枣阳九连墩 M2 乐器清理简报》，《中原文物》2018 年第 2 期。

湖北省文物考古研究所等：《湖北枣阳九连墩 M2 发掘简报》，《江汉考古》2018 年第 6 期。

湖北省文物考古研究所等：《湖北枣阳九连墩 2 号车马坑发掘简报》，《江汉考古》2018 年第 6 期。

湖北省文物考古研究所等：《湖北枣阳九连墩 M1 乐器清理简报》，《中原文物》2019 年第 2 期。

湖北省文物考古研究所等：《湖北枣阳九连墩 M1 发掘简报》，《江汉考古》2019 年第 3 期。

湖北省文物考古研究所等编著：《荆门左冢楚墓》，文物出版社，2006 年。

湖北省文物考古研究所等编著：《襄阳陈坡》，科学出版社，2013 年。

湖北省文物考古研究所、襄樊市博物馆：《湖北襄樊真武山周代遗址》，《考古学集刊》第 9 集，科学出版社，1995 年。

湖北省文物考古研究所、襄樊市博物馆：《湖北襄阳邓城韩岗遗址发掘报告》，《江汉考古》2002 年第 2 期。

湖北省宜昌地区博物馆：《枝江县青山古墓群调查简报》，《江汉考古》1987 年第 2 期。

湖北省宜昌地区博物馆等：《当阳赵家湖楚墓》，文物出版社，1992 年。

湖南省博物馆：《介绍几件馆藏周代铜器》，《考古》1963 年第 12 期。

湖南省博物馆、常德地区文物工作队：《临澧九里楚墓发掘简报》，《湖南考古辑刊》第3集，岳麓书社，1986年。

胡嘉麟：《中国古代青铜器整理与研究·青铜簠卷》，科学出版社，2018年。

胡顺利、郭德维：《寿县楚王墓椁室形制复原问题讨论》，《江汉考古》1983年第3期。

黄德宽：《安徽大学藏战国竹简概述》，《文物》2017年第9期。

黄怀信等撰，李学勤审定：《逸周书汇校集注》，上海古籍出版社，2007年。

黄锡前、樊温泉：《河南桐柏月河墓地出土玺印文字考释》，《古文字研究》第22辑，中华书局，2012年。

黄盛璋：《楚王城》，《历史研究》1960年第1期。

黄旭初、黄凤春：《湖北郧县新出唐国铜器铭文考释》，《江汉考古》2003年第1期。

黄运甫：《淅川县毛坪楚墓发掘简报》，《中原文物》1982年第1期。

黄运甫、曾光勋：《桐柏钟鼓堂出土一批春秋铜器》，《河南文博通讯》1980年第4期。

黄州古墓发掘队：《湖北黄州国儿冲楚墓发掘简报》，《江汉考古》1983年第3期。

霍巍：《大礼安魂——中国古代墓葬制度》，四川教育出版社，2008年。

J

贾连敏：《淅川和尚岭、徐家岭楚墓铜器铭文简释》，《淅川和尚岭与徐家岭楚墓》附录一，大象出版社，2004年。

蒋鲁敬：《熊家冢楚王陵北殉M1出土的铜礼器》，《楚文化研究论集》第13集，上海古籍出版社，2018年。

建夫：《评〈淅川下寺春秋楚墓〉》，《考古》1994年第12期。

姜亮夫：《史记屈原列传疏证》，《姜亮夫全集八·楚辞学论文集》，云南人民出版社，2002年。

蒋鲁敬、刘建业：《荆州望山桥一号楚墓出土卜筮祭祷简及墓葬年代初探》，《江汉考古》2017年第1期。

金则恭：《仰韶文化的埋葬制度》，《考古学集刊》第4集，中国社会科学出版社，1984年。

靳桂云：《东周齐国贵族埋葬制度研究》，《管子学刊》1994年第3期。

荆门市博物馆：《纪山楚冢调查》，《江汉考古》1992年第1期。

荆门市博物馆编著：《荆门子陵岗》，文物出版社，2008年。

荆州博物馆：《湖北荆州熊家冢墓地考古发掘简讯》，《江汉考古》2008年第2期。

荆州博物馆：《湖北荆州熊家冢墓地2006—2007年发掘简报》，《文物》2009年第4期。

荆州博物馆：《湖北荆州熊家冢墓地2008年发掘简报》，《文物》2011年第2期。

荆州博物馆：《湖北荆州八岭山冯家冢楚墓2011—2012年发掘简报》，《文物》2015年第2期。

荆州博物馆：《湖北荆州八岭山冯家冢墓地考古勘探简报》，《文物》2015年第2期。

荆州博物馆：《湖北荆州望山桥一号楚墓发掘简报》，《文物》2017年第2期。

荆州博物馆、钟祥市博物馆：《湖北钟祥黄土坡东周秦代墓发掘报告》，《考古学报》2009年第2期。

荆州地区博物馆：《江陵岳山大队出土一批春秋铜器》，《文物》1982年第10期。

K

孔安国撰，孔颖达疏：《尚书正义》，《十三经注疏(附校勘记)》(影印阮元校勘缩印本)，中华书局，1980 年。

L

李伯谦：《从晋侯墓地看西周公墓墓地制度的几个问题》，《考古》1997 年第 11 期。

李长周：《从南阳申公寿墓的铭文说起》，《中国文物报》，2012 年 12 月 7 日，第 6 版。

李长周、乔保同：《南阳春秋楚彭氏家族墓地发现郑氏厨鼎》，《湘鄂豫皖楚文化研究会第十六次年会会议论文汇编》，2019 年。

李德文：《李三孤堆楚王墓钻探简况》，《安徽省考古学会会刊》第 6 辑(内部刊物)，1982 年。

李德文：《朱家集楚王墓的形制与棺椁制度》，《楚文化研究论集》第 1 集，荆楚书社，1987 年。

刘德银、杨开勇：《荆州八岭山平头冢东周墓地》，《中国考古学年鉴(2012)》，文物出版社，2013 年。

李芳芝、张金端：《河南泌阳发现春秋铜器》，《文物资料丛刊(6)》，文物出版社，1982 年。

李峰：《再论周代女性的称名原则》，简帛网，2017 年 10 月 6 日。

李家浩：《谈古代的酒器》，《古文字研究》第 24 辑，中华书局，2002 年。

李景聃：《寿县楚墓调查报告》，《田野考古报告》第 1 册，商务印书馆，1936 年。

李零：《“楚叔之孙倗”究竟是谁——河南淅川下寺二号墓之墓主和年代问题的讨论》，《中原文物》1981年第4期。

李零：《楚国族源、世系的文字学证明》，《文物》1991年第2期。

李零：《论东周时期的楚国典型铜器群》，《古文字研究》第19辑，中华书局，1992年。

李零：《化子瑚与淅川楚墓》，《文物天地》1993年第6期。

李零：《再论淅川下寺楚墓——读〈淅川下寺楚墓〉》，《文物》1996年第1期。

李零：《“三闾大夫”考——兼论楚国公族的兴衰》，《文史》2001年第1辑。

李零：《入山与出塞》，文物出版社，2002年。

李守奎：《释包山楚简中的“彭”》，《简帛》第1辑，上海古籍出版社，2006年。

李学勤：《论中爯父簋与申国》，《中原文物》1984年第4期。

李学勤：《海外访古续谈(四)》，《文物天地》1993年第2期。

李学勤：《试说江陵天星观、秦家嘴楚简的纪年》，《简帛研究二〇〇四》，广西师范大学出版社，2006年。

李学勤：《论“景之定”及有关史事》，《文物》2008年第2期。

李学勤主编：《清华大学藏战国竹简(壹)》，中西书局，2011年。

李学勤、郭志坤：《中国古史寻证》，上海科技教育出版社，2002年。

李玉洁：《先秦丧葬制度研究》，中州古籍出版社，1991年。

郦道元撰，杨守敬、熊会贞疏：《水经注疏》，江苏古籍出版社，1989年。

林宝撰，岑仲勉校记：《元和姓纂(附四校记)》，中华书局，1994年。

林丽霞、王凤剑：《南阳市近年出土的四件春秋有铭铜器》，《中原文物》2006年第5期。

刘彬徽：《上都府簠及楚灭都问题简论》，《中原文物》1988年第3期。

刘彬徽：《从包山楚简纪时材料论及楚国纪年与楚历》，湖北省荆沙铁路考古队编：《包山楚墓》附录二一，文物出版社，1991年。

刘彬徽：《论东周青铜缶》，《考古》1994年第10期。

刘彬徽：《楚系青铜器研究》，湖北教育出版社，1995年。

刘彬徽：《早期文明与楚文化研究》，岳麓书社，2001年。

刘彬徽：《江汉文化与荆楚文明》，江苏教育出版社，2008年。

刘昌银：《钟祥出土的邓子盘》，《江汉考古》1993年第4期。

刘国胜：《湖北枣阳九连墩楚墓获重大发现》，《江汉考古》2003年第2期。

刘向编著，石光瑛校释：《新序校释》，中华书局，2011年。

刘信芳：《〈包山楚简〉中的几支楚公族试析》，《江汉论坛》1995年第1期。

刘雨：《南阳仲爯父簋不是宣王标准器》，《古文字研究》第18辑，中华书局，1992年。

路国权：《考古学关于春秋史的分期和断代研究——考古学和文献史学“二重证据”视角下的春秋史分期断代研究(二)》，《西部考古》第16辑，科学出版社，2019年。

路国权：《东周青铜容器谱系研究》，上海古籍出版社，2018年。

罗振玉编：《三代吉金文存》，中华书局，1983年。

洛阳市文物工作队：《洛阳北窑西周墓》，文物出版社，1999年。

龙朝彬：《常德市德山寨子岭1、2号楚墓》，《中国考古学年鉴(2000)》，文物出版社，2002年。

M

马承源主编：《上海博物馆藏战国楚竹书》(一)，上海古籍出版社，2012年。

马全：《马鞍冢楚墓墓主考》，《楚文化研究论集》第1集，荆楚书社，1987年。

马世之：《中原楚文化研究》，湖北教育出版社，1995年。

N

南阳市文物考古研究所：《河南南阳市宛城遗址战国水井发掘简报》，《华夏考古》2003年第3期。

南阳市文物考古研究所：《河南南阳市万家园M202发掘简报》，《中原文物》2007年第5期。

南阳市文物考古研究所：《南阳市万家园M181发掘简报》，《中原文物》2009年第1期。

南阳市文物考古研究所：《河南南阳春秋楚彭射墓发掘简报》，《文物》2011年第3期。

南阳市文物考古研究所：《河南南阳李八庙春秋楚墓清理简报》，《文物》2012年第4期。

南阳市文物考古研究所：《河南南阳市华鑫苑小区M124发掘简报》，《华夏考古》2015年第3期。

南阳市文物考古研究所：《河南南阳万家园M199春秋墓发掘简报》，《江汉考古》2015年第5期。

南阳市文物考古研究所等编著：《吉金墨影·南阳出土青铜器全形拓》，河南美术出版社，2016年。

南阳市文物研究所、桐柏县文管办：《桐柏月河一号春秋墓发掘简报》，《中原文物》1997年第4期。

O

欧潭生：《信阳楚王城是楚顷襄王的临时国都》，《中原文物》1983年特刊。

P

彭浩：《包山二号楚墓〈卜筮祭祷〉竹简的初步研究》，《楚文化研究论集》第2集，湖北人民出版社，1991年。

蒲百瑞：《春秋时代楚王宗族世系疏证》，《石泉先生九十诞辰纪念文集》，湖北人民出版社，2007年。

Q

乔保同：《河南南阳楚墓发掘取得重大收获》，《中国文物报》，2008年8月29日，第2版。

乔保同：《最新考古发现：南阳楚彭氏家族墓》，《文史知识》2009年第6期。

乔保同等：《南阳发现楚国贵族墓》，《文物天地》2009年第3期。

乔保同等：《南阳八一路楚申县贵族墓地埋葬制度初探》，《楚文化研究论集》第9集，上海古籍出版社，2011年。

乔保同等：《淅川徐家岭楚墓考古发掘纪实》，《大众考古》2019年第3期。

乔保同、李长周：《南阳发现蔡侯申簠》，《中原文物》2009年第2期。

求实：《河南淅川和尚岭楚墓年代刍议》，《中国文物报》，1992年10月18日，第3版。

裘锡圭、李家浩：《曾侯乙墓钟磬铭文释文说明》，《音乐研究》1981年第1期。

裘锡圭：《史墙盘铭解释》，《文物》1978年第3期。

裘锡圭：《谈谈随县曾侯乙墓的文字资料》，《文物》1979年第7期。

裘锡圭：《裘锡圭学术文集》，复旦大学出版社，2012年。

R

任周芳、刘军社：《陕西武功郑家坡先周遗址发掘简报》，《文物》1984年第7期。

容庚、张维持：《殷周青铜器通论》，文物出版社，1984年。

容庚著，张振林、马国权摹补：《金文编》，中华书局，1985年。

S

山西省考古研究所：《山西侯马上马墓地发掘简报（1963—1986年）》，《文物》1989年第6期。

山西省考古研究所编：《上马墓地》，文物出版社，1994年。

山西省考古研究所等：《山西绛县横水西周墓发掘简报》，《文物》2006年第8期。

山西省考古研究所等：《山西翼城大河口西周墓地1017号墓发掘》，《考古学报》2018年第1期。

山西省考古研究所等：《山西翼城大河口西周墓地2002号墓发掘》，《考古学报》2018年第2期。

山西省考古研究所等：《山西绛县横水西周墓地M2158发掘简报》，《考古》2019年第1期。

山西省考古研究所、北京大学考古系：《天马—曲村遗址北赵晋侯墓地第四次发掘》，《文物》1994年第8期。

山西省考古研究所、曲沃县文物局：《山西曲沃羊舌晋侯墓地发掘简报》，《文物》2009年第1期。

山西省考古所大河口墓地联合考古队：《山西翼城县大河口西周墓地》，

《考古》2011 年第 7 期。

陕西省考古研究所等编著:《梁带村芮国墓地——二〇〇七年度发掘报告》，文物出版社，2010 年。

尚如春:《东周时期楚国社会变迁研究——以江汉淮地区墓葬为中心》，吉林大学博士学位论文，2019 年。

尚如春:《平顶山应国墓地 M10 和 M301 的年代、墓主及相关问题》，《中国国家博物馆馆刊》2019 年第 10 期。

石泉主编:《楚国历史文化辞典》，武汉大学出版社，1997 年。

石小力:《东周金文与楚简合证》，上海古籍出版社，2017 年。

宋公文、张君:《楚国风俗志》，湖北教育出版社，1995 年。

宋公文:《楚史新探》，河南大学出版社，1988 年。

宋华强:《平夜君成的世系及新蔡简年代下限的考订》，《简帛》第 2 辑，上海古籍出版社，2007 年。

宋华强:《新蔡葛陵楚简初探》，武汉大学出版社，2010 年。

宋华强:《清华简校读散札》，简帛网，2011 年 1 月 10 日。

宋华强:《淅川和尚岭“镇墓兽座”铭文小考》，《出土文献》第 5 辑，中华书局，2014 年。

宋玲平:《晋系墓葬制度研究》，科学出版社，2007 年。

宋有志:《湖北荆门严仓墓群 M1 发掘情况》，《江汉考古》2010 年第 1 期。

随州市博物馆编著:《随州擂鼓墩二号墓》，文物出版社，2008 年。

孙机:《中国古代物质文化》，中华书局，2014 年。

孙蕾:《信阳城阳城址八号墓颅骨形态学分析》，《华夏考古》2020 年第 5 期。

孙庆伟:《出土资料所见的西周礼仪用玉》，《南方文物》2007 年第 1 期。

孙庆伟:《周代用玉制度研究》，上海古籍出版社，2018 年。

孙曜:《春秋时代之世族》，中华书局，1936 年。

孙诒让：《周礼正义》，中华书局，1987 年。

T

陶亮、于璐：《淅川楚墓与楚国鬬氏》，《中原文物》2015 年第 4 期。

谭维四等：《笔谈〈湖北随县曾侯乙墓出土文物展览〉》，《中国历史博物馆馆刊》，文物出版社，1980 年。

田成方：《从出土资料看楚昭氏的族源、早期世系及命氏范围》，《简帛文献与古代史——第二届出土文献青年学者国际论坛论文集》，中西书局，2015 年。

田成方：《东周时期楚国宗族研究》，科学出版社，2016 年。

田成方：《申氏铜器与楚申氏的族属》，《考古》2016 年第 12 期。

田成方：《铭称"楚子某"身份考》，《楚文化研究论集》第 12 集，上海古籍出版社，2017 年。

田成方：《汉淮地区唐国铜器及其历史地理考论——由清华简〈系年〉所载阳(唐)国谈起》，《出土文献的世界：第六届出土文献青年学者论坛论文集》，中西书局，2018 年。

田成方、陈鑫远：《息器与周代息国、楚息县》，《出土文献》第 15 辑，中西书局，2019 年。

田伟：《匜鼎研究》，《古代文明》第 12 卷，上海古籍出版社，2018 年。

W

王弼注，孔颖达疏：《周易正义》，《十三经注疏(附校勘记)》(影印阮元校勘缩印本)，中华书局，1980 年。

王从礼、郑梅：《荆州望山桥一号墓的有关问题探讨》，《楚文化研究论集》第 13 集，上海古籍出版社，2018 年。

王符著，汪继培笺，彭铎校正：《潜夫论笺校正》，中华书局，1985 年。

王黼著，诸莉君校：《宣和博古图》，上海书店，2017 年。

王冠涛：《铜器铭文所见楚君名号疏证》，郑州大学硕士学位论文，2018 年。

王红星：《包山楚墓墓地试析》，《文物》1988 年第 5 期。

王然、丁兰：《麻城李家湾楚墓考析》，《江汉考古》2000 年第 4 期。

王儒林、崔庆明：《南阳市西关出土一批春秋青铜器》，《中原文物》1982 年第 1 期。

王儒林：《河南桐柏发现周代铜器》，《考古》1965 年第 7 期。

王素英：《武王墩墓大猜想》，《安徽商报》，2020 年 12 月 15 日，第 11 版。

Wang Tao. *Chinese Bronzes from the Meiyintang Collection*. London：Paradou Writing，2009.

王先福：《襄随地区两周遗址出土陶鬲分析》，《江汉考古》2002 年第 4 期。

王先福：《襄阳考古探研》，科学出版社，2016 年。

王先慎撰，钟哲点校：《韩非子集解》，中华书局，2003 年。

王仲殊：《中国古代墓葬概说》，《考古》1981 年第 5 期。

王引之撰，虞思徵、马涛、徐炜君校点：《经义述闻》，上海古籍出版社，2016 年。

王育成：《从两周金文探讨妇名“称国”规律——兼谈湖北随县曾国姓》，《江汉考古》1982 年第 1 期。

王长丰、郝本性：《河南新出“𨙶夫人嫘鼎”铭文纪年考》，《中原文物》2009 年第 3 期。

王长丰、乔保同：《河南南阳徐家岭 M11 新出𨙶夫人嫘鼎》，《中原文物》2009 年第 3 期。

巫雪如：《包山楚简姓氏研究》，台湾大学硕士学位论文，1996 年。

吴县文物管理委员会：《江苏吴县何山东周墓》，《文物》1984 年第 5 期。

吴郁芳：《包山二号墓墓主昭佗家谱考》，《江汉论坛》1992 年第 11 期。

吴镇烽：《也谈周代女性称名的方式》，复旦大学出土文献与古文字研究中心网站，2016 年 6 月 7 日。

吴镇烽：《再谈所谓的“周代女性称名原则”》，简帛网，2017 年 10 月 21 日。

吴镇烽主编：《商周青铜器铭文暨图像集成》，上海古籍出版社，2012 年。

吴镇烽主编：《商周青铜器铭文暨图像集成续编》，上海古籍出版社，2016 年。

吴镇烽主编：《商周青铜器铭文暨图像集成三编》，上海古籍出版社，2019 年。

武汉大学历史系考古教研室、湖北宜城市博物馆：《湖北宜城郭家岗遗址发掘》，《考古学报》1997 年第 4 期。

武家璧、贾汉清、丁家元：《横式车阵——熊家冢车马坑研究之一》，《荆楚文物》第 2 辑，科学出版社，2015 年。

武志江：《河南信阳城阳城址郭楼墓葬区发掘两座楚墓》，《中国文物报》，2016 年 10 月 21 日，第 8 版。

X

淅川县博物馆编著：《淅川楚国青铜器精粹》，中州古籍出版社，2013 年。

夏孝言：《融合与分化：从南申国到楚申县的考古学观察》，郑州大学硕士学位论文，2019 年。

襄樊市考古队等编著：《枣阳郭家庙曾国墓地》，科学出版社，2005 年。

襄阳市博物馆、老河口市博物馆编著（王先福主编）：《老河口安岗楚墓》，科学出版社，2018年。

襄阳市文物考古研究所编著(王志刚主编)：《余岗楚墓》，科学出版社，2011年。

襄阳市文物考古研究所编著(王志刚主编)：《湖北襄阳沈岗墓地M1022发掘简报》，《文物》2013年第7期。

肖启荣、黄锦前：《淅川徐家岭M11出土文字资料及相关问题》，《考古与文物》2019年第4期。

孝感地区博物馆：《大悟吕王城重点调查简报》，《江汉考古》1985年第3期。

肖玉军、张万高、胡俊玲：《论纪南城的始建年代》，《楚文化与长江中游早期开发国际学术研讨会论文集》，武汉大学出版社，2021年。

谢崇安：《试论秦式扁壶及其相关问题》，《考古》2007年第10期。

谢维扬：《周代家庭形态》(修订版)，黑龙江人民出版社，2005年。

谢尧亭：《晋南地区西周墓葬研究》，吉林大学博士学位论文，2010年。

熊传薪：《湖南临澧九里一号大型楚墓发掘简报》，《湖南省博物馆馆刊》第8辑，岳麓书社，2012年。

信阳博物馆编著：《信阳博物馆藏青铜器》，文物出版社，2018年。

信阳地区文管会、信阳市文管会：《河南信阳市平西五号春秋墓发掘简报》，《考古》1989年第1期。

徐杰令：《春秋时期联姻对邦交的影响》，《东北师大学报》(哲学社会科学版)2004年第1期。

徐俊英：《南阳征集一“楚子弃疾”铜簠》，《中国文物报》，1989年5月26日，第2版。

徐少华：《鄀国铜器及其历史地理研究》，《江汉考古》1987年第3期。

徐少华：《包山二号楚墓的年代及有关问题》，《江汉考古》1989年第4期。

徐少华：《周代南土历史地理与文化》，武汉大学出版社，1994年。

徐少华：《从叔姜簠析古申国历史与文化的有关问题》，《文物》2005 年第 3 期。

徐少华：《羕国铜器及其历史地理探析》，《考古学报》2008 年第 4 期。

徐少华：《彭器、彭国与楚彭氏考论》，《古文字与古代史》(第二辑)，台湾“中研院”历史语言研究所，2009 年。

徐少华：《南阳新出“辅伯作兵戈”的年代和族属》，《考古》2009 年第 8 期。

徐少华：《荆楚历史地理与考古探研》，商务印书馆，2010 年。

徐少华：《论随州文峰塔一号墓的年代及其学术价值》，《江汉考古》2014 年第 4 期。

徐少华：《“平王走(奔)西申”及相关史地考论》，《历史研究》2015 年第 2 期。

徐少华：《钟祥黄土坡春秋墓年代序列及有关问题》，《“周代汉淮地区列国青铜器和历史、地理研究”国际会议论文集》，武汉大学，2019 年。

徐少华：《河南南阳李八庙一号墓的年代与番子鼎之属性》，《考古》2019 年第 9 期。

徐文武：《熊家冢楚墓墓主身份蠡测》，《江汉论坛》2010 年第 3 期。

徐元诰撰，王树民、沈长云点校：《国语集解》，中华书局，2002 年。

许慎撰，段玉裁注：《说文解字注》，浙江古籍出版社，2017 年。

许慎撰，徐铉校定：《说文解字(附检字)》，中华书局，1963 年。

Y

晏昌贵：《楚灵王迁国移民考》，《江汉论坛》1990 年第 12 期。

晏昌贵：《秦家嘴“卜筮祭祷”简释文辑校》，《湖北大学学报》2005 年第 1 期。

晏昌贵：《简帛数术与历史地理论集》，商务印书馆，2010 年。

杨宝成：《殷墟文化研究》，武汉大学出版社，2002年。

杨伯峻：《春秋左传注》(修订本)，中华书局，2009年。

杨伯峻、徐提编：《春秋左传词典》，中华书局，1985年。

杨华：《论黄河流域先秦时期腰坑墓葬俗文化——兼说与长江流域同类墓葬俗的关系》，《华夏考古》2008年第1期。

杨鸿勋：《关于秦代以前墓上建筑的问题》，《考古》1982年第4期。

杨鸿勋：《〈关于秦代以前墓上建筑的问题〉要点的重申——答杨宽先生》，《考古》1983年第8期。

杨鸠霞：《长丰战国晚期楚墓》，《文物研究》第4辑，黄山书社，1988年。

杨宽：《先秦墓上建筑和陵寝制度》，《文物》1982年第1期，

杨宽：《先秦墓上建筑问题的再探讨》，《考古》1983年第7期。

杨宽：《中国古代陵寝制度史研究》，上海人民出版社，2016年。

杨骊：《反思二重证据法的局限——兼论多重证据法的演变之必然》，《西南民族大学学报》(人文社会科学版)2014年第4期。

杨茂：《楚国人殉研究》，西南大学硕士学位论文，2010年。

杨明洪：《湖北江陵楚冢调查》，《考古学集刊》第4集，中国社会科学出版社，1984年。

杨树达：《积微居金文说》，中华书局，1997年。

杨锡璋：《商代的墓地制度》，《考古》1983年第10期。

杨应芹、诸伟奇：《古今称谓词典》，黄山书社，1989年。

杨筠如撰，李辉选编：《杨筠如文存》，江苏人民出版社，2015年。

叶舒宪：《国学考据学的证据法研究及展望——从一重证据法到四重证据法》，《证据科学》2009年第4期。

尹弘兵：《楚国都城与核心区探索》，湖北人民出版社，2009年。

尹弘兵：《鄂西地区的楚文化考古与楚都探索》，《荆楚文物》第3辑，科学出版社，2018年。

尹俊敏:《南阳出土的彭伯壶》,《文物》1997 年第 12 期。

尹俊敏:《〈南阳市西关出土一批春秋青铜器〉补记》,《华夏考古》1999 年第 3 期。

尹俊敏:《叔姜簠及其相关问题》,《江汉考古》1999 年第 3 期。

尹俊敏、刘富亭:《南阳市博物馆藏两周铭文铜器介绍》,《中原文物》1992 年第 2 期。

印群:《黄河中下游地区的东周墓葬制度》,社会科学文献出版社,2001 年。

俞伟超:《先秦两汉考古学论集》,文物出版社,1985 年。

俞伟超、高明:《周代用鼎制度研究》(上、中、下),《北京大学学报》(哲学社会科学版)1978 年第 1、2 期、1979 年第 1 期。

俞正燮撰,涂小马等校点:《癸巳类稿》,辽宁教育出版社,2001 年。

袁艳玲:《楚式鼎的分类、组合及其礼制涵义》,《考古》2015 年第 8 期。

袁艳玲:《楚系青铜礼器的生产与流通》,科学出版社,2020 年。

袁艳玲、张闻捷:《楚系青铜器的分期与年代》,《考古学报》2015 年第 4 期。

云南省博物馆、荆州博物馆编著:《南方霸主——庄蹻故国楚文物大展》,云南美术出版社,2016 年。

郧县博物馆:《湖北郧县肖家河出土春秋唐国铜器》,《江汉考古》2003 年第 1 期。

郧阳地区博物馆:《湖北郧县肖家河春秋楚墓》,《考古》1998 年第 4 期。

Z

张昌平:《曾国青铜器研究》,文物出版社,2009 年。

张丹:《薳、蒍、远关系考——兼谈楚薳(蒍)氏宗族发展脉络》,《中原文物》2012 年第 2 期。

张鸿亮：《东周楚国联姻考述》，《江汉考古》2007年第2期。

张吉等：《钟祥黄土坡墓地出土春秋青铜器的检测分析及相关问题研究》，《南方文物》2019年第3期。

张君：《楚国斗、成、薳、屈四族先世考》，河南省考古学会等编：《楚文化觅踪》，中州古籍出版社，1986年。

张莉清：《东周楚国高级贵族墓地制度探研》，武汉大学硕士学位论文，2003年。

张培瑜：《中国先秦史历表》，齐鲁书社，1987年。

张涛：《列女传译注》，山东大学出版社，1990年。

张闻捷：《周代用鼎制度疏证》，《考古学报》2012年第2期。

张闻捷：《寿县楚王墓的礼器组合研究》，《江汉考古》2014年第1期。

张闻捷：《楚国青铜礼器制度研究》，厦门大学出版社，2015年。

张闻捷：《周代葬钟制度与乐悬制度》，《考古学报》2017年第1期。

张晓军、尹俊敏：《谈与"申"有关的几个问题》，《中原文物》1992年第2期。

张绪球：《熊家冢出土浅浮雕玉器的特征与年代——兼论熊家冢主墓的年代》，《荆楚文物》第2辑，科学出版社，2015年。

张亚初：《淅川下寺二号墓年代与一号墓编钟的名称问题》，《文物》1985年第4期。

张永康：《略论周代的族葬制度》，《先秦史论集》，《人文杂志》增刊1982年。

张正明：《楚墓与楚文化》，《中原文物》1989年第2期。

张正明、邵学海主编：《长江流域古代美术(史前至东汉)·青铜器》，湖北教育出版社，2002年。

赵化成：《从商周"集中公墓制"到秦汉"独立陵园制"的演化轨迹》，《文物》2006年第7期。

赵平安：《河南淅川和尚岭所出镇墓兽铭文和秦汉简中的"宛奇"》，《中国历史文物》2007 年第 2 期。

赵平安：《“三楚先”何以不包括季连》，《邯郸学院学报》2011 年第 4 期。

赵岐注，孙奭疏：《孟子注疏》，《十三经注疏(附校勘记)》(影印阮元校勘缩印本)，中华书局，1980 年。

赵世纲：《鄢子受钟与鄂国史迹》，《江汉考古》1995 年第 1 期。

赵晓斌：《从考古新发现看荆州战国楚王陵与楚都纪南城的时空关系》，《楚文化与长江中游早期开发国际学术研讨会论文集》，武汉大学出版社，2021 年。

郑樵撰，王树民点校：《通志二十略》，中华书局，1995 年。

郑威：《楚国封君研究》，湖北教育出版社，2012 年。

郑玄笺，孔颖达疏：《毛诗正义》，《十三经注疏(附校勘记)》(影印阮元校勘缩印本)，中华书局，1980 年。

郑州大学历史文化遗产保护研究中心等：《河南淅川单岗遗址 2011 年度周代遗存发掘简报》，《江汉考古》2015 年第 4 期。

郑州大学历史学院考古系、河南省文物管理局南水北调文物保护办公室：《淅川吴营遗址春秋墓发掘简报》，《中原文物》2011 年第 3 期。

钟柏生、陈昭容、黄铭崇、袁国华编：《新收殷周青铜器铭文暨器影汇编》，艺文印书馆，2006 年。

中国大百科总编辑委员会《考古学》编辑委员会编：《中国大百科全书·考古学》，中国大百科全书出版社，1986 年。

中国科学院考古研究所编：《沣西发掘报告》，文物出版社，1963 年。

中国科学院考古研究所编著：《辉县发掘报告》，科学出版社，1956 年。

中国科学院考古研究所编著：《洛阳中州路(西工段)》，科学出版社，1959 年。

中国科学院考古研究所编著：《上村岭虢国墓地》，科学出版社，1959 年。

中国科学院考古研究所安阳发掘队：《1971 年安阳后冈发掘简报》，《考古》1972 年第 3 期。

中国社会科学院考古研究所编：《殷周金文集成》(修订增补本)，中华书局，2007 年。

中国社会科学院考古研究所编著：《新中国的考古发现与研究》，文物出版社，1984 年。

中国社会科学院考古研究所编著：《张家坡西周墓地》，中国大百科全书出版社，1999 年。

中国社会科学院考古研究所编著(张长寿、尹玮璋主编)：《中国考古学·两周卷》，中国社会科学出版社，2004 年。

中国社会科学院考古研究所安阳工作队：《1969—1977 年殷墟西区墓葬发掘报告》，《考古学报》1979 年第 1 期。

中国社会科学院考古所长江工作队：《湖北均县朱家台遗址》，《考古学报》1989 年第 1 期。

中国社会科学院考古研究所沣西发掘队：《1967 年长安张家坡西周墓的发掘》，《考古学报》1980 年第 4 期。

周立刚：《信阳城阳城等地东周贵族人骨稳定同位素分析》，《华夏考古》2020 年第 5 期。

朱凤瀚：《古代中国青铜器》，南开大学出版社，1995 年。

朱凤瀚：《商周家族形态研究》(增订本)，天津古籍出版社，2004 年。

朱凤瀚：《中国青铜器综论》，上海古籍出版社，2009 年。

朱俊英、张万高：《东周时期楚国高级贵族墓地剖析》，《楚文化研究论集》第 4 集，河南人民出版社，1994 年。

朱熹：《四书章句集注》，中华书局，1983 年。

诸祖耿：《战国策集注汇考》(增补本)，凤凰出版社，2008 年。

邹芙都：《楚系铭文综合研究》，巴蜀书社，2007 年。

邹时雨：《熊家冢楚墓墓主新探——与徐文武教授商榷》，《宜宾学院学报》2011 年第 4 期。

后　　记

对楚系家族墓地的关注，开始于我在珞珈山写作博士学位论文期间。我的导师徐少华教授命我以楚国家族作为博论题目，一个重要的出发点就是此前考古界发掘、积累了大量的楚国家族墓地资料。只是由于种种原因，我最终的博士学位论文中并未牵涉太多墓地本身的问题。2011 年 7 月来郑州大学历史学院工作后，我希望能在博士学位论文的基础上作进一步的延展，于是进入历史学院博士后流动站，以韩国河教授为合作导师。韩老师是研究古代陵墓制度的著名专家，他赞同我以楚国家族墓地作为选题。

然而由于自身的松懈和惰怠，博后报告迟迟未能完成，直到 2015 年 7 月，才勉强以一本薄薄的小册子匆匆出站——这是一段无颜回首的颓废日子。在站期间，韩老师多次和我谈及出站报告的撰写问题。我的专业是历史地理学，考古学的理论和研究基础都较为薄弱，因而他特别嘱咐我要从制度层面去把握、总结楚系家族墓地的规律，且有必要放在整个商周历史的大背景之下，与当时其他主要诸侯国的墓地制度进行全面比较。

我在博士后出站以后，先后撰写了几篇学术论文，有讨论某一墓地族属或族氏的，有研究墓葬出土铜器铭文的，均与楚系家族墓地有关。这些论文或部分、或全文收录在书中的相关章节中，个别地方作了补充、修订或润色，特此说明。这些论文有：(1)《从出土资料看楚昭氏的族源、早期世系及命氏范围》，《简帛文献与古代史——第二届出土文献青年学者国际论坛论文集》，中西书局 2015 年版。(2)《新见蒍子曾壶考》，《江汉考古》2015 年第 3 期。(3)《再论楚薳氏的族称和宗支》，《古籍整理研究学刊》2018 年第 1 期。

(4)《上鄀公簠相关问题探析》,《湖南省博物馆馆刊》第 14 辑，岳麓书社 2018 年版(与王百川合写，第 1 作者)。(5)《汉淮地区唐国铜器及其历史地理考论》,《出土文献的世界：第六届出土文献青年学者论坛论文集》，中西书局 2018 年版。

在博士后出站报告会上，郑州大学历史学院靳松安教授、陈隆文教授提出了很多中肯的修改建议。文稿撰写和修订的过程中，还有很多老师和朋友或慷慨提供资料，或助力田野考察，或提供研究思路，或切磋具体问题，使我受益匪浅。这些先生有史语所陈昭容，湖北省博物馆黄凤春、王先福、陈丽新、凡国栋，武汉大学郑威、何晓琳、李洋，湖北省社科院尹弘兵、易德生，荆州博物馆赵晓斌、蒋鲁敬，湖北文理学院叶植，襄阳市博物馆王伟、刘江生、梁超，河南省文物考古研究院郝本性、樊温泉、武志江、周立刚、任潇，南阳市文物考古研究所乔保同、李长周、王凤剑，南阳市文物局赫玉建，安徽省文物考古研究所宫希成，湖南省博物馆刘彬徽，湖南省文物考古研究所高成林，长沙市博物馆董远成，长沙市文物研究所罗小华，复旦大学郭永秉，厦门大学张闻捷，上海大学朱继平，郑州大学王建军、张继华、尚如春、侯磊，河南师范大学张志鹏等。值小书付梓之际，特向各位师友表达诚挚谢意。

本书纳入武汉大学晏昌贵教授主编的“楚地出土文献：文本、地方社会与思想文化研究”丛书，并被列入“十三五”国家重点出版物出版规划，获得湖北省和国家出版基金的资助。特别感谢晏昌贵老师。晏老师在我呈上讹误百出的初稿后，先后两次通读全文，提出了很多建设性的修改建议。此外，李程编辑也就书稿内容结构、行文格式等给出了很专业的意见。

同时还要感谢我的学生沈艳红、夏孝言、王百川、史凯丽、张晨光、张晨阳等。由于他们在资料收集、文稿校对、地图制作等方面的辛勤协助，才使小书能够较好地呈现出来。

师友们的支持、鼓励和鞭策，让向往学术高峰的攀登者，不再畏惧沿途的崎岖和孤独。排比资料，析疑辨正，虽艰辛又枯燥，但一旦顿悟，也有难以详表的乐趣。在大瘟疫流行的今天，能够安静的教书、写作，是多么有幸福感的一件事情！

在我全力撰写、修订书稿的2020—2021年，由于新冠病毒的入侵、肆虐，人类经历了前所未有的灾难。在我写下后记文字的时候，暴发一年多的新冠病毒肺炎依然没有停歇的迹象，不同肤色的人们还在遭受一波又一波的病毒攻击。多么怀念过去平安、开放的日子，希望疫情快点过去！

田成方

2021年7月于郑州